■ 高校外语教育与研究文库

《老乞大》《朴通事》研究系列之一

《翻译老乞大》谚文研究

朱炜 著

华中科技大学出版社
http://press.hust.edu.cn
中国·武汉

内 容 提 要

《老乞大》是古代朝鲜通行的汉语会话教本之一,《翻译老乞大》利用谚文(古朝鲜文)对其中的汉语进行注音和注释,真实反映了16世纪初朝鲜语的音韵特点及标记方法。由于谚文与现代朝鲜语有较大区别,研究者认读谚文往往存在困难。本书在作者前期开发的"谚译《老朴》"数据库基础上,对《翻译老乞大》进行文本对照整理,用现代朝鲜语对谚文注释进行逐句译注,并对重要和疑难谚文词汇进行语义解释。本书是《老乞大》《朴通事》研究系列的第一本,有助于读者认识和研究古代朝鲜语的演变过程。

图书在版编目(CIP)数据

《翻译老乞大》谚文研究 / 朱炜著. -- 武汉:华中科技大学出版社,2024.6
(高校外语教育与研究文库)
ISBN 978-7-5772-0717-9

Ⅰ.①翻… Ⅱ.①朱… Ⅲ.①《翻译老乞大》-研究 Ⅳ.①H114

中国国家版本馆 CIP 数据核字(2024)第 095773 号

《翻译老乞大》谚文研究　　　　　　　　　　　　　朱炜　著
《Fanyi Laoqida》Yanwen Yanjiu

策划编辑:刘　平	责任编辑:刘　平
封面设计:廖亚萍	责任校对:张汇娟
责任监印:周治超	
出版发行:华中科技大学出版社(中国·武汉)	电话:(027)81321913
武汉市东湖新技术开发区华工科技园	邮编:430223
录　排:孙雅丽	
印　刷:武汉开心印印刷有限公司	
开　本:880mm×1230mm　1/32	
印　张:12.5	
字　数:333千字	
版　次:2024年6月第1版第1次印刷	
定　价:78.00元	

本书若有印装质量问题,请向出版社营销中心调换
全国免费服务热线:400-6679-118　竭诚为您服务
版权所有　侵权必究

目録

緒論 — 1
1. 朝鮮語的時期劃分 — 1
2. 《訓民正音》 — 2
3. 現代朝鮮語 — 7
4. 《老乞大》《朴通事》及《翻譯老乞大》 — 7
5. 《翻譯老乞大》諺文注釋所見的 16 世紀初朝鮮語音韻特點 — 11
6. 專著結構 — 21

第一章　結伴同行 — 24
1. 我從高麗王京來 — 24
2. 我漢兒人上學文書 — 29
3. 師傅前撤簽背念書 — 32
4. 學他漢兒文書怎麼 — 36
5. 是我爺娘教我學來 — 38
6. 我師傅性兒溫克 — 40
7. 漢兒地面裏不慣行 — 42
8. 京裏馬價如何 — 45
9. 咱們今夜那裏宿去 — 48

10. 每夜喫的草料通該多少錢　　52
11. 買些甚麼貨物迴還高麗地面裏賣去　　54
12. 到王京多少價錢賣　　56
13. 前後住了多少時　　59
14. 這三箇火伴是你親眷那　　61

第二章　瓦店投宿　　64

15. 那店子便是瓦店　　64
16. 你這店裏草料都有阿沒　　66
17. 這剗刀不快　　68
18. 你打火那不打火　　71
19. 我是高麗人都不會炒肉　　73
20. 咱們筭了房錢火錢着　　77
21. 火伴你將料撈出來　　80
22. 我整理睡處　　82
23. 我問你些話　　85
24. 你十分休要早行　　87
25. 賊 1　　89
26. 賊 2　　92
27. 等到天明時慢慢的去　　96
28. 那裏有井　　98
29. 咱們輪着起來勤喂馬　　101
30. 留一箇看房子　　104
31. 我兩箇牽馬去　　106
32. 將洒子來我試學打　　107
33. 你高麗地面裏沒井阿怎麼　　109
34. 再牽將別箇的來飲　　112
35. 辭了主人家去來　　115

第三章　進京途中　　　　　　　　　　　117

36. 這橋便是我夜來說的橋　　　　　117
37. 肚裏好生飢了　　　　　　　　　118
38. 怎生糶與些米做飯喫　　　　　　120
39. 伱外頭還有火伴麼　　　　　　　125
40. 飢時得一口強如飽時得一斗　　　128
41. 大哥貴姓　　　　　　　　　　　131
42. 咱打馳馱　　　　　　　　　　　134
43. 這裏到夏店還有十里來地　　　　136
44. 伱別處尋宿處去　　　　　　　　137
45. 我不是歹人　　　　　　　　　　139
46. 教我那裏尋宿處去　　　　　　　142
47. 他是高麗人　　　　　　　　　　145
48. 只這車房裏宿如何　　　　　　　148
49. 一客不犯二主　　　　　　　　　149
50. 今年這裏田禾不收　　　　　　　153
51. 做將粥來與伱喫　　　　　　　　154
52. 又那裏將馬的草料來　　　　　　156
53. 我車房裏去　　　　　　　　　　158
54. 伱兩箇先放馬去　　　　　　　　160
55. 伱兩箇疾快起來　　　　　　　　163
56. 這裏到夏店敢有三十里地　　　　165
57. 還有七八里路　　　　　　　　　167
58. 咱們喫些甚麼茶飯好　　　　　　168
59. 客人喫些甚麼茶飯　　　　　　　169
60. 前頭不遠有箇草店兒　　　　　　172
61. 拿二十箇錢的酒來　　　　　　　173
62. 大哥受禮　　　　　　　　　　　175
63. 大哥與些好的銀子　　　　　　　178

64. 這裏離城有的五里路 　　　　　　　181

第四章　京城買賣　　　　　　　　　184

65. 我共通四箇人十箇馬 　　　　　　　184
66. 茶飯如何 　　　　　　　　　　　　186
67. 你兩箇到這裏多少時 　　　　　　　187
68. 你這馬要賣麼 　　　　　　　　　　189
69. 我又有人蔘毛施布 　　　　　　　　191
70. 我是他親眷纔從高麗地面來 　　　　192
71. 如今價錢如何 　　　　　　　　　　194
72. 那箇不是李舍來了 　　　　　　　　196
73. 我家裏有書信麼 　　　　　　　　　198
74. 你將甚麼貨物來 　　　　　　　　　202
75. 你有幾箇火伴 　　　　　　　　　　203
76. 我且到下處去再廝見 　　　　　　　205
77. 兩箇是買馬的客人一箇是牙子 　　　208
78. 這箇馬如何 　　　　　　　　　　　210
79. 你這馬相滾着要多少價錢 　　　　　217
80. 我是箇牙家 　　　　　　　　　　　218
81. 我且聽你定的價錢 　　　　　　　　220
82. 這馬恰纔牙家定來的價錢還虧着我了　222
83. 低銀子不要與我 　　　　　　　　　224
84. 文契着誰寫 　　　　　　　　　　　227
85. 我寫了這一箇契了我讀你聽 　　　　229
86. 咱們筭了牙稅錢着 　　　　　　　　233
87. 我這馬契幾時稅了 　　　　　　　　234
88. 這箇馬元來有病 　　　　　　　　　235
89. 我買些羊到涿州地面賣去 　　　　　239
90. 你這羊賣麼 　　　　　　　　　　　241

91. 一發買緞子將去　　　　　　　　245

92. 客人你要南京的那杭州的那蘇州的那　　251

93. 只要深青織金胷背緞子　　　　　254

94. 這箇柳青紵絲有多少尺頭　　　　258

95. 你這鞍子　　　　　　　　　262

96. 再買一張弓去　　　　　　　265

97. 再買些椀子什物　　　　　　272

98. 今日備辦了些箇茶飯　　　　275

99. 如今正是臘月　　　　　　　281

100. 咱們遠垜子放着射　　　　　285

101. 咱們做漢兒茶飯着　　　　　287

102. 咱們點看這果子　　　　　　289

103. 湯水茶飯都完備了　　　　　296

104. 我有些腦痛頭眩　　　　　　297

第五章　為人之道　　　　　　302

105. 咱們每年每月每日快活　　　302

106. 從小來好教道的成人時　　　304

107. 老實常在脫空常敗　　　　　306

108. 咱們做奴婢的人　　　　　310

109. 咱們結相識行時　　　　　313

110. 做男兒行時　　　　　　　317

111. 穿衣服時　　　　　　　　322

112. 繫腰時　　　　　　　　　326

113. 戴帽時　　　　　　　　　328

114. 穿靴時　　　　　　　　　330

115. 喫飯時　　　　　　　　　333

第六章　辭別起程　　　　　　339

116. 我買這貨物要去涿州賣去　　339

117. 這蔘是好麼 340
118. 你這毛施布細的價錢麤的價錢要多少 345
119. 你這布裏頭長短不等 350
120. 都與好銀子是 354
121. 咱們買些甚麼迴貨去時好 358
122. 買些零碎的貨物 360
123. 再買些麤木綀一百疋 368
124. 我揀箇好日頭迴去 369
125. 辭別那漢兒火伴 373

詞彙及語法索引 376

參考文獻 388

緒　　論

1. 朝鮮語的時期劃分

　　朝鮮語在音韻、詞彙、語法、標記等方面經歷了不同時期的演變，這種變化與社會變遷有著緊密的聯繫。1446年《訓民正音》的頒佈標誌著朝鮮語的誕生，自此朝鮮半島結束了沒有自己文字而借用中國漢字進行標記的歷史，讓朝鮮語從口頭語轉變成書面語。因此《訓民正音》是朝鮮語時期劃分的一個重要因素。朝鮮語大致可以劃分爲古朝鮮語、中世紀朝鮮語、近代朝鮮語和現代朝鮮語四個時期。

　　古朝鮮語時期是從統一新羅時代到《訓民正音》頒布之前。公元668年，朝鮮半島進入統一新羅時代，古朝鮮語以新羅語言（慶尚道）爲基礎，形成了以本土語言爲中心的語言體系。隨著佛教傳入，用漢字書寫的佛教術語隨之引入，誓記體[1]、吏讀[2]等漢字借字標記法開始盛行。由於這一時期的語言用漢字書寫，因此無法考證當時朝鮮語的實際情況。

　　中世紀朝鮮語時期根據《訓民正音》頒布時間分爲中世紀前期和中世紀後期。中世紀前期的朝鮮語隨著高麗朝的建國（918年），語言發展的中心從慶尚道移到開城和現在的京畿道一帶。高麗朝光宗時期（949年—975年）開始實行科舉制度，選用中國的經書作爲考試專用書籍，這一時期的中央公文書撰寫語言和教育語言大量引用漢字詞。此外，高麗時代北方民族頻繁入侵，契丹、女真、蒙古等地區詞彙大量流入，造成這一時期的朝鮮語固有詞大幅度減少。

---

　　[1]　誓記體是一種漢字借用標記法，寫句子時漢字按照韓文的順序排列，沒有助詞和語尾。"誓記"這個名字來源於1934年發現的"壬申誓記石"。

　　[2]　吏讀是古代朝鮮的一種文體，將漢字作爲記音符號標記諺文虛詞，插入漢字文本中，實詞爲漢音漢義，虛詞爲漢音朝義，全文皆由中文漢字構成。

中世紀後期朝鮮語是從《訓民正音》頒布到壬辰倭亂（1592年—1598年）結束時期。《訓民正音》的頒佈使得之前只存在於口頭表述的朝鮮語終於可以用文字記錄下來。自此朝鮮語的詞形和語法慢慢趨向穩定，形成了新的音韻體系。朝鮮語固有詞重新被記錄、保存和使用。然而統治階層和兩班士大夫繼續推崇漢字爲官方正式語言，使得這個時期的語言和文字保持著雙重體系，且維持了很長一段時間。

近代朝鮮語時期是從壬辰倭亂以後到甲午改革（1894年）。這一時期擠喉音出現變化，語法也呈現多樣化，但因國土受日本侵略，人民疲憊不堪，也造成了朝鮮語大幅度萎縮。現代朝鮮語時期從20世紀初開始一直到現在。1910年，日本政府對朝鮮實行殖民統治，日語被定爲國語並限制朝鮮語的教學，朝鮮語面臨巨大危機。周時經爲代表的一批語言學者以朝鮮語的統一和發展爲目的展開了一系列研究活動，1927年創刊同人雜誌《韓文》，1933年公佈《韓文拼寫統一方案》，1938年出版《朝鮮語詞典》，1941年公佈《外來語表記法統一案》等，朝鮮語終於迎來語言和文字統一的新局面。

2.《訓民正音》

《訓民正音》既是一本書籍的名稱，又是諺文——朝鮮語文字的另一種名稱。《訓民正音》由朝鮮朝第四代君主世宗大王於1443年親自創制。關於《訓民正音》的記錄可見於《世宗實錄》102卷世宗25年（1443年）："是月，上親制諺文二十八字，其字仿古篆，分爲初中終聲，合之然後乃成字，凡于文字及本國俚語，皆可得而書，字雖簡要，轉換無窮，是謂訓民正音。"又見《世宗實錄》113卷世宗28年（1446年）："是月，訓民正音成。"

《訓民正音》分解例本和諺解本，解例本爲漢文本，諺解本爲朝鮮語本。《訓民正音》解例本（漢文本）被公認爲原本，由例義篇、解例篇和鄭麟趾的序文組成。例義篇包括世宗大王禦制訓民正音的序文、28個字的音值和使用方法；解例篇包括制字解、初聲解、中聲解、終聲解、合字解、用字例；鄭麟趾的序文中注明另外八位編撰者的姓名，分別是鄭麟趾、申叔舟、成三問、崔恆、朴彭年、姜希顔、李塏、李善老。1940年，《訓民正音》解例本在韓國廣尚北道安東郡一個私人藏書閣中被發現，如今收藏在位於首爾城北洞的澗鬆美術館。1962年《訓民正音》解例本被指定爲韓國第70號國寶，1997年被聯合國教科文組織指定爲世界文化遺產。

　　《訓民正音》制字解："天地之道，一陰陽五行而已。坤復之間爲太極，而動靜之後爲陰陽。凡有生類在天地之間者，捨陰陽而何之。故人之聲音，皆有陰陽之理。顧人不察耳，今正音之作，初非智營而力索，但因其聲音而極其理而已。理既不二，則何得不與天地鬼神同其用也。正音二十八字，各象其形而制之。……初聲凡十七字。……中聲凡十一字。……終聲之復用初聲者。"

　　諺文創制之初共有28個字，其中初聲17個、中聲11個，終聲復用初聲。下面逐一進行說明。

1)初聲

　　《訓民正音》例義篇這樣記載17個初聲的發音，原文中無（）內容：

　　"ㄱ牙音如君(군)字初發聲、並書[1](ㄲ)如虯(뀨)字初發聲、ㅋ牙音如快(쾡)字初發聲、ㆁ牙音如業(업)字初發聲、ㄷ舌音如斗(둫)字初發聲、並書(ㄸ)如覃(땀)字初發聲、ㅌ舌音如吞(튼)字初發聲、ㄴ舌音如那(낭)字初發聲、ㅂ唇音如彆(볃)字初發聲、並書(ㅃ)如步(뽕)字初發聲、ㅍ唇音如漂(푱)字初發聲、ㅁ唇音如彌(밍)字初發聲、ㅈ齒音如即(즉)字初發聲、並書(ㅉ)如慈(쫑)字初發聲、ㅊ齒音如侵(침)字初發聲、ㅅ齒音如戌(슏)字初發聲、並書(ㅆ)如邪(쌍)字初發聲、ㆆ喉音如挹(흡)字初發聲、ㅎ喉音如虛(헝)字初發聲、並書(ㅎㅎ)如洪(홍)字初發聲、ㅇ喉音如欲(욕)字初發聲、ㄹ半舌音如閭

---

[1] 參見下文4)②並書。

(ᅌ)字初發聲、△半齒音如穰(ᄼᅣᆼ)字初發聲。"

《訓民正音》制字解:"初聲凡十七字,牙音ㄱ象舌根閉喉之形,舌音ㄴ象舌附上腭之形,唇音ㅁ象口形,齒音ㅅ象齒形,喉音ㅇ象喉形。"

初聲根據牙、舌、唇、齒、喉的形狀先創制出5個基本字,即牙音"ㄱ"、舌音"ㄴ"、唇音"ㅁ"、齒音"ㅅ"、喉音"ㅇ"。

再通過加劃的原理創制出9個加劃字,即牙音"ㅋ"、舌音"ㄷ/ㅌ"、唇音"ㅂ/ㅍ"、齒音"ㅈ/ㅊ"、喉音"ㆆ/ㅎ",另有3個異體字"ㆁ"、半舌音"ㄹ"、半齒音"△"。

17個初聲字按牙、舌、唇、齒、喉發音部位排列依次如下:
"ㄱ/ㅋ/ㆁ/ㄷ/ㅌ/ㄴ/ㅂ/ㅍ/ㅁ/ㅈ/ㅊ/ㅅ/ㆆ/ㅎ/ㅇ/ㄹ/△"。

2) 中聲

《訓民正音》例義篇這樣記載11個中聲的發音,原文中無( )內容:

"ㆍ如吞(ᄐᆞᆫ)字中聲、ㅡ如即(즉)字中聲、ㅣ如侵(침)字中聲、ㅗ如洪(ᅘᅩᆼ)字中聲、ㅏ如覃(땀)字中聲、ㅜ如君(군)字中聲、ㅓ如業(업)字中聲、ㅛ如欲(욕)字中聲、ㅑ如穰(ᄼᅣᆼ)字中聲、ㅠ如戌(슏)字中聲、ㅕ如彆(볃)字中聲。"

《訓民正音》制字解:"中聲凡十一字,ㆍ舌縮而聲深,天開於子也,形之圓,象乎天也。ㅡ舌小縮而聲不深不淺,地闢於丑也,形之平,象乎地也。ㅣ舌不縮而聲淺,人生於寅也,形之立,象乎人也。"

中聲取象於天地人"ㆍ/ㅡ/ㅣ",並衍生另外8個,即"ㅗ/ㅏ/ㅜ/ㅓ/ㅛ/ㅑ/ㅠ/ㅕ"。

《訓民正音》制字解:"ㆍㅡㅣ三字爲八聲之首,而ㆍ又爲三字之冠也。"

11個中聲由此排序依次爲:"ㆍ/ㅡ/ㅣ/ㅗ/ㅏ/ㅜ/ㅓ/ㅛ/ㅑ/ㅠ/ㅕ"。

3) 終聲

《訓民正音》例義篇對終聲的解釋:"終聲復用初聲。"

《訓民正音》終聲解:"然ㄱㅇㄷㄴㅂㅁㅅㄹ八字可足用也。"

終聲雖複用初聲,實際17個初聲中只使用其中的八個"ㄱㅇㄷㄴㅂㅁㅅㄹ",其中"ㄷ"和"ㅅ"是兩個書寫和發音均不相同的終聲。

4) 標記法

《訓民正音》例義篇最後介紹連書、並書、附書、聲調旁點:

"ㅇ連書唇音之下,則爲唇輕音。初聲合用則並書,終聲同。

·ㅡㅗㅜㅛㅠ附書初聲之下,ㅣㅏㅑㅓㅕ附書於右,凡字必合而成音。左加一點則去聲,二則上聲,無則平聲,入聲加點同而促急。"

① 連書

連書而成的輕唇音"ㅸ/ㅱ/ㆄ/ㅹ"未納入《訓民正音》初聲,其中"ㅱ/ㅸ/ㆄ"主要用來標記微母非母敷母奉母漢字的發音[1],實際在古朝鮮語中用到的輕唇音只有"ㅸ",如"수비>쉬이"。

② 並書

並書有兩種情況,一種是各自並書,由兩個相同初聲組成,如:

牙音"ㄲ"、舌音"ㄸ"、唇音"ㅃ"、齒音"ㅉ/ㅆ"、喉音"ㆅ"。

《訓民正音》制字解:"ㄲㄸㅃㅉㅆㆅ爲全濁。"各自並書標記

---

[1] 輕唇音用來標記微母非母敷母奉母漢字的發音,《翻譯老乞大》漢字左音注音用例如下:

"ㅱ"見漢語中古微母,襪"ㅘㅇ"、萬"ㅝㄴ"、問"ㅜㄴ"、微"ㅟ"。

"ㅸ"見漢語中古非母,夫"ㅜ"、非"ㅟ"、發"ㅏ"、福"ㅜ"。

"ㅸ"見漢語中古敷母,番"ㅓ"、肺"ㅟ"、妨"ㅑㅇ"、覆"ㅜ"。

"ㆄ"見漢語中古奉母,房"ㅑㅇ"、犯"ㅏㄴ"、服"ㅜ"、婦"ㅜ"。

漢字全濁聲母[1]。

另一種是合用並書，由2—3個不同初聲字組成，如：

ㅂ系合用並書"ㅲ/ㅳ/ㅄ/ㅶ"、ㅄ系合用並書"ㅴ/ㅵ"、ㅅ系合用並書"ㅺ/ㅼ/ㅽ"。

③ 附書

附書有兩種情況，一種是下書法，中聲寫在初聲下方，如"고，누，드"。

另一種是右書法，中聲寫在初聲的右方，如"가，너，디"。

④ 聲調旁點

在音節的左側，通過旁點標記各音節的聲調，如：

平聲無點"나"、去聲一點"·미"、上聲兩點"：말"。

以上是《訓民正音》28個字的音值和使用方法。楊裕國先生（1963：11）曾指出："諺文拼音屬於音素綴字的範疇，對於音素分析達到了最精密的程度，比八思巴字[2]的拼法更完善。"

3. 現代朝鮮語

現代朝鮮語子音（即初聲）共19個，其中單子音14個，緊音

---

[1]　各自並書用來標記群母定母並母從母邪母匣母漢字的發音，《翻譯老乞大》漢字左音注音用例如下：

"ㄲ"見漢語中古群母，共"꿍"、件"껜"、舅"낑"、具"뀨"。

"ㄸ"見漢語中古定母，待"때"、但"딴"、羅"똉"、馱"떠"。

"ㅃ"見漢語中古並母，倍"쁴"、便"뼌"、步"뿌"、皮"삐"。

"ㅉ"見漢語中古從母，纔"째"、暫"짠"、字"쫑"、漸"쪈"。

"ㅆ"見漢語中古邪母，遂"쒸"、席"씽"、斜"쎠"。

"ㆅ"見漢語中古匣母，壞"쐐"、褐"쎵"、葫"쭈"、猾"쏳"。

[2]　八思巴字是十三世紀六十年代忽必烈皇帝特命國師爲蒙古汗國創制的國字,八思巴字的字母主要來源於藏文字母和梵文字母。除蒙古語外，八思巴字還用於書寫漢語、藏語、梵語、畏吾兒語等。這些語言使用八思巴字書寫的方法有兩種，一種是按口語語音拼寫（例如用於蒙古語和漢語），另一種是按書面語音撰寫（例如藏語和梵語）。（照那斯圖，楊耐思，1982：115）。

5個。

單子音"ㄱ/ㄴ/ㄷ/ㄹ/ㅁ/ㅂ/ㅅ/ㅇ/ㅈ/ㅊ/ㅋ/ㅌ/ㅍ/ㅎ"。

緊音"ㄲ/ㄸ/ㅃ/ㅆ/ㅉ"。

現代朝鮮語母音（即中聲）共21個，由10個單母音和11個複合母音組成。

單母音"ㅏ/ㅓ/ㅗ/ㅜ/ㅡ/ㅣ/ㅐ/ㅔ/ㅚ/ㅟ"。

複合母音"ㅑ/ㅕ/ㅛ/ㅠ/ㅒ/ㅖ/ㅘ/ㅙ/ㅝ/ㅞ/ㅢ"。

現代朝鮮語收音（即終聲）共27個，由16個單收音和11個雙收音組成。

單收音"ㄱ/ㄴ/ㄷ/ㄹ/ㅁ/ㅂ/ㅅ/ㅇ/ㅈ/ㅊ/ㅋ/ㅌ/ㅍ/ㅎ/ㄲ/ㅆ"。

雙收音"ㄳ/ㄵ/ㄶ/ㄺ/ㄻ/ㄼ/ㄽ/ㄾ/ㄿ/ㅀ/ㅄ"。

收音在書寫上雖然有27個，但實際發音只有7個，即"ㄱ/ㄴ/ㄷ/ㄹ/ㅁ/ㅂ/ㅇ"。

現代朝鮮語作爲音素文字，拼寫時以音節爲單位，所有音節都以子音開頭。一個音節可以由一個子音和一個母音組成，也可以由一個子音、一個母音、一個單收音或一個雙收音組成，如"나/밥/흙"。

書寫遵循從上到下、從左到右的原則。上下結構："고/노/드"；左右結構："가/너/디"。

一個句子的字詞之間需要隔寫，如"언해문은 한문을 한글로 풀어 쓴 문장입니다."

4.《老乞大》《朴通事》及《翻譯老乞大》

《訓民正音》創制之初，朝鮮王朝貴族士大夫繼續將中國奉爲中心，用漢字寫成的文章稱爲"真書"，用朝鮮語文字書寫的文章稱爲"諺文"。爲了讓老百姓學習漢語，用諺文注音並注釋的韻書、辭書和漢語教科書相繼問世，這些對音文獻是近代漢語和中世紀後期朝鮮語在語音、詞彙、句法研究方面非常珍貴的第一手資料。《老乞大》《朴通事》（或簡稱《老朴》）是兩本極具史料價值的境外漢語教科书,從16世紀到18世紀,《老朴》由崔世珍等一批朝鮮歷代漢語學家根據不同年代漢語的變化進行多次修訂,分別是:1515年的《翻譯老乞大》和《翻譯朴通事》;1670年的《老乞大諺解》和1677年的《朴通事諺解》、1745年的《平安監營重刊老乞大》、1763年的《老乞大新釋諺解》和1765年的《朴通事新釋諺解》、1795年的《重刊老乞大諺解》[1]。胡明揚先生是國內最早對《老朴》的漢語、朝鮮語進行研究的學者,他(1963:185)曾指出,這兩本書是"中國元代(1271年—1368年)的作品"。

"乞大"據說是蒙古語的譯音,義爲契丹,通指中國,"老乞大"就是"中國通"的意思。"朴"是姓,"通事"泛指譯者。《老乞大》全書情節連貫,記述四個高麗商人和一個姓王的中國遼陽商人結伴去北京等地進行買賣活動,經過數月後返回的全過程,涉及旅行途中吃飯投宿,在京城的買賣、契約、醫藥、飲食、宴會等方面的內容,使用當時通用漢語會話,文筆簡約流暢,是元末人民生活情境的真實寫照。《朴通事》則分段介紹了中國當時的節日、娛樂、飲食、字謎、"西遊記"、人情世故等內容,與《老乞大》相比,涉及的範圍更廣,使用的詞彙更多,可以說是《老乞大》的提高篇。

在純漢語本《老乞大》發現之前,韓國學者閔泳珪先生(1964:205)根據《翻譯老乞大》文中"如今朝廷一統天下,世間用著的是漢兒言語",認爲《老乞大》的編撰年代大概在明洪武元年(1368年)之後。1998年,南權熙先生在大邱市的一個私人藏書閣裡發現純漢語版《老乞大》,之後,梁伍鎮先生、鄭光先生等韓國學者研究認爲,《老乞大》的最早成書時間早於1368年。梁伍鎮先生(2010:224)對文中的"一統天下"提出了"1279年,南宋亡,元朝統一中國"的觀點,《老乞大》文中最後準備返程回國時提到的"丙戌年",是元順帝至正六年的丙戌年(1346年),所以純漢語本《老乞大》應該是在1346年以後的幾年內完成的。鄭光先生(2011:

---

[1] 《重刊朴通事諺解》尚未發現。

409)表示,純漢語版《老乞大》是高麗後期,元代丙戌年間,由前往中國的高麗人編撰而成的,約在1350年左右作爲漢語教科書在當時主管翻譯事務的通文館、司譯院中使用。目前韓國學術界普遍認爲,《老乞大》的最早成書時間在1346年至1350年之間。爲了有別於後來的版本,這本純漢語版《老乞大》被稱爲《原本老乞大》(也叫《舊本老乞大》)。迄今爲止,《原本朴通事》尚未發現。

《翻譯老乞大》《翻譯朴通事》是《老朴》最早用諺文注音並注釋的諺解本。《翻譯老乞大》沒有序、跋和刊記,無法考證具體時間。中宗12年(1517年),崔世珍完成《四聲通解》的編撰,崔世珍在《四聲通解》自序中說:"夫始肆華語者,先讀《老乞大》《朴通事》二書,以爲學語之階梯,初學二書者必觀《四聲通解》以識漢音之正俗,然其二書訓解承訛傳僞。……臣即將二書諺解音義。……時正德十二年,歲舍丁醜十一月。"由此推測《翻譯老乞大》的成書時期大概在16世紀初,比崔世珍編纂的《四聲通解》略早一些。鄭光先生(2011:444-450)推測,崔世珍在中宗4年(1509年)被罷免官職後開始著手《老乞大》和《朴通事》的翻譯,中宗10年(1515年)左右完成翻譯。《四聲通解》卷末附有《翻譯老乞大朴通事凡例》,故學術界對崔世珍翻譯的《老乞大》和《朴通事》通稱爲《翻譯老乞大》和《翻譯朴通事》。《翻譯老乞大》分上、下兩卷,上卷由白淳在先生所藏,下卷由趙炳舜先生所藏。《翻譯朴通事》分上、中、下三卷,現僅存上卷,由韓國國會圖書館收藏。

《翻譯老乞大》上卷書皮上有"老乞大潮",下卷書皮上有"老乞大汐"字樣,兩書正文第一列又以"老乞大上"和"老乞大下"加以區分,如圖1所示。上卷71張142面、下卷73張146面,每面9列,每列19字,上、下兩卷共有2986個漢語句子和2986個諺文句子。正文首先是漢語句子,漢語句子的每個漢字下方有兩個諺文注音,左右各一，分別標注該漢字的正音和俗音[1]，正音和俗音的左側標注聲調旁點。一個漢語句子結束後是諺文句子，是用諺文對上面漢語句子的解釋（以下簡稱爲諺文注釋），諺文注釋在同一列內分兩小列書寫，注釋的諺文左側也標註聲調旁點。漢語句子和諺文注釋之間用"○"區分，一段內容結束後不換列書寫。

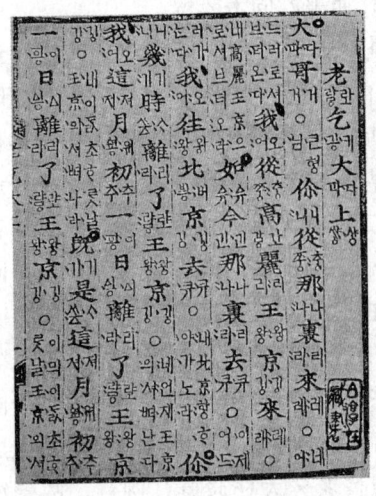

圖1　《翻譯老乞大》上、下

《翻譯老乞大》漢字的左右音聲母系統研究可以參見朱煒2012年博士學位論文和2018年著作，正文中"㭎""燉""狚"等漢字的考証詳見朱煒2016、2017、2023三文。本書主要討論《翻譯老乞大》的諺文注釋部分，諺文注釋真實反映了16世紀初朝鮮語的實際面貌，這個時期朝鮮語與現代朝鮮語存在較大差異。本書對諺文注釋進行數字

---

[1] 崔世珍在《翻譯老乞大朴通事凡例》正俗音條中說到："凡字有正音而又有俗音者，故通考先著正音於上，次著俗音於下。今之反譯，書正音於右，書俗音於左。"另外崔世珍在同一凡例的諺音條中說到："在左者即《通考》所製之字，在右者今以漢音依國俗撰字之法而作字者也。"根據《凡例》解釋，左音來自申叔舟十五世紀中期著錄的《四聲通考》《洪武正韻譯訓》的俗音體系，亦稱申音，右音爲崔世珍16世紀初的現實音體系，亦稱崔音（朱煒，2012：6-7）。

化處理,通過諺譯《老朴》數據庫對其進行窮盡式的統計與分析,介紹這個時期朝鮮語的音韻特點及標記方法,幫助我們瞭解朝鮮語的演變過程。諺文注釋部分的聲調旁點不列入本次討論範圍。

5.《翻譯老乞大》諺文注釋所見的16世紀初朝鮮語音韻特點

爲了便於與現代朝鮮語比較,我們以子音、母音、收音及標記方法進行分類講解,子音、母音和收音對應《訓民正音》中的初聲、中聲、終聲。

《翻譯老乞大》諺文注釋中出現的諺文字節去掉重複項,一共有972個諺文音節和8個字母(ㄱ/ㄴ/ㄷ/ㄹ/ㅅ/ㅍ/ㅎ/ㅣ),這些字節反映了16世紀初諺文子音、母音、收音及標記方法的實際使用情況。

1)子音

《翻譯老乞大》諺文注釋中共出現27個子音,按順序排列如下:"ㄱ/ㄴ/ㄷ/ㄹ/ㅁ/ㅂ/ㅲ/ㅄ/ㅴ/ㅶ/ㅷ/ㅅ/ㅺ/ㅼ/ㅽ/ㅆ/ㅿ/ㅇ/ㆁ/ㅈ/ㅊ/ㅋ/ㅌ/ㅍ/ㅎ/ㆆ"。

ㅂ系合用並書子音"ㅲ/ㅄ/ㅴ/ㅷ",在現代朝鮮語中演變成緊音或送氣音"ㄸ/ㅆ/ㅉ/ㅌ"。

ㅄ系合用並書子音"ㅴ/ㅶ",在現代朝鮮語中演變成緊音"ㄲ/ㄸ"。

ㅅ系合用並書子音"ㅺ/ㅼ/ㅽ",在現代朝鮮語中演變成緊音"ㄲ/ㄸ/ㅃ"。

子音"ㅿ"在現代朝鮮語中分別演變成"ㅇㅅㅎ"。

子音"ㅇ/ㆁ"混用現象尚存,之後合爲"ㅇ"。

下面通過《翻譯老乞大》中的部分用例,展示16世紀初朝鮮語子音與現代朝鮮語子音的變化情況,">"左側爲《翻譯老乞大》用例,">"右側爲現代朝鮮語。

ㅲ   ㅲ＞ㄸ

　　ᄯᅡ다＞따다,ᄯᅥ나다＞떠나다,ᄯᅦ구름＞떼구름,ᄯᅩ로＞따로,ᄯᅮᆷ＞뜸,ᄯᅳᆮ＞뜻,ᄯᅴ우다＞띄우다,ᄯᅳᆫ＞딴.

ㅴ   ㅴ＞ㅆ

　　ᄢᅡ다＞싸다,ᄢᅥᆷ즉ᄒᆞ다＞씀직하다,ᄢᅩ다＞쏘다,ᄢᅴ이다＞쐬이다,ᄡᅮᆨ빛＞쑥빛,ᄡᅳ다＞쓰다,ᄡᅳᆯ다＞쓸다,ᄡᆞ다＞싸다,ᄡᆞᆯ＞쌀,ᄡᅩᆷ＞쌈.

ㅵ   ㅵ＞ㅉ

　　ᄣᅡ다＞짜다,대ᄧᅩᆨ＞대쪽,ᄧᆞ다＞짜다,ᄧᅡᆫ＞짠,ᄧᅵᆫ＞쩬.

ㅳ   ㅳ＞ㅌ

　　ᄠᅡ다＞타다,ᄠᅳ다＞타다.

ㅺ   ㅺ＞ㄲ

　　ᄭᅢ혀다＞깨뜨리다,ᄭᅦ나들다＞꿰나들다,ᄭᅵ리다＞꾸리다,홈ᄭᅴ＞함께,ᄭᅵ다＞끼다,ᄭᅳ＞끄.

ㅶ   ㅶ＞ㄸ

　　ᄧᅢ＞때.

ㅼ   ㅼ＞ㄲ

　　앗ᄭᅡ＞아까,잠ᄭᅡᆫ＞잠깐,쇠＞꾀,ᄭᅮ짖다＞꾸짖다,ᄭᅮ미다＞꾸미다,ᄭᅮᆯ＞꿀,홈ᄭᅴ＞함께,ᄭᅵ이다＞끼이다,ᄭᅡ다＞까다,ᄭᅢ다＞깨다.

ㅼ   ㅼ＞ㄸ

　　ᄯᅡᇂ＞땅,ᄯᅥᆨ＞떡,ᄯᅩ＞또,ᄯᅩᆼ＞똥,ᄯᅳ다＞뜨다,ᄯᅴ＞띠,ᄯᅩᆯ＞딸,ᄯᅡᆷ＞땀.

ㅽ   ㅽ＞ㅃ

　　ᄲᅢ혀다＞빼다,ᄲᅧ＞뼈,ᄲᅩ론ᄒᆞ다＞뾰족하다,ᄲᅮ니＞뿐이,쇠ᄲᅳᆯ＞소뿔,ᄲᆞᄅᆞ다＞빠르다,ᄲᅡᆯ리＞빨리.

ㅿ   ①ㅿ＞ㅇ

-사>-야,-새>-에,두서>두어,처섬>처음,ᄌ션히>자연히,과션>과연,뎐셤ᄒ다>전염하다,요조숌>요즈음,무수>무우,양슉>양육,여ᅀ>여우,ᄌ슴>즈음,어버ᅀᅵ>어버이,요ᄉᆞᅀᅵ>요사이,ᅀᅵ십>이십,아ᅀᅵ>아우이,ᄆᆡᅀᆞᆯ>매일,ᄆᆞᅀᆞᆯ>마을.

② ᅀ > ㅅ

슴겹다>싱겁다.

③ ᅀ > ㅎ

마ᅀᆞᆫ>마흔.

"ᅀ", 반시옷。

《訓民正音》曰:"ᅀ半齒音如穰字初聲。"穰"샹"。
《訓民正音》曰:"ㆁㄴㅁㅇㄹᅀ爲不淸不濁。" "ᅀ" 主要作初聲, 也有作終聲的用例[1], 16世紀後期逐漸消失。初聲"ᅀ"標記日母漢字[2]。

ㆁ   ㆁ > ㅇ

아니>아니,-노이다>나이다.

"ㆁ", 옛이응。

《訓民正音》曰:"ㆁ牙音如業字初聲。"業"업"。
《翻譯老乞大》諺文注釋"아니"用例:
간난·티 아·니 ᄒ·려니와. [下 71a]
《翻譯老乞大》諺文注釋"-노이다"用例:
·옵·ᄒ·노이·다. [上 17b]
"-노이다", 예스러운 표현으로, 어간 뒤에 붙어, 주로 일인칭 주어와 함께 쓰인 어미. -나이다.

---

[1] "ᅀ"終聲用例參見下文 3)"ᅀ"收音。
[2] "ᅀ"用來標記中古日母漢字的發音,《翻譯老乞大》漢字左音注音用例如下: 染"ᅀᅧᆫ"、擾"ᅀᅣᇢ"、壬"ᅀᅵᆫ"、絨"ᅀᅮᇰ"。

"-이-",예스러운 표현으로 다른 어미 앞에 붙어, 'ᄒ
쇼셔' 할 자리에 쓰여, 공손한 진술을 나타내는 어미.
文中其他用例：
·뎌·는 ·어·믜 ·오·라·븨게 나·니이·다. [下 71a]
·읍·ᄒ·노이·다. [下 71a]
·내 ·쏘 ᄒ :일 니·젓다이·다. [上 31a]
·우·리 ·가·노이·다. [上 38b]
·큰형·님 니ᄅ·샤·미 ·올ᄒ·시이·다. [上 41b]
·우·리 ᄀ·장 브르·이·다. [上 42b]
:예 ·와 ·해·자ᄒ·고 널·이 과이·다. [上 43b]

ᅘ ᄒ>ㅇ。
ᅀ 히>이。
"ᅙ", 여린히읗、된이응。
《訓民正音》曰："ᅙ喉音如挹字初聲。"挹古同揖
"㖃"。"ᅙ"在17個初聲中最先消失，《訓蒙字會》[1]
初聲16個，"ᅙ"歸入"ㅇ"，如挹㖃>읍。初聲"ᅙ"標
記影母漢字[2]，終聲"ᄚ"標記漢字的入聲[3]。

---

[1] 《訓蒙字會》是1527年(中宗22年)漢學家崔世珍撰寫的兒童用漢字學習書,在3360個漢字上用諺文標注發音和含義。

[2] "ᅙ"用來標記中古影母漢字的發音,《翻譯老乞大》漢字左音注音用例如下：按"한"、衣"ᅙ"、委"ᅯ"、鴨"ᅟᅣᆼ"。

[3] 《訓民正音》終聲解曰："聲有緩急之殊,故平上去其終聲不類入聲之促急。不清不濁之字其聲不厲,故用於終則宜於平上去。全清次清全濁之字,其聲爲厲,故用於終則宜於入,所以'ㅇㄴㅁㅇㄹㅿ'六字爲平上去聲之終,而餘皆爲入聲之終也。……半舌之'ㄹ',當用於諺而不可用於文。如入聲之彆字,終聲當用'ㄷ'。"故終聲解中,彆爲'볃',然而《訓民正音》諺解本中,彆寫爲"볋"、發爲"벓"、舌爲"ᄸᅟᅵ퍊"。
《東國正韻》一書中解釋了這種注音的變化,即用"以影補來"將入聲字"ㄷ"改用"ᄚ"。該書於1448年(世宗30年)由申叔舟、崔恆、朴彭年等文臣奉世宗之命編撰出版,是朝鮮朝的第一本韻書。
"ᄚ"以影母"ᅙ"補來母"ㄹ"之意,標記熱、列、厥、弗、佛、鬱、彆、發、舌等入聲字,反映其封閉的性質。

《翻譯老乞大》諺文注釋中雖有初聲"ㆆ"用例，但僅此"히"一例。

·히 ㅂ름 ㅅ·싯 짓 도·마 우·희 도·틱 고·기 사·라 가·라. [上 20b]

在其他文獻中"-ㆆ"的用法如下。

① "-ㆆ"在15世紀文獻中作屬格助詞"-의"，《龍飛御天歌》[1]中用例，">"右側爲現代朝鮮語，如：

先考ㆆ 뜬 몯 일우시니>선친의 뜻을 못 이루시니.

②《訓民正音》諺解本用例，是轉成語尾"ㄹ"後加"-ㆆ"成"ㅭ"，">"右側爲現代朝鮮語，如：

어·린 百빅姓셩이 니르·고·져 홇 ·배 이·셔도>어리석은 백성이 말하고자 할 바가 있어도.

③ "ㄹ"收音的名詞後加屬格助詞"-ㆆ"，《月印釋譜》[2]用例，">"右側爲現代朝鮮語，如：

天耳는 하늟 귀니 하늟 소리며>天耳는 하늘의 귀이니 하늘의 소리며.

"-ㆆ"作屬格助詞，之後被"-ㅅ"替代。

2)母音

《翻譯老乞大》諺文注釋母音共25個，按順序排列如下：

"ㅏ/ㅐ/ㅑ/ㅒ/ㅓ/ㅔ/ㅕ/ㅖ/ㅗ/ㅘ/ㅙ/ㅚ/ㅛ/ㆉ/ㅜ/ㅝ/ㅞ/ㅟ/ㅠ/ㆌ/ㅡ/ㅢ/ㅣ/·/·ㅣ"。

母音保留《訓民正音》11個中聲"·/ㅡ/ㅣ/ㅗ/ㅏ/ㅜ/ㅓ/ㅛ/ㅑ/ㅠ/ㅕ"。

通過加劃增加14個"·ㅣ/ㅢ/ㅘ/ㅙ/ㅚ/ㆉ/ㅐ/ㅒ/ㅝ/ㅞ/ㅟ/ㆌ/ㅔ/ㅖ"。

---

[1]《龍飛禦天歌》由朝鮮朝權踶、安止、鄭麟趾等文臣奉世宗之命用諺文編撰而成，是第一首朝鮮語詩歌，記述朝鮮朝開國君主及其祖先的創業史，於1447年（世宗29年）2月出版。

[2]《月印釋譜》是《月印千江之曲》和《釋譜詳節》的合刊，於1459年（世祖5年）出版的佛教書籍。

"ㅚ/ㅟ/·/ㆍㅣ"在現代朝鮮語中演變成"ㅗ/ㅟ/ㅏㅐㅓㅗㅜㅡㅣ/ㅏㅐㅔㅚㅜㅡㅓㅣ"。

下面通過《翻譯老乞大》中的部分用例，展示16世紀初朝鮮語母音與現代朝鮮語母音的變化情況。">"左側爲《翻譯老乞大》用例，">"右側爲現代朝鮮語。

ㅚ　　ㅚ>ㅗ
쇠거름>소걸음, 쇠뿔>소뿔, 염쇠>염소.

ㅟ　　ㅟ>ㅟ
취ᄒ다>취하다.

·　　① ·>ㅏ
ᄀ장>가장, ᄀᆺ>갓, ᄂᆷ>남, ᄂᆾ>낯, ᄃ리>다리, ᄃᆯ다>달다, ᄃᆷ다>담다, 사ᄅᆷ>사람, ᄆ리>마리, 다ᄆᆫ>다만, ᄆᆯ>말, ᄇᆰ다>밝다, ᄉ촌>사촌, ᄉᆯ지다>살지다, 인ᄉᆷ>인삼, 모ᄌ라다>모자라다, ᄌ등>잔등, ᄌᆷ>잠, ᄎ리다>차리다, ᄎᆷ기름>참기름, ᄐᆫ>탄, ᄑᆯᄌ>팔자, ᄒ다>하다, ᄒᆷᄭ>함께.

② ·>ㅐ
ᄂ려디다>내려지다.

③ ·>ㅓ
-ᄃ려>-더러, 여ᄃᆲ>여덟, ᄇ리다>버리다, ᄇᆯ셔>벌써, 다ᄉᆺ>다섯, 도ᄌᆨ>도적.

④ ·>ㅗ
서ᄅ>서로.

⑤ ·>ㅜ
ᄌᄅ>자루, ᄒᄅᆺ밤>하룻밤, 아ᄆ라나>아무렇든, 아ᄌ마>아줌아.

⑥ ·>ㅡ
녓ᄀᆫ>연근, 하ᄂᆯ>하늘, 바ᄂ질>바느질, 보ᄃ랍다>보드랍다, 이러ᄐ시>이렇듯이, ᄀ득ᄒ다>가득하다, 모ᄃᆫ>모든, ᄃᆺᄒ다>듯하다, ᄀᄅ치다>가르치다, 그ᄅᆺ>그릇, 벼슬>벼슬, 가ᄉᆷ거리>가슴걸이, ᄀᆮᄐᆫ>같은, 이러ᄐᆺ>이렇듯, ᄒᆰ>흙.

⑦ ·>ㅣ

도ᄅ혀>도리어,다ᄉ마>다시마,거ᄌ말>거짓말,아ᄎᆷ>아침.

"·"俗稱"아래아", "·"爲中喉舌非圓唇中低母音[ʌ]。20世紀初消失，現代朝鮮語中"·"用來標記濟州島方言中喉舌圓唇低母音[ɒ]。"ㅏ"叫"위아"。
在《翻譯老乞大》諺文注釋中，含母音"·"的不重复音節共93個。

·ㅣ   ① ·ㅣ>ㅏ

ᄆᆡᆼᄀᆞᆯ다>만들다,ᄒᆡ여곰>하여금.

② ·ㅣ>ㅐ

ᄂᆡ일>내일,ᄃᆡ답>대답,ᄐᆡ실>내일,ᄅᆡᆼ믈>냉물,ᄆᆡ화>매화,ᄆᆡᆨ>맥,ᄎᆡᆨ>책,ᄉᆡᆫᄇᆡ>선배,ᄇᆡᆨ>백,ᄉᆡᆨ>색,동ᄉᆡᆼ>동생,가ᄌᆡ>가재,ᄎᆡ소>채소,ᄒᆡᆼ혀>행여.

③ ·ㅣ>ㅔ

아모ᄃᆡ>아무데,가온ᄃᆡ>가운데,-ᄋᆡ>-에,-ᄋᆡ셔>-에서,ᄃᆞ리다>데리다.

④ ·ㅣ>ㅚ

쇼ᄃᆡ>있으되.

⑤ ·ㅣ>ㅜ

부ᄎᆡ>부추.

⑥ ·ㅣ>ㅡ

즘ᄉᆡᆼ>짐승.

⑦ ·ㅣ>ㅢ

오ᄂᆡ>오늬,ᄂᆞᄆᆡ>남의,노ᄆᆡ>놈의,너희>너희,여희다>여의다,ᄒᆡᆫ>흰.

⑧ ·ㅣ>ㅣ

본ᄃᆡ>본디,어ᄃᆡ>어디,소ᄅᆡ>소리,아ᄒᆡ>아이.

"·ㅣ"俗稱"아래애"。是"·"和"ㅣ"的合成母音，先發"·"，然後迅速到"ㅣ"。

在《翻譯老乞大》諺文注釋中，含母音"·ㅣ"的不重复音節共33個。

3)收音

《翻譯老乞大》諺文注釋收音共25個，按順序排列如下：

"ㄱ/ㄳ/ㄴ/ㄵ/ㄶ/ㄷ/ㄹ/ㄺ/ㄻ/ㄼ/ㄽ/ㅀ/ㅁ/ㅰ/ㅂ/ㅄ/ㅅ/ㅿ/ㅇ/ㆁ/ㆁㅅ/ㅈ/ㅊ/ㅌ/ㅎ"。

"ㄵ/ㅁㅅ/ㆁㅅ"由收音"ㄴ+-ㅅ/ㅁ+-ㅅ/ㆁ+-ㅅ"組成。

"ㅿ/ㆁ"在現代朝鮮語中演變成"ㅅㅂ/ㅇ"。

現代朝鮮語收音"ㅋ/ㅍ/ㄲ/ㄶ/ㄾ/ㄿ/ㅆ"尚未在《翻譯老乞大》諺文注釋中出現。

下面通過《翻譯老乞大》中的部分用例，展示16世紀初朝鮮語收音與現代朝鮮語收音的變化情況。">"左側爲《翻譯老乞大》用例，">"右側爲現代朝鮮語。

ㄴㅅ　긊>근+-의

서긊 ᄀᆞᄅᆞ잇썩>세 근의 밀가루떡.

"-ㅅ"，爲屬格助词"-의"，是15世紀和16世紀朝鮮語常見的標記方法。通常加在以"ㄴ"收音的名詞後，表示所屬關係"的"。

ㅁㅅ　삾>삼+-의

신삾 갑도>인삼의 값도.

"-ㅅ"，爲屬格助词"-의"，是15世紀和16世紀朝鮮語常見的標記方法。通常加在以"ㅁ"收音的名詞後，表示所屬關係"的"。

ㆁㅅ　댱ㅅ>장+-의

ᄒᆞᆫ 댱ㅅ 기픠>한 장의 깊이.

"-ㅅ"，爲屬格助词"-의"，是15至16世紀朝鮮語常見的標記方法。通常加在以"ㆁ"收音的名詞後，表示所屬關係"的"。

△　①△＞ㅅ
짇다＞짓다, 긷다＞깃다.
②△＞ㅂ
줃다＞줍다.
ㆁ　ㆁ＞ㅇ
강ᄒᆞ다＞강하다, 공부ᄒᆞ다＞공부하다, 당ᄒᆞ다＞당하다.

"ㆁ"既作初聲也作終聲，初聲和終聲的音都爲[ŋ]。
《訓民正音》曰："ㆁ喉音如欲字初聲。"欲"욕"。
《訓民正音》曰："唯牙之ㆁ，雖舌根閉喉聲氣出鼻，而其聲與ㅇ相似，故韻書疑與喩多相混用[1]，今亦取象於喉，而不爲牙音制字之始。"
按照訓民正音的說法，"ㆁ"用作軟腭鼻音的終聲，"ㅇ"表示該漢字沒有韻尾。
《訓民正音》諺解本："솅종엉졩 훈민정흠(世宗御製訓民正音)"。"솅/엉/졩"的終聲"ㅇ"只是形式上的標記，無需發出軟腭鼻音。
"솅종엉졩 훈민정흠"實際讀音："세종어제 훈민정흠"。
17世紀以後，"ㆁ"逐漸消失，原來作終聲的"ㆁ"寫成"ㅇ"。
《翻譯老乞大》諺文注釋中也存在收音"ㆁ"和"ㅇ"混用的現象，兩者共計73個音節，前者多後者少。其中含收音"ㆁ"不重複的音節65個（89%），用例略；含收音"ㅇ"不重複的音節8個（11%），分別是："동/명/상/셩/장/형/훙/흥"。

---

[1] 《翻譯老乞大》中古疑母漢字左音注音中，"ㆁ/ㅇ"混用現象比較突出。
"ㆁ"標記的有：疑"이"、頑"완"、五"우"、魚"유"。
"ㅇ"標記的有：月"윌"、眼"연"、吟"인"、義"이"。

4) 標記方法

《翻譯老乞大》所反映的16世紀初朝鮮語標記方法有以下幾個特點。

① 相同詞彙及語法有多種標記。

내일[名詞]：너일/너일.

쓰다[动詞]：뿌다/쁘다.

싱겁다[形容詞]：슴겁다/슴겁다.

도리어[副詞]：도르혀/도로혀/도리혀.

-에[助詞]：-의/-애.

-으소서[語尾]：-으쇼서/-ㅇ쇼서.

② 按照發音標記書寫，">"左側爲《翻譯老乞大》標記，">"右側爲現代朝鮮語標記。

連音：갑슬>값을, ᄯ리>딸의, 브티다>붙이다.

添加：오놃바미>오늘 밤에, 겨틧사롬>곁의 사람.

③ 字詞之間無隔寫，">"左側爲《翻譯老乞大》諺文注釋，">"右側添加隔寫。

·뎌동녁겨·틔흔간:뷘방잇ᄂ·니>·뎌 동녁 겨·틔 흔 간 :뷘 방 잇 ᄂ·니.

리·실다·시:말ᄒ·져>리·실 다·시 :말ᄒ·져.

④ 母音變化，">"左側爲《翻譯老乞大》標記，">"右側爲現代朝鮮語標記。

ㅑ-ㅏ：쟈랑>자랑.

ㅕ-ㅓ：션비>선배.

ㅜ-ㅓ：둡다>덮다.

ㅗ-ㅓ：몬젓번>먼젓번.

ㅠ-ㅜ：쥬신>주인.

ㅡ-ㅜ：쇠쓜>소뿔.

ㅗ-ㅜ: 나모>나무.

ㅜ-ㅡ: 일훔>이름.

ㅖ-ㅕ: 계우>겨우.

ㅗ-ㅛ: 쏟론ᄒ다>뽀족하다.

⑤ 部分漢字詞保留當時漢語發音，">"左側爲《翻譯老乞大》標記，">"右側爲現代朝鮮語標記。

田禾：뎐호>논밭의 곡식.

直領：딕녕>직령.

長短：댱단>장단.

子丑：ᄌ튝>자축.

⑥ 數詞+量詞的語序，">"左側爲《翻譯老乞大》標記，">"右側爲現代朝鮮語標記。

:언·머·의 ᄒ 근고>한 근에 얼마입니까?

·내 ·이 ᄒ 글·월 ·쓰·과·라>내가 이 글월 하나 썼습니다.

네 ·이 심·이 ·몃 ·근 므·긔·오>당신의 이 인삼은 무게가 몇 근입니까?

6. 專著結構

全書由四部分組成。

第一部分爲緒論，介紹朝鮮語的時期劃分、《訓民正音》、現代朝鮮語、《老乞大》《朴通事》及《翻譯老乞大》，《翻譯老乞大》諺文註釋所見的16世紀初朝鮮語音韻特點等。

第二部分爲正文，根據《翻譯老乞大》上、下內容情節分成六章，上、下兩冊用"一"和"二"區分，再按內容鋪陳分成125個段落，段落用"1、2……"編號。第一章：結伴同行，分爲14個段落（1-14）；第二章：瓦店投宿，21個段落（15-35）；第三章：進京途中，29個段落（36-64）；第四章：京城買賣，40個段落（65-

104）；第五章：爲人之道，11個段落（105-115）；第六章：辭別起程，10個段落（116-125）。正文內容分成左右兩部分逐句進行說明，左側爲原著中的漢語句子，並附其在原著中的頁碼及正、背面，[a]爲正面，[b]爲背面；右側從上至下依次是原著的諺文注釋（[언]）、諺文對應的現代朝鮮語（[현]）、諺文詞彙及語法釋義（部分有，位於"◇◇◇"標識下方）。現代朝鮮語句尾使用"하십시오체"，同一詞彙或語法存在多種解釋時，用"詞彙或語法+1、2……"區分。原著中部分漢字若Unicode漢字數據庫中無對應的字符，則用圖片展示原文漢字字形。諺文註釋有不清晰之處或諺文有誤，根據上下文內容使用校對文字，不清晰或有誤的諺文用（）標注在校對文字之後，如"ːᄃᆷ(ːᄃᆷ)"。現代朝鮮語中部分漢字用（）標注在其後，如"사（紗）"。其他[]縮寫內容請參考下表。

[감]	감탄사 / 感叹詞	[어미]	어미 / 語尾
[관]	관형사 / 冠詞	[언]	언해문 / 諺文注釋
[대]	대명사 / 代詞	[의]	의존명사 / 依存名詞
[동]	동사 / 動詞	[접두]	접두사 / 前綴
[명]	명사 / 名詞	[접미]	접미사 / 後綴
[보동]	보조동사 / 補助動詞	[조]	조사 / 助詞
[보형]	보조형용사 / 補助形容詞	[현]	현대어 / 現代朝鮮語
[부]	부사 / 副詞	[형]	형용사 / 形容詞
[수]	수사 / 數詞		

第三部分爲詞彙及語法索引，正文中出現的詞彙和語法，只取詞條，其首音节按子音、母音、收音排序。

子音"ㄱ/ㄴ/ㄷ/ㄹ/ㅁ/ㅂ/ㅲ/ㅳ/ㅴ/ㅵ/ㅶ/ㅷ/ㅅ/ㅆ/ㅺ/ㅻ/ㅼ/ㅽ/ㅿ/ㅇ/ㆁ/ㅈ/ㅊ/ㅋ/ㅌ/ㅍ/ㅎ/ㆆ"。

母音"ㅏ/ㅐ/ㅑ/ㅒ/ㅓ/ㅔ/ㅕ/ㅖ/ㅗ/ㅘ/ㅙ/ㅚ/ㅛ/ㅠ/ㅜ/ㅝ/ㅞ/ㅟ/ㅠ/ㅢ/ㅡ/ㅢ/ㅣ/ㆍ/ㆎ"。

收音"ㄱ/ㄳ/ㄴ/ㄵ/ㄶ/ㄷ/ㄹ/ㄺ/ㄻ/ㄼ/ㄽ/ㄾ/ㅁ/ㅰ/ㅂ/ㅄ/ㅅ/ㅿ

ㅇ/ㆁ/ㅄ/ㅈ/ㅊ/ㅌ/ㅎ"。

然後從左到右共分四列,每列從上至下排列,詞條在原著中的頁碼標注在其右側,如"가룻길ㅎ 下43a",表示"가룻길ㅎ"出現在下卷第43頁a面。

第四部分爲參考文獻。

《飜譯老乞大》上

第一章 結伴同行

1. 我從高麗王京來

[1a]大哥,　　[언]·큰형·님,
　　　　　　[현]큰 형님,

你從那裏　　[언]:네 ·어·드·러·로·셔브터 온·다?
來?　　　　[현]당신은 어디서 왔습니까?
　　　　　　◇◇◇
　　　　　　-로셔브터[조]: -로부터.
　　　　　　-ㄴ다[어미]: -ㄴ다(해라할 자리에 쓰여, 자기 스스로에게 묻는 물음을 나타내는 종결 어미. 주로 '누구, 무엇, 언제, 어디' 따위의 의문사가 있는 문장에 쓰임), -냐, -는가.

我從高麗王　[언]·내 高麗王京·으·로셔브·터 :오·라.
京來。　　　[현]나는 고려 왕경에서 왔습니다.
　　　　　　◇◇◇
　　　　　　-라1[어미]: -라(예스러운 표현으로 해라할 자리에 쓰여, 현재 사건이나 사실을 서술하는 뜻을 나타내는 종결 어미), -노라, -도다.

如今那裏去?	[언]·이·제 어·드·러 ·가·는·다? [현]이제 어디로 갑니까? ◇◇◇ -는다[어미]: -는다(해라할 자리에 쓰여, 자기 스스로에게 묻는 물음을 나타내는 종결 어미. 주로 '누구, 무엇, 언제, 어디' 따위의 의문사가 있는 문장에 쓰임), -냐, -는가.
我往北京去。	[언]:내 北京 :향·ᄒ·야 ·가노·라. [현]나는 북경을 향하여 갑니다. ◇◇◇ -노라[어미]: -노라(예스러운 표현으로 해라할 자리나 간접 인용절에 쓰여, 자기의 동작을 장중하게 선언하거나 감동의 느낌을 나타내는 종결 어미).
你幾時離了王京?	[언]:네 :언·제 王京·의·셔 ·ᄠᅥ난·다? [현]당신은 언제 왕경에서 떠났습니까? ◇◇◇ ᄠᅥ나다[동]: 떠나다.
我這月初一日離了王京。	[언]·내 ·이 ·ᄃᆞᆯ 초ᄒᆞᄅᆞᆺ날 王京·의·셔 ·ᄠᅥ:나·라. [현]나는 이 달 초하룻날 왕경에서 떠났습니다. ◇◇◇ ᄃᆞᆯ[명]: 달.
既是這月初一日離了王京,	[언]이·믜 ·이 ·ᄃᆞᆯ 초ᄒᆞᄅᆞᆺ날 王京·의·셔·ᄠᅥ·나거·니, [현]이미 이 달 초하룻날 왕경에서 떠났으니 ◇◇◇ -거니[어미]: -(으)니.

[1b]到今半箇月，　[언]·이제 :반 ·드·리로딕,
　　　　　　　　[현]이제 반 달이 됐는데
　　　　　　　　◇◇◇
　　　　　　　　-로딕[어미]: -로되(어떤 사실을 서술하면서 그와 관련된 세부 사항을 뒤에 덧붙인다는 뜻을 나타내는 연결 어미).

怎麼纔到的這裏?　[언]:엇·디 앗가·사 예 오·뇨?
　　　　　　　　[현]어찌 조금 전이야 여기 왔습니까?
　　　　　　　　◇◇◇
　　　　　　　　엇디[부]: 어찌, 어떻게.
　　　　　　　　앗가[명][부]: 아까, 조금 전, 조금 전에.
　　　　　　　　-사[조]: -야.
　　　　　　　　-뇨[어미]: -냐, -느냐.

我有一箇火伴，　[언]·내 흔 :버·디,
　　　　　　　　[현]내 한 벗이
落後了來。　　　[언]·뻐·디·여 올·식,
　　　　　　　　[현]뒤떨어져 와서
　　　　　　　　◇◇◇
　　　　　　　　뻐디다1[동]: 뒤떨어지다.
　　　　　　　　-ㄹ식[어미]: -ㄹ새, -므로, -으므로, -기에.

我沿路上慢慢的行着等候來，
　　　　　　　　[언]·내 ·길 조·차 날회여 ·녀 기·들·워 ·오·노·라 ㅎ·니,
　　　　　　　　[현]내가 길을 쫓아 천천히 하여 그 사람을 기다려 오느라 하니
　　　　　　　　◇◇◇
　　　　　　　　날회다[동]: 천천히 하다.
　　　　　　　　기들우다[동]: 기다리다.

因此上,	[언]이·런 젼·츠·로,	
	[현]이런 까닭으로	
	◇◇◇	
	젼츠[명]: 까닭, 원인.	
來的遲了。	[언]:오:미 더·듸요·라.	
	[현]오는 것이 늦었습니다.	
	◇◇◇	
	더듸다[형]: 더디다, 늦다.	
	-요라[어미]: -라, -노라.	
那火伴如今趕上來了不曾?	[언]그:버·디 ·이·제 미·처 올·가:몯 올·가?	
	[현]그 벗이 이제 뒤미처 왔습니까? 못 왔습니까?	
	◇◇◇	
	미처[부]: 뒤미처.	
這箇火伴便是,	[언]·이:버·디 곧:긔니,	
	[현]이 벗이 바로 그 사람이니	
夜來纔到。	[언]어·재 ᄌᆞ 오·다.	
	[현]어제 갓 왔습니다.	
	◇◇◇	
	ᄌᆞ[부]: 갓, 이제 막, 이제야 비로소, 방금, 아까.	
[2a]你這月盡頭,	[언]:네 ·이 ·ᄃᆞᆯ ·그·믐·쯰,	
	[현]당신들은 이 달 그믐께	
	◇◇◇	
	-쯰1[접미]: -께, '그때 또는 장소에서 가까운 범위'의 뜻.	
到的北京麼?	[언]北京의 갈·가?	
	[현]북경에 갈 수 있을까요?	
到不得?	[언]가·디:몯홀·가?	
	[현]가지 못할까요?	

知他!	[언]모·로·리로·다. [현]모르겠습니다. ◇◇◇ 모로다[동]: 모르다. -리로다[어미]: -리로다(해라할 자리에 쓰여, 상황에 대한 화자의 추측을 나타내는 종결 어미. '-리라'보다 장엄한 느낌을 줌).
那話怎敢 說?	[언]그 :마룰 :엇·디 니ᄅ·리·오? [현]그런 말을 어찌 할 수 있습니까? ◇◇◇ 니ᄅ다[동]: 이르다, 말하다. -올[조]: -을. 마룰: 말을.
天可憐見,	[언]하늘·히 :어·엿·비 너·기·샤, [현]하늘이 가엾이 생각해서 ◇◇◇ 어엿비[부]: 가엾이, 불쌍하게. 너기다[동]: 여기다, 생각하다. 하늘ㅎ[명]: 하늘.
身已安樂 時, 也到。	[언]·모·미 편안ᄒ·면, [현]몸이 편안하면 [언]가·리·라. [현]갈 것입니다.

2. 我漢兒人上學文書

你是高麗人,	[언]너·는 高麗ㅅ :사·르·미어시·니, [현]당신은 고려 사람이신데 ◇◇◇ -는1[조]: -는.
却怎麽漢兒言語說的好?	[언]·쏘 :엇·디 漢語 닐·오·미 잘 ·ᄒ·ᄂ·뇨? [현]또 어떻게 한어를 잘합니까? ◇◇◇ 쏘[부]: 또. -ᄂ뇨[어미]: -느냐(해라할 자리에 쓰여, 물음을 나타내는 종결 어미. 예스러운 느낌을 줌).
我漢兒人上學文書,	[언]·내 漢兒人의:손·디 ·글 비·호·니, [현]나는 한인한테 글을 배웠으니 ◇◇◇ -의손디[조]: -에게, -한테. 비호다[동]: 배우다.
[2b]因此上,	[언]·이·런 젼·ᄎ·로, [현]이런 까닭으로
些少漢兒言語省的。	[언]:져·그·나 漢語 ·아·노·라. [현]적으나마 한어를 압니다. ◇◇◇ 져그나[부]: 적으나마, 적이.
你誰根底學文書來?	[언]:네 :뉘·손·디 ·글 비·혼·다? [현]당신은 누구한테서 글을 배웠습니까? ◇◇◇ -손디1[조]: -로부터, -에게서. 뉘[대]: 누구, 누구가.

我在漢兒學堂裏，	[언]·내 :되 ·흑댱·의·셔,
	[현]나는 한인 학당에서
	◇◇◇
	되[명]: 한인.
學文書來。	[언]·글 빈·호·라.
	[현]글을 배웠습니다.
你學甚麼文書來？	[언]:네 므·슴 ·그·를 빈·혼·다?
	[현]당신은 무슨 글을 배웠습니까?
讀論語孟子小學。	[언]論語 孟子 小學·을 닐·고라.
	[현]논어, 맹자, 소학을 읽었습니다.
	◇◇◇
	닑다[동]: 읽다.
你每日做甚麼工課？	[언]:네 :미·실 므·슴 :이·력 ·ᄒᆞ·ᄂᆞ·다?
	[현]당신은 매일 무슨 공부를 했습니까?
	◇◇◇
	이력ᄒᆞ다[동]: 공부하다, 학습하다.
	미실[명]: 매일.
每日清早晨起來，	[언]:미·실 이른 새배 니·러,
	[현]매일 이른 새벽에 일어나
到學裏。	[언]·흑댱·의 ·가,
	[현]학당에 가서
[3a]師傅上受了文書，	[언]스승·님·쯰 ·글 듣:ᄌᆞᆸ·고,
	[현]스승님께 글을 듣잡고
	◇◇◇
	-쯰2[조]: -께, -에게.
	-ᄌᆞᆸ[어미]: -잡(예스러운 표현으로 자기를 낮추면서 상대편에게 공손하게 대하는 뜻을 나타내는 어미).
	듣ᄌᆞᆸ다[동]: 듣잡다('듣다'를 겸손하게 이르는 말).

放學。　　[언]·흑당·의 ·노·하·든,
　　　　　[현]학당에서 파하면
　　　　　◇◇◇
　　　　　놓다1[동]: 파하다(어떤 일을 마치거나 그만두다), 끝나다.

到家裏喫飯　[언]지·븨 ·와 ·밥 머·기 못·고,
罷,　　　　[현]집에 와서 밥먹기를 마치고
　　　　　◇◇◇
　　　　　못다[동]: 마치다.

却到學裏寫　[언]·쏘 ·흑당·의 ·가 셔·품 ·쓰·기 ᄒ·고,
做書。　　 [현]또 학당에 가서 글씨 쓰기를 하고
　　　　　◇◇◇
　　　　　셔품[명]: 습자(글씨 쓰기를 배워 익힘. 특히 붓글씨를 연습하는 것을 이른다).

寫做書罷對　[언]셔·품 ·쓰·기 못·고 년·구ᄒ·기 ᄒ·고,
句,　　　　[현]글씨 쓰기를 마치면 대구를 하고
　　　　　◇◇◇
　　　　　년구ᄒ다[동]: 연구하다, 대구를 하다.

對句罷吟　　[언]년·구ᄒ·기 못·고 ·글 이·피 ᄒ·고,
詩,　　　　[현]대구를 마치면 글읊기를 하고
　　　　　◇◇◇
　　　　　이피[명]: 읊기.

吟詩罷師傅　[언]·글 입·피 못·고 스승·님 앏·픠 ·글 :강·ᄒ·노·라.
前講書。　　[현]글읊기를 마치면 스승님 앞에서 글을 강설합니다.
　　　　　◇◇◇
　　　　　강ᄒ다[동]: 강하다, 이야기하다, 강설하다, 해석하다.
　　　　　앏프1[명]: 앞, 정면.
　　　　　앏픠: 앞에.

講甚麼文書？	[언]므·슴 ·그·를 :강·ᄒᆞ·ᄂᆞ·뇨?
	[현]무슨 글을 강설합니까?
講小學論語孟子。	[언]小學 論語 孟子·를 :강·ᄒᆞ·노·라.
	[현]소학, 논어, 맹자를 강설합니다.

3. 師傅前撤籤背念書

[3b]說書罷又做甚麼工課？	[언]·글 사·김ᄒᆞ·기 ᄆᆞᆺ·고 ·ᄯᅩ 므·슴 공부 ·ᄒᆞ·ᄂᆞ·뇨?
	[현]글새김하기 마치면 또 무슨 공부를 합니까?
	◇◇◇
	사김ᄒᆞ다[동]: 새김하다, 새기다.
	공부ᄒᆞ다[동]: 공부하다.
到晚,	[언]나죄 다ᄃᆞ거·든,
	[현]저녁이 이르면
	◇◇◇
	나죄[명]: 저녁.
	다ᄃᆞ다[동]: 다다르다, 이르다.
師傅前撤籤背念書。	[언]스승·님 앏·픠·셔 사·슬 ·쌔·혀 ·글 외·오·기 ·ᄒᆞ·야.
	[현]스승님 앞에서 제비를 뽑아 글외우기를 합니다.
	◇◇◇
	사슬[명]: 사슬, 제비, 추첨.
	쌔히다[동]: 빼다, 뽑다, 뽑아내다.
背過的,	[언]외·오니·란,
	[현]외운 사람은
師傅與免帖一箇;	[언]스승·님·이 免帖 ᄒᆞ나·흘 ·주·시·고,
	[현]스승님이 면첩 하나를 주시고

若背不過 時,	[언]·ᄒᆞ·다·가 외·오·디 :몯·ᄒᆞ·야·든, [현]만약 외우지 못하면 ◇◇◇ ᄒᆞ다가[부]: 하다가, 만약, 만일. -든[어미]: -면.
教當直的學 生背起,	[언]·딕·실션·븨 ·ᄒᆞ·야 어·피·고, [현]당직으로 하여금 엎드리게 하고 ◇◇◇ 딕실[명]: 직일, 당직, 당번. 션븨[명]: 선비, 학생. ᄒᆞ야[부]: 하여금. 어피다[동]: 엎드리게 하다.
打三下。	[언]:세 ·번 ·티·ᄂᆞ니·라. [현]세 번 칩니다. ◇◇◇ -ᄂᆞ니라[어미]: -느니라(예스러운 표현으로 해라 할 자리에 쓰여, 진리나 으레 있는 사실을 가르쳐 줌을 나타내는 종결 어미).
怎的是撤簽 背念書?	[언]:엇·디 홀 ·시 사·슬 ·쌔·혀 ·글 외·오기·며, [현]어떻게 하는 것이 제비를 뽑아 글을 외우는 것 이며
怎的是免 帖?	[언]:엇·디 홀 ·시 免帖·인·고? [현]어떻게 하는 것이 면첩입니까?
[4a]每一箇竹 簽上,	[언]:미 ᄒᆞᆫ ·대뽁·애, [현]대나무 제비마다 ◇◇◇ 미1[관]: 매. 대뽁[명]: 대쪽, 제비.

寫着一箇學生的姓名。	[언]ᄒᆞᆫ 션·븨 일·훔 ·쓰·고, [현]한 명의 학생 이름을 쓰고
衆學生的姓名，	[언]모·든 션·븨 일·후·믈, [현]모든 학생 이름을
都這般寫着，	[언]:다 ·이·리 ·써, [현]다 이렇게 써서
一箇簽筒兒裏盛着。	[언]ᄒᆞᆫ 사·슬 통·애 ·다·마. [현]한 추첨통에 담습니다.
教當直的學生，	[언]·딕·일션·븨 ·ᄒᆞ·야, [현]당직 학생을 시켜
將簽筒來搖動。	[언]사·슬·통 가·져다·가 흔·드·러, [현]추첨통을 가져다가 흔들어
內中撤一箇，	[언]그 ·듕·에 ᄒᆞ나 ·쌔·혀. [현]그 중에서 하나를 뽑습니다. ◇◇◇ 듕[명]: 중, 가운데.
撤着誰的，	[언]쌔·혀·니 ·뉜고 ·ᄒᆞ·야, [현]뽑힌 사람이 누구인가 해서
便着那人背書。	[언]믄·득 그 :사·ᄅᆞᆷ ·ᄒᆞ·야 ·글 외·오요·디, [현]문득 그 사람을 시켜 글 외우게 하되 ◇◇◇ -요디[어미]: -되. 사룸[명]: 사람.
背念過的，	[언]외·와·든, [현]외우면
[4b]師傅與免帖一箇。	[언]스승·이 免帖 ᄒᆞ나·흘 ·주ᄂᆞ·니. [현]스승이 면첩 하나를 줍니다. ◇◇◇ -ᄂᆞ니[어미]: -느니(하게할 자리에 쓰여, 진리나 으레 있는 사실을 일러 줌을 나타내는 종결 어미), -으니.

那免帖上，	[언]그 免帖 우·희,	
	[현]그 면첩 위에	
寫着免打三下，	[언]:세 ·번 마·조·믈 :면·ᄒᆞ·라·ᄒᆞ·야 쓰·고,	
	[현]세 번 맞기를 면하라고 시켜 쓰고	

◇◇◇

-옴1[어미]: -음.
마조믈: 맞음을.

師傅上頭畫着花押。	[언]스승·이 우·희 ·쳐·두·ᄂᆞ·니·라.	
	[현]스승이 위에 서명을 합니다.	

◇◇◇

쳐두다[동]: 서명하다.

若再撤簽試不過，	[언]·ᄒᆞ다·가 다·시 사·슬 ·쌔·혀 외·오·디 :몯·ᄒᆞ·야·도,	
	[현]만약 다시 제비에 뽑혀 외우지 못해도	
將出免帖來毀了，	[언]免帖 내·여 ·히·야ᄇᆞ·리·고,	
	[현]면첩을 내어 찢어버리고	

◇◇◇

히야ᄇᆞ리다[동]: 헐어버리다, 훼손하다, 찢어버리다.

便將功折過免了打。	[언]:아·리 외·와 免帖 ·타 잇·던 공·오·로 ·이·번 :몯 외·온 :죄·를 마·초·와 ·티·기·를 :면·ᄒᆞ·거니·와,	
	[현]먼저 외워 면첩을 타 있던 공으로 이번에 못 외운 죄를 맞춰어 때리기를 면하지만	

◇◇◇

잇다[형]: 있다.

若無免帖，	[언]·ᄒᆞ·다·가 免帖 곳 :업·스·면,	
	[현]만약 면첩이 없으면	

[5a]定然喫打 [언]·일·뎡 :세 ·번 마·조·믈 니·브리·라.
三下。   [현]반드시 세 번 맞기를 당합니다.
            ◇◇◇
            닙다[동]: 입다, 당하다, 받다.

4. 學他漢兒文書怎麼

你是高麗   [언]너는 高麗人 :사ᄅ·미어시·니,
人,   [현]당신은 고려 사람이신데
學他漢兒文 [언]漢人의 ·글 ᄇㆎ·화 므·슴홀·다?
書怎麼?   [현]한인의 글 배워서 무엇하렵니까?
你說的也   [언]네 닐·옴도 ·올타커·니·와,
是,   [현]당신이 이르는 말도 옳지만
            ◇◇◇
            -커니와[어미]: -거니와(예스러운 표현으로 앞
            절의 사실을 인정하면서 관련된 다른 사실을 이어
            주는 연결 어미).
各自人都有 [언]·각·각 :사ᄅ:미 :다 웃듬·오·로 ·보·미 잇
主見。   ᄂ·니·라.
            [현]사람은 다 각자 우선으로 보는 것이 있습니다.
            ◇◇◇
            웃듬[명]: 으뜸, 우선.
你有甚麼主 [언]:네 므·슴 웃듬:보·미 잇ᄂ·뇨?
見?   [현]당신이 우선으로 보는 것이 있습니까?
你說我聽   [언]:네 니ᄅ·라 내 드로마.
着。   [현]당신이 말해보세요. 내가 들어보겠습니다.

如今朝廷一統天下,	[언]·이·제 됴뎡·이 텬·하·를 一統·ᄒ·야 :겨·시·니, [현]이제 조정이 천하를 통일하였으니 ◇◇◇ 됴뎡[명]: 조정.
世間用着的是漢兒言語。	[언]:셰·간·애 ·쓰·ᄂᆞ·니 漢人·의 :마리·니. [현]세간에 쓰는 말이 한인의 말입니다. ◇◇◇ 쓰다[동]: 쓰다, 사용하다.
[5b]我這高麗言語,	[언]·우·리 ·이 高麗ㅅ :말·소·믄, [현]우리 고려의 말은 ◇◇◇ 말솜[명]: 말씀, 말.
只是高麗地面裏行的;	[언]:다·믄 高麗ㅅ ·ᄯᅡ·해·만 ·쓰·ᄂᆞᆫ 거·시·오. [현]다만 고려 땅에서만 쓰는 것입니다. ◇◇◇ ᄯᅡㅎ1[명]: 땅, 뭍, 육지. -ᄂᆞᆫ2[어미]: -는.
過的義州,	[언]義州 :디·나, [현]의주를 지나
漢兒地面來,	[언]中朝 ·ᄯᅡ·해 오·면, [현]중국 땅에 오면
都是漢兒言語。	[언]:다 漢語·ᄒᆞ·ᄂᆞ·니. [현]다 한어를 합니다.
有人問着一句話,	[언]:아:뫼·나 ᄒᆞᆫ :마를 무·러·든, [현]아무나 말을 한마디 물었는데
也說不得時,	[언]·ᄯᅩ ·딕:답·디 몯ᄒᆞ·면, [현]또 대답하지 못하면 ◇◇◇ 딕답ᄒᆞ다[동]: 대답하다, 응답하다.

別人將咱們，	[언]다른 :사·ᄅ·미 ·우·리를·다가,
	[현]다른 사람이 우리를
	◇◇◇
	다른[관]: 다른.
做甚麼人看?	[언]므슴 :사·ᄅ·믈 사·마 보·리·오?
	[현]어떤 사람으로 보겠습니까?

5. 是我爺娘教我學來

[6a]你這般學漢兒文書時,	[언]:네 ·이·리 漢人·손듸 ·글 빅·호거·니,
	[현]당신이 이렇게 한인한테서 글 배우는 것이
	◇◇◇
	-손듸[조]: -에게서, -로부터.
是你自心裏學來,	[언]·이 네 ᄆᅀᆞ·ᄆᆞ·로 빅·호ᄂ디?
	[현]당신의 마음으로 배운 것인가?
	◇◇◇
	ᄆᅀᆞᆷ[명]: 마음.
你的爺娘教你學來?	[언]네 어버ᅀᅵ 너·를 ·ᄒ·야 빅·호·라 ·ᄒ·시ᄂ·녀?
	[현]당신의 어버님이 당신을 시켜서 배우라 한 것인가요?
	◇◇◇
	어버ᅀᅵ[명]: 어버이.
	-ᄂ녀[어미]: -는가, -느냐.
是我爺娘教我學來。	[언]·올·ᄒ·니 ·우·리 어버·ᅀᅵ :나·를 ·ᄒ·야 비호·라 ·ᄒ·시ᄂ·다.
	[현]옳습니다. 우리 어버님이 나를 시켜서 배우라 한 것입니다.

你學了多少時節?	[언]:네 비·환 ·디 :언·머 오·라·뇨?
	[현]당신이 배운 지 얼마나 됐습니까?
我學了半年有餘。	[언]·내 비·환 ·디 :반·히 남즉ᄒ·다.
	[현]내가 배운 지 반년이 남짓합니다.

◇◇◇

남즉ᄒ다[형]: 남짓하다, 넉넉하다, 유여하다.

히1[명]: 해, 년.

| 省的那省不的? | [언]:알리·로소·녀 :아·디 :몯ᄒ·리로소·녀? |
| | [현]알 것인가? 알지 못할 것인가요? |

◇◇◇

-리로소녀[어미]: -ㄹ 것이냐, -것이냐.

| 每日和漢兒學生們, | [언]:미·실 漢兒 션·비·돌·콰 ·ᄒ·야, |
| | [현]매일 한인 학생들과 같이 |

◇◇◇

션빅[명]: 선배.

| [6b]一處學文書來, | [언]ᄒ·디·셔 ·글 비·호·니, |
| | [현]한 곳에서 글을 배우니 |

◇◇◇

딕[명]: 데, 곳.

因此上,	[언]·이·런 젼·ᄎ·로,
	[현]이런 까닭으로
些少理會的。	[언]:져·기 :아·노·라.
	[현]조금은 압니다.

◇◇◇

져기[부]: 조금, 좀, 적이, 적게.

6. 我師傅性兒温克

| 你的師傅是
甚麼人? | [언]네 스승·이 :엇던 :사·룸·고?
[현]당신의 스승은 어떤 사람이셨습니까? |

是漢兒人 　　[언]·이 漢人이·라.
有。　　　　[현]한인이셨습니다.

多少年紀?　　[언]·나·히 :언·메·나 ㅎ·뇨?
　　　　　　[현]나이는 얼마나 됐습니까?

三十五歲　　[언]설·흔 다·ᄉ·시·라.
了。　　　　[현]서른 다섯 살이었습니다.
　　　　　　◇◇◇
　　　　　　다ᄉ[수][관]: 다섯.

耐繁教那不　[언]·즐·겨 ᄀᄅ·ᄂ·녀 ·즐·겨 ᄀᄅ·치·디 아·닛·ᄂ·녀?
耐繁教?　　 [현]즐겨 가르쳐 주셨는가? 즐겨 가르쳐 주시지 않
　　　　　　았는가요?
　　　　　　◇◇◇
　　　　　　ᄀᄅ다1[동]: 가르치다.
　　　　　　ᄀᄅ치다[동]: 가르치다.

我師傅性兒　[언]·우·리 스승·이 :성·이 온화ㅎ·야,
温克,　　　 [현]우리 스승은 성격이 온화하고 공손하여
　　　　　　◇◇◇
　　　　　　온화ㅎ다[형]: 온화하다, 온화하고 공손하다.

好生耐繁　　[언]ᄀ·장 ·즐·겨 ᄀᄅ·치·ᄂ·다.
教。　　　　[현]아주 즐겨 가르치셨습니다.
　　　　　　◇◇◇
　　　　　　ᄀ장[부]: 가장, 매우, 아주.

第一章 結伴同行

[7a]你那衆學生内中,	[언]네 모·든 션·비 듕·에, [현]당신네 모든 학생 중에서	
多少漢兒人多少高麗人?	[언]:언·메·나 漢兒人이며 :언·메·나 高麗人 :사·롬·고? [현]얼마가 한인이며 얼마가 고려인입니까?	
漢兒高麗中半。	[언]漢兒·와 高麗 :반·이·라. [현]한인과 고려인은 반반이었습니다.	
裏頭也有頑的麼?	[언]그 듕·에 굴·외ᄂ·니 잇ᄂ·녀? [현]그 중에서 말썽구러기도 있었습니까?	

◇◇◇

굴외다[동]: 가래다, 말썽을 피우다, 말썽을 부리다.

可知有頑的。	[언]굴·외ᄂ·니 잇·닷 :마·리·아 니ᄅ·려. [현]말썽구러기도 있답니다.	

◇◇◇

-닷[어미]: -다 하는.
-려1[어미]: -랴, -ㄹ 것인가?

每日學長,	[언]:미·실 學長·이, [현]매일 학장이	
將那頑學生,	[언]굴·외·ᄂ 學生·을다·가, [현]장난이 심한 학생을	
師傅上禀了。	[언]스숭·님끠 :슯·고, [현]스숭님께 아뢰었고	

◇◇◇

슯다[동]: 사뢰다, 아뢰다, 고

那般打了時,	[언]그·리 ·텨·도, [현]그렇게 쳐도	

只是不怕。	[언]다·함 저·티 아닌·ᄂ·니·라.
	[현]오히려 두려워하지 않았습니다.

◇◇◇

다함[부]: 다만, 오로지, 오히려.
저티[동]: 젛다, 저어하다, 두려워하다.

漢兒小廝們,	[언]漢兒 아히·들·히,
	[현]한인 아이들이

◇◇◇

아히[명]: 아이.

[7b]十分頑;	[언]ᄀ·장 글·외거·니·와,
	[현]심하게 말썽을 피웠지만
高麗小廝們較好些。	[언]高麗ㅅ 아·히·들흔 ·져·기 ·어·디니:라.
	[현]고려인들은 조금 나았습니다.

7. 漢兒地面裏不慣行

大哥,	[언]·큰형님,
	[현]큰형님,
你如今那裏去?	[언]:네 ·이·제 어·듸 ·가·ᄂ·다?
	[현]당신은 이제 어디에 갑니까?
我也往北京去。	[언]나·도 北京 :향·ᄒ·야 ·가·노·라.
	[현]나도 북경을 향해 갑니다.
你旣往北京去時,	[언]:네 ᄒ·마 北京 :향·ᄒ·야 ·가·거·니,
	[현]당신이 기왕 북경을 향하여 가시니

◇◇◇

ᄒ마[부]: 기왕, 이미, 벌써.

我是高麗人,	[언]·나·는 高麗ㅅ :사·ᄅ·미·라,
	[현]나는 고려 사람이라

漢兒地面裏 不慣行,	[언]:한짜·해 니·기 둔·니·디 :몯·ᄒ·야 잇·ᄂ·니, [현]중국 땅에는 익숙하게 다니지 못하기 때문에 ◇◇◇ 니기[부]: 익숙하게, 익히. ᄃᆞ니다[동]: 다니다.
你好歹拖帶 我,	[언]:네 모·로·매 ·나·를 ᄃᆞ려, [현]당신이 모름지기 나를 데려 ◇◇◇ 모로매[부]: 반드시, 모름지기(사리를 따져 보건대 마땅히). ᄃᆞ리다[동]: 데리다.
做火伴去。	[언]:벋 지·어 가·고·려. [현]벗 지어 가 주십시오. ◇◇◇ 짓다1[동]: (벗을) 짓다, 삼다.
[8a]這們時,	[언]·이·러·면, [현]이렇다면
咱們一同去 來。	[언]·우·리 홈·ᄭᅴ 가·져. [현]우리 함께 갑시다. ◇◇◇ 홈ᄭᅴ[부]: 함께, 같이.
哥哥,	[언]형·님, [현]형님
你貴姓?	[언]네 :셩·은? [현]당신의 성은 무엇입니까? ◇◇◇ 셩1[명]: 성씨.
我姓王。	[언]내 :셩·이 王:개로·라. [현]내 성은 왕가랍니다.

你家在那裏住?	[언]네 지·비 어·듸·셔 :사·ᄂᆞ·다? [현]당신은 어디서 사십니까?
我在遼陽城裏住。	[언]·내 遼陽·잣 안·해·셔 :사노·라. [현]나는 요양 성에서 삽니다.

◇◇◇

잣[명]: 성.

你京裏有甚麼勾當去?	[언]:네 :셔·울 므·슴 ·일 이·셔 가·ᄂᆞ·다? [현]당신은 북경에 무슨 일이 있어서 가십니까?

◇◇◇

셔울[명]: 여기는 북경을 가리킴.

我將這幾箇馬賣去。	[언]·내 아·니 여·러 ᄆᆞᆯ 가·져 ·ᄑᆞ·라 ·가·노·라. [현]나는 이 말 몇 마리를 가져다가 팔러 갑니다.
那般時最好。	[언]그·러·면 ᄀᆞ·쟝 :됴·토·다. [현]그렇다면 매우 좋습니다.
我也待賣這幾箇馬去,	[언]나·도 ·이 여·러 ᄆᆞᆯ ·ᄑᆞ·라 가·며, [현]나도 이 몇 마리의 말을 팔러 가며
[8b]這馬上馱着的些少毛施布,	[언]·이 ᄆᆞᆯ 우·희 시·론 아·니 ·한 모시·뵈·도, [현]이 말 위에 실은 모시베도

◇◇◇

모시뵈[명]: 모시베, 모시(苧麻布, 夏布. 모시풀 껍질의 섬유로 짠 피륙. 베보다 곱고 빛깔이 희며 여름 옷감으로 많이 쓰인다).

一就待賣去。	[언]이·믜·셔 ·ᄑᆞᆯ·오·져 ·ᄒᆞ·야 ·가·노·라. [현]함께 팔고자 합니다.

◇◇◇

이믜셔[부]: 함께, 곧, 즉시, 바로.

-오져[어미]: -고자.

你旣賣馬去	[언]:네 ᄒᆞ·마 ᄆᆞᆯ ·폴·라 ·가거·니,
時,	[현]당신이 기왕 말 팔러 간다니
咱們恰好做	[언]·우·리 :벋 ·지·서 :가·미 ·마·치 :됴·토·다.
火伴去。	[현]우리 벗 지어 가는 것이 마치 좋습니다.

8. 京裏馬價如何

哥哥,	[언]형·님,
	[현]형님,
曾知得,	[언]일·즉 :아·ᄂᆞ·니,
	[현]이미 알고 계시는데
	◇◇◇
	일즉[부]: 일찍, 이미.
京裏馬價如	[언]:셔·울 ᄆᆞᆯ·갑·시 :엇·더ᄒᆞ·고?
何?	[현]북경 말 값이 어떤지요?
	◇◇◇
	ㅡㄴ고[어미]: ㅡㄴ고(물음을 나타내는 종결 어미).
近有相識人	[언]·요·ᄉᆞ·ᅀᅵ·예 사·괴·ᄂᆞᆫ :사·ᄅᆞ미 ·와 닐·오·듸,
來說,	[현]요사이 여기 사귀는 사람이 와서 말했는데
	◇◇◇
	요ᄉᆞᅀᅵ[명]: 요사이.
馬的價錢,	[언]ᄆᆞᆯ·갑·시,
	[현]말 값이
這幾日好。	[언]요ᄉᆞ·ᅀᅵ :됴·호·모·로,
	[현]요사이 좋으므로

[9a]似這一等的馬，	[언]·이 ᄒᆞᆫ :등·엣 모·ᄅᆞᆫ,
	[현]이처럼 된 등급의 말은
	◇◇◇
	-은1[조]: -은.
賣十五兩以上；	[언]·열닷 량 우·후·로 ·ᄑᆞᆯ·오,
	[현]열닷 냥 이상으로 팔고
這一等的馬，	[언]·이 ᄒᆞᆫ :등·엣 ᄆᆞ·ᄅᆞᆫ,
	[현]이처럼 된 등급의 말은
賣十兩以上。	[언]·열 량 우·후·로 ·ᄑᆞᆯ·리·라 ·ᄒᆞ더·라.
	[현]열 냥 이상으로 팔릴 것이라고 합니다.
曾知得，	[언]일·즉 :아·ᄂᆞ·니,
	[현]일찍 알고 계시는데
布價高低麼？	[언]·븻·갑·슨 ·ᄊᆞ·던·가 ·디·던·가?
	[현]베 값은 비싸던가요, 싸던가요?
	◇◇◇
	ᄊᆞ다[형]: 값있다, 비싸다.
	디다1[형]: 싸다, 값싸다.
	-던가[어미]: -던가(과거의 사실에 대하여 자기 스스로에게 묻는 물음이나 추측을 나타내는 종결어미).
布價如往年的價錢一般。	[언]·븻·갑·슨 ·니·건 ·힛 ·갑·과 ᄒᆞ가·지·라 ·ᄒᆞ·더·라.
	[현]베 값은 작년 값과 한가지라고 합니다.
	◇◇◇
	니건 힛: 지난 해, 작년.
	ᄒᆞ가지[명]: 한가지(형태, 성질, 동작 따위가 서로 같은 것).

京裏喫食貴　　[언]:셔·울 머·글 거·슨 :노·던·가 흔·턴·가?
賤?　　　　　[현]북경에서 먹을 것은 비싼가 싼가요?
　　　　　　　◇◇◇
　　　　　　　노다[형]: 값이 비싸다. 귀하다.
　　　　　　　흔ᄒ다[형]: 값싸다.
我那相識人　　[언]내 ·뎌 사·괴·는 :사·ᄅ·미 일·즉 닐·오·디,
曾說,　　　　[현]내 그 사귀는 사람이 일찍 말했는데
他來時,　　　[언]:제 올 저·긔,
　　　　　　　[현]자기가 올 적에
[9b]八分銀子　[언]여·듧 :푼 은·에 흔 ·말 :경·미·오,
一斗粳米,　　[현]여덟 푼 은자에 멥쌀 한 말이고
　　　　　　　◇◇◇
　　　　　　　경미[명]: 멥쌀, 갱미.
五分一斗小　　[언]닷 :분·에 흔 ·말 조·ᄡ·리·오,
米,　　　　　[현]닷 푼에 좁쌀 한 말이고
　　　　　　　◇◇◇
　　　　　　　조ᄡ[명]: 좁쌀.
一錢銀子十　　[언]흔 :돈 은·에 ·열 근 ᄀᆞᆯ·이·오,
斤麵,　　　　[현]한 돈 은자에 가루 열 근이고
　　　　　　　◇◇◇
　　　　　　　ᄀᆞᆯ[명]: 가루.
二分銀子一　　[언]:두 ·푼 은·에 흔 근 양·육·이라 ·ᄒ·더·라.
斤羊肉。　　　[현]두 푼 은자에 양고기 한 근이라고 합니다.
似這般時,　　[언]·이·러·툿 ᄒ·면,
　　　　　　　[현]이렇다면
　　　　　　　◇◇◇
　　　　　　　이러툿[부]: 이렇듯, 이렇게.

我年時在京裏來，	[언]·내 ·니·건 ·희 :셔울 잇·다·니,
	[현]내가 작년 북경에 있을 때와
價錢都一般。	[언]·갑·시 :다 ᄒᆞ가지로·다.
	[현]값이 다 한가지입니다.

9. 咱們今夜那裏宿去

咱們今夜那裏宿去?	[언]·우·리 오·ᄂᆞᆳ바·미 어·듸 ·가 자·고 가·료?
	[현]우리 오늘밤에 어디 가서 자고 갈까요?
咱們徃前行的，	[언]·우·리 앏·푸·로 나·ᅀᅡ·가,
	[현]우리 앞으로 가면
	◇◇◇
	앏푸로: 앞으로.
[10a]十里來田地裏，	[언]·십·리·만 ᄯᅡ·해,
	[현]십 리쯤 되는 곳에
	◇◇◇
	ᄯᅡㅎ2[명]: 땅, 지역, 구역, 거리, 곳.
有箇店子，	[언]ᄒᆞᆫ ·뎜·이 이·쇼·ᄃᆡ,
	[현]한 여관이 있는데
名喚瓦店。	[언]일·호·믈 瓦店·이·라 ·ᄒᆞ·야 브르ᄂᆞ·니.
	[현]이름을 와점(瓦店)이라고 부릅니다.
咱們到時，	[언]·우·리 가·면,
	[현]우리가 가면
或早或晚，	[언]·혹 이르거·나 ·혹 늣거·낫 듕·에,
	[현]혹시 이르게 가거나 늦게 가는 가운데
只那裏宿去。	[언]그저 데 ·가 자·고 가·져.
	[현]그저 거기에 가서 자고 갑시다.

若過去了時,	[언]·ᄒᆞ다·가 :디·나가·면,
	[현]만약 지나가면
那邊有二十里地,	[언]뎌 녀·긔 :시·십 :릿 싸·해,
	[현]그 쪽에 이십 리 되는 지역에

◇◇◇

시십[수][관]: 이십.

沒人家。	[언]人家ㅣ :업·스니·라.
	[현]인가가 없습니다.
既那般時,	[언]ᄒᆞ·마 그·러ᄒᆞ·면,
	[현]기왕 그렇다면
前不着村,	[언]앏·푸·로 촌·애 다ᄃᆞᆮ·디 :몯ᄒᆞ·고,
	[현]앞으로 촌에 이르지 못하고

◇◇◇

다ᄃᆞᆮ다[동]: 다다르다, 이르다.

後不着店,	[언]:뒤·후로·ᄂᆞᆫ :뎜·에 다ᄃᆞᆮ·디 :몯ᄒᆞ·리·니,
	[현]뒤로는 여관에 다다르지 못한다는 것이니

◇◇◇

-리니[어미]: -리니, -ㄹ 것이니.

[10b]咱們只投那裏宿去。	[언]·우·리 그저 뎨 ·드·러 자·고 가·져.
	[현]우리 그저 저기 들어가 자고 갑시다.
到那裏,	[언]뎨 ·가,
	[현]저기에 가서
便早時也好,	[언]·곧 일·어·도 ·쏘 :됴·ᄒᆞ·니,
	[현]일찍 가도 또 좋으니

咱們歇息頭口，	[언]·우·리 ᄆ·쇼 쉬·워，	
	[현]우리 말과 소를 쉬게 하고	
	◇◇◇	
	ᄆ쇼[명]: 마소, 가축의 총칭.	
明日早行。	[언]ᄂᆡ·실 ·일 녀·져.	
	[현]내일 일찍 갑시다.	
	◇◇◇	
	일1[부]: 일찍.	
	녀다[동]: 가다, 다니다.	
	ᄂᆡ실[명]: 내일.	
這裏到京裏,	[언]예·셔 :셔·울 :가·매,	
	[현]여기서 북경까지 가는데	
有幾程地?	[언]·몃 즘·겟 ·길·히 잇ᄂᆞ·고?	
	[현]길이가 몇 거리가 됩니까?	
	◇◇◇	
	몃[수][관]: 몇.	
	즘게[명]: 거리, 노정.	
這裏到京裏,	[언]예·셔 :셔·울 :가·매,	
	[현]여기서 북경까지 가는데	
還有五百里之上。	[언]당시·론 五百里 우·흐·로 잇ᄂᆞ·니,	
	[현]아직 오백 리 이상이 있는데	
	◇◇◇	
	당시론[부]: 아직, 도리어, 오히려.	
天可憐見,	[언]하·늘·히 :어·엿·비 너·기·샤.	
	[현]하늘이 불쌍하게 여기시어	
身子安樂時,	[언]·모·미 편안ᄒᆞ·면,	
	[현]몸이 편안하면	

[11a]再着五箇日頭到了。	[언]·열 닷·쇄·만 두·면 가·리·라. [현]이제 오일이면 갑니다. ◇◇◇ 열[명]: 이제.	
咱們到時,	[언]·우·리 가·면, [현]우리가 가면	
那裏安下好?	[언]어·듸 ·브리·여·사 :됴·홀·고? [현]어디서 짐 내려야 좋을까요? ◇◇◇ 브리다1[동]: (짐을) 부리다, (짐을) 내리다, 묵다.	
咱們往順城門官店裏下去來。	[언]·우·리 順城門·윗 :뎜·에 ·가 브·리·옛·져. [현]우리 순성문(順城門)의 여관에 가서 짐을 내립시다.	
那裏就便投馬市裏去却近些。	[언]뎨:셔 ·곧 물 져·제 :감·도 ·쏘 갓가·오니·라. [현]저기서 말 시장에 가기도 가깝습니다. ◇◇◇ 져제[명]: 시장, 가게, 점포.	
你說的是。	[언]네 닐·오·미 ·올·타. [현]당신 말씀이 옳습니다.	
我也心裏這般想着,	[언]나·도 ᄆᆞᅀᆞ·매 ·이·리 너·기노·라. [현]나도 마음에 이리 생각합니다.	
你說的恰和我意同。	[언]네 닐·오·미 ·뜯과 ·굳·다. [현]당신 말하는 것이 내 뜻과 같습니다. ◇◇◇ 굳다2[형]: 같다.	
[11b]只除那裏好。	[언]:다·믄 게·만 :됴·ᄒᆞ·니, [현]거기만 좋으니까	

但是遼東去的客人們,	[언]믈읫 遼東·으·로·셔 간 나·그·내·돌·히,
	[현]무릇 요동에서 간 나그네들이
	◇◇◇
	믈읫[부]: 무릇(대체로 헤아려 생각하건대).
別處不下,	[언]년 ·더 브·리·디 ·아·녀,
	[현]다른 곳에 가서 묵지 않고
	◇◇◇
	년[관]: 다른.
都在那裏安下。	[언]:다 뎨 ·가 브·리느·니,
	[현]다 저기 가서 묵으니
我年時也在那裏下來,	[언]나·도 젼년·희 뎨 브·리·엇다·니,
	[현]나도 작년에 저기서 묵었는데
十分便當。	[언]ᄀ·장 편안·ᄒ·더·라.
	[현]가장 편안했습니다.

10. 每夜喫的草料通該多少錢

你這幾箇頭口,	[언]네 ·이 여·러 ᄆ·쇼·돌·히,
	[현]당신네 이 몇 마리의 말과 소들이
每夜喫的草料,	[언]·밤:마·다 먹·논 ·딥·과 콩·이,
	[현]밤마다 먹는 짚과 콩이
通該多少錢?	[언]:대·되 :언·머·만 :젼·이 ·드·는·고?
	[현]돈이 모두 얼마나 들었습니까?
	◇◇◇
	대되[부]: 모두, 통틀어, 온통.

這六箇馬,	[언]·이 여·슷 ᄆ·리,
	[현]이 여섯 마리 말은
	◇◇◇
	ᄆ리[의]: 마리.
[12a]每一箇	[언]:ᄆᆡ ᄒᆞ나·히 콩 닷 ·되 딥 흔 ·뭇·곰 ·ᄒᆞ·야,
五升料一束	[현]한 마리에 콩 닷 되, 짚 한 뭇씩 해서
草,	◇◇◇
	뭇[의]: 뭇.
	-곰[접미]: -씩, 용언이나 부사에 붙어 성조를 부드럽게 하고 뜻을 강조한다.
通筭過來,	[언]통히 ·혜·요니,
	[현]통틀어 계산하니
	◇◇◇
	통히[부]: 통틀어, 모두.
	혜다[동]: 헤아리다, 계산하다, 셈하다.
盤纏着二錢	[언]은 :두 ·돈·을 ·쁘·고,
銀子;	[현]은 두 돈을 쓰고
這六箇馬,	[언]·이 여·슷 ᄆ·리,
	[현]이 여섯 마리 말은
每夜喫的草	[언]·밤:마·다 먹·논 ·딥과 콩·이 ᄒᆞ·ᄆᆡ 아·니·니.
料不等。	[현]밤마다 먹는 짚과 콩이 한 종류가 아닙니다.
	◇◇◇
	ᄆᆡ2[의]: 가지, 종류.
	ᄒᆞᄆᆡ[명]: 한가지, 한 종류.
草料貴處,	[언]콩·딥 :논 ·딘,
	[현]콩과 짚이 비싼 곳에서는
盤纏三四錢	[언]:서·너 :돈 은·을 ·쁘·고,
銀子;	[현]서너 돈 은을 쓰고

草料賤處,	[언]콩·딥 흔흔 ·듼, [현]콩과 짚이 싼 곳에서는
盤纏二錢銀子。	[언]:두 ·돈 은·을 ·쁘·ᄂ·니·라. [현]두 돈 은을 씁니다.
這箇馬也行的好。	[언]·이 물·도 거·르·미 :됴·코·나. [현]이 말도 걷는 것이 좋구나.
[12b]可知有幾步慢竄。	[언]그·리어·니 여·러 ·거·름곰 즈늑즈늑·호·딘 :재·니·라. [현]그렇습니다. 여러 걸음이 느릿느릿하되 빠릅니다. ◇◇◇ 그리어니[형]: 그렇다. 즈늑즈늑ᄒ다[형]: 느릿느릿하다. 재다1[형]: 빠르다.
除了這箇馬,	[언]·이 물 :외·예, [현]이 말 이외의
別箇的都不好。	[언]년·근 :다 :됴·티 아·니·타. [현]다른 말은 다 좋지 않습니다. ◇◇◇ 년근: 다른 것은.

11. 買些甚麽貨物迴還高麗地面裏賣去

你這馬和布子,	[언]네 ·이 물·와 ·뵈·를, [현]당신네 이 말과 베를
到北京賣了時,	[언]北京·의 ·가 ·폴·오, [현]북경에 가서 팔고

却買些甚麼貨物，	[언]·쏘 ·므·슴 흥졍ᄀᆞᆷ ·사,
	[현]또 무슨 물품을 사서
	◇◇◇
	ᄀᆞᆷ[명]: 감, 재료, 물건.
	흥졍ᄀᆞᆷ[명]: 흥졍 감, 상품, 물품.
迴還高麗地面裏賣去？	[언]高麗ㅅ 짜·해 도·라·가 ·ᄑᆞ·ᄂᆞ뇨?
	[현]고려 땅으로 돌아가서 팝니까?
我往山東濟寧府東昌高唐，	[언]·내 山東 濟寧府·엣 東昌 高唐 :근·쳐·들:해 ·가,
	[현]나는 산동(山東) 제녕부(濟寧府), 동창(東昌), 고당(高唐) 등 곳에 가서
[13a]收買些絹子綾子緜子，	[언]:깁과 고·로·와 소옴·들 거·두·워 ·사,
	[현]비단이나 무늬가 있는 비단, 그리고 솜을 거두어 사서
	◇◇◇
	깁[명]: 비단, 명주실로 바탕을 조금 거칠게 짠 비단.
	고로[명]: 무늬가 있는 비단 (고운 생사로 짠 윤이 나는 고급 문직).
	소옴[명]: 솜.
迴還王京賣去。	[언]王京·의 도·라·가 ·ᄑᆞ·라 ·가·노·라.
	[현]왕경(王京)에 팔러 돌아갑니다.
到你那地面裏，	[언]네 짜·해 ·가,
	[현]당신네 땅에 가서
也有些利錢麼？	[언]:져·그·나 ·니:쳔 잇·ᄂᆞ·녀?
	[현]조금이나마 이익이 있습니까?
	◇◇◇
	니쳔[명]: 이전, 이익.

那的也中。	[언]:긔·사 잇ᄂ·니·라.	
	[현]그거야 있습니다.	
我年時,	[언]·내 젼년·희,	
	[현]내가 작년에	
跟着漢兒火伴,	[언]:되·번 조·차,	
	[현]한인 벗을 따라	
到高唐,	[언]高唐·의 ·가,	
	[현]고당에 가서	
收買些緜絹,	[언]소옴·과 :깁·둘 거·두워 ·사,	
	[현]솜과 비단을 거둬어 사서	
將到王京賣了,	[언]王京·의 가·져가 ·ᄑ라,	
	[현]왕경에 가져가 팔았는데	
也尋了些利錢。	[언]:져·기 니:쳔 :어·두·라.	
	[현]조금 이익을 얻었습니다.	

12. 到王京多少價錢賣

你那綾絹緜子,	[언]네 ·뎌 고·로·와 :깁·과 소옴둘·흘,	
	[현]당신이 저기 무늬 있는 비단, 깁 비단과 솜들을	
[13b]就地頭多少價錢買來?	[언]밋ᄍᆞ·해·셔 :언멋 ·갑·소·로 ·사,	
	[현]원산지에서 얼마의 값으로 사서	
	◇◇◇	
	밋ᄧᅡᆼ[명]: 생산지, 원산지.	
到王京多少價錢賣?	[언]王·京의 ·가 ·갑·슬 :언·머·의 ·ᄑ·ᄂ·다?	
	[현]왕경에 가서 값을 얼마에 팝니까?	
我買的價錢,	[언]내 ·사·ᄂ ·갑·슨,	
	[현]내가 산 값은	

| 小絹一匹三錢, | [언]효·근 :깁 ᄒᆞ 피·렌 :세 ·돈 주·고 ·사, |
| | [현]작은 비단 한 필에 서 돈을 주고 사서 |

◇◇◇

혹다[형]: 작다, 자질구레하다, 자잘하다.

| 染做小紅裏絹; | [언]:쇼훙·믈 :드·려 앉·깁 :삼·고, |
| | [현]분홍색 물감을 들여 안감 비단으로 삼고 |

◇◇◇

쇼훙[명]: 분홍색.

앉깁[명]: 안쩝, 안감.

綾子每匹二兩家,	[언]고·로·는 :미 ᄒᆞ 피·레 :두 ·량·식 주·고 ·사,
	[현]무늬가 있는 비단은 한 필에 두 냥씩 주고 사서
染做鴉靑和小紅。	[언]·야쳥·과 :쇼훙 ·드·리노·라.
	[현]청흑색과 분홍색 물감을 들입니다.

◇◇◇

야쳥[명]: 짙은 남빛, 청흑색.

絹子每匹,	[언]깁 :미 ᄒᆞ 피·레·는,
	[현]비단 한 필에는
染錢二錢;	[언]·뮛·갑·시 :두 ·돈·이오,
	[현]물들인 값이 두 돈이고
[14a]綾子每匹染錢,	[언]고·로 :미 ᄒᆞ 피레 ·뮛·갑·슨,
	[현]무늬가 있는 비단은 한 필에 물들인 값은
鴉靑的三錢;	[언]·야쳥·앤 :세 ·돈·이오,
	[현]청흑색에는 서 돈이고
小紅的二錢。	[언]:쇼훙·앤 :두 ·돈·이·오.
	[현]분홍색에는 두 돈입니다.
又繇子每一斤,	[언]·또 소옴 :미 ᄒᆞ 근·에,
	[현]또 솜은 매 한 근에

價錢六錢銀子。	[언]·갑·슨 엿 :돈 은·이·니.
	[현]값이 엿 돈 은입니다.
到王京,	[언]王京·의 ·가,
	[현]왕경에 가서
絹子一匹,	[언]:깁 흔 피·레·는,
	[현]비단 한 필에
賣細麻布兩匹,	[언]가·믄 ·뵈 :두 ·피·레 ·프·라,
	[현]가는 베 두 필에 팔아
折銀一兩二錢;	[언]은 흔량 :두 ·돈·애 :혜·오,
	[현]은 한 냥 두 돈으로 계산이 되고
綾子一匹,	[언]고:로 흔 피·렌,
	[현]무늬가 있는 비단 한 필에
鴉青的賣布六匹,	[언]·야쳥·의·는 ·뵈 엿 비·레 ·프·라,
	[현]청흑색 베 엿 필에 팔아
[14b]折銀子三兩六錢;	[언]은 :석 ·량 엿 :돈·애 :혜오,
	[현]은 석 냥 엿 돈으로 계산이 되고
小紅的賣布五匹,	[언]:쇼훙·앤 ·뵈 닷 비·레 ·프·라,
	[현]분홍색 베 닷 필에 팔아
折銀子三兩;	[언]은 :석 량·에 :혜·오,
	[현]은 석 냥으로 계산이 되고
緜子每四兩,	[언]소오·믄 :미 :넉 ·량·의,
	[현]솜은 매 넉 냥에
賣布一匹,	[언]·뵈 흔 피·레 ·프·라,
	[현]베 한 필에 팔아
折銀子六錢,	[언]은 엿 :돈·애 :혜느·니,
	[현]은 엿 돈으로 계산이 되니

通滾筭着，	[언]뫼·화 혜니, [현]통틀어 계산하면 ◇◇◇ 뫼호다[동]: 모으다, 통틀다.	
除了牙稅繳 計外，	[언]즈룹·갑과 :세 ·무·논 것·들 마물·와 :혜·니 :말 오 그 :외·예, [현]중개료와 세금 무는 것들 마물러 계산하고 그 외에 ◇◇◇ 즈룹갑[명]: 소개료, 중개료. 마물오다[동]: 마무르다.	
也尋了加五 利錢。	[언]허:긔·우··는 니:쳔을 :언·노·라. [현]큰 이익을 얻을 것입니다. ◇◇◇ 허긔우다[동]: (5할의 이익을) 크게 덧붙이다.	

13. 前後住了多少時

你自來，	[언]:네 본·딕, [현]당신이 본래 ◇◇◇ 본딕[부]: 본디, 본래, 원래.
到京裏，	[언]:셔·울 ·가, [현]북경에 가서
[15a]賣了貨 物，	[언]:쳔량 ·프라, [현]물품을 팔고
却買綿絹，	[언]·쏘 소옴 :깁 ·사, [현]또 솜과 비단을 사 가지고

到王京賣了,	[언]王京·의 ·가 ·프·노·라 ·ㅎ·야,	
	[현]왕경에 가서 팔고 하면	
前後住了多少時?	[언]前後·에 :언·메·나 오·래 머:므·는다?	
	[현]전후에 얼마나 오래 머무릅니까?	
我從年時正月裏,	[언]·내 젼년 正月에브·터,	
	[현]내가 작년 정월부터	
將馬和布子,	[언]ᄆᆞᆯ·와 ·뵈 가:져,	
	[현]말과 베를 가지고	
到京都賣了,	[언]:셔·울 ·가 :다 ·폴·오,	
	[현]북경에 가서 팔고	
五月裏到高唐,	[언]五月·에 高唐·의 ·가,	
	[현]오월에 고당에 가서	
收起綿絹,	[언]소·옴·과 :깁·들 ·거·두·워,	
	[현]솜과 비단을 거둬어	
到直沽裏上舡過海,	[언]直沽·애 ·가 ·비 ·타 바·다 :건·너,	
	[현]직고(直沽)에 가서 배를 타고 바다를 건너	
	◊◊◊	
	비[명]: 배.	
十月裏到王京,	[언]·시·워·레 王京·의 ·가,	
	[현]시월에 왕경에 가서	
[15b]投到年終,	[언]年終·애 다ᄃᆞ·라,	
	[현]연말에 이르러	
	◊◊◊	
	다ᄃᆞ르다[동]: 다다르다, 이르다.	
貨物都賣了,	[언]:포·믈·들 :다 ·폴·오,	
	[현]물품들을 다 팔고	

又買了這些 馬幷毛施布 來了。	[언]·쏘 ·이 물·와 모시·뵈 ·사오노·라. [현]또 이 말과 모시베를 사 왔습니다.

14. 這三箇火伴是伱親眷那

這三箇火 伴,	[언]·이 :세 :버·디, [현]이 세 벗이
是伱親眷 那?	[언]·이 네 아·숨·가? [현]당신의 친척인가요? ◇◇◇ 아숨[명]: 친척.
是相合來 的?	[언]·이 몯두·라 오·니·가? [현]모여 따라온 사람인가요? ◇◇◇ 몯두라오다[동]: 모여 따라오다, 함께 따라오다.
都不曾問,	[언]:다 일즉 :묻·디 아·니·ᄒ·야 잇·다·니, [현]다 아직 묻지 않았는데
姓甚麼?	[언]:셩이 므·스것·고? [현]성은 무엇입니까?
這箇姓金,	[언]이·는 셩·이 金:개·니, [현]이 사람은 성이 김(金)가이고
是小人姑舅 哥哥;	[언]이·는 내 아·븨 동싱 누의·와 ·어믜 동싱 ·오·라·븨게 난 형·이오, [현]이 사람은 내 고종사촌 형님이며 ◇◇◇ 아븨: 아버지의. 동싱[명]: 동생. 누의[명]: 누이, 누나. 어믜: 어머니의. 오라븨: 오빠의.

這箇姓李,	[언]·이·는 :셩·이 李·개·니,	
	[현]이 사람은 성이 이(李)가이고	
[16a]是小人兩姨兄弟;	[언]·이·는 ·우·리 :어·믜 ·동·슁·의·게 :난 아·시·오,	
	[현]이 사람은 우리 이종사촌 동생이며	

◇◇◇

아시[명]: 아우.

這箇姓趙,	[언]·이·는 :셩·이 趙·개·니,	
	[현]이 사람은 성이 조(趙)가이고	
是我街坊。	[언]·이 내 이·우지·라.	
	[현]이 사람은 내 이웃입니다.	
你是姑舅弟兄,	[언]:네 異姓四寸兄弟·어시·니,	
	[현]당신들이 이성 사촌 형제 사이인데	
誰是舅舅上孩兒?	[언]·누·구·는 ·어·믜 ·오라·븨·게 난 ·주·식?	
	[현]누가 외숙부에게서 난 자식인가요?	

◇◇◇

주식[명]: 자식.

誰是姑姑上孩兒?	[언]·누·구·는 아·븨 누의·게 난 주식고?	
	[현]누가 고모에게서 난 자식입니까?	
小人是姑姑生的,	[언]小人·은 아·븨 누의게 나·니·오,	
	[현]소인이 고모에게서 난 사람이고	
他是舅舅生的。	[언]·뎌·는 ·어·믜 ·오·라·븨게 나·니이·다.	
	[현]저 사람은 외숙부에게서 난 사람입니다.	
你兩姨弟兄,	[언]너희 兩姨예·셔 난 형·뎨·라 ᄒᆞ·니,	
	[현]당신 둘은 이모에게서 난 형제라고 하는데	
[16b]是親兩姨那?	[언]·이 친동싱 兩姨가?	
	[현]친 동생인 이모인가요?	

是房親兩姨?	[언]·이 동·셩 륙·촌 兩姨·가?
	[현]같은 성씨인 육촌 사이의 이모입니까?
是親兩姨弟兄。	[언]·이 친동싱 兩姨·예·셔 난 형·뎨로·니,
	[현]친 동생인 이모에게서 난 형제인데
我母親是姐姐,	[언]·우·리 ·어·미·는 형·이:오,
	[현]우리 어머니는 언니이고
他母親是妹子。	[언]·뎌·의 ·어·미·는 아·ᅀᅵ·라.
	[현]저 사람의 어머니는 아우입니다.
你旣是姑舅兩姨弟兄,	[언]너:희 ㅎ·마 姑舅兩姨·예·셔 난 형·뎨로·디,
	[현]당신들은 고종사촌과 이종사촌 사이의 형제인데
怎麽沿路穢語不迴避?	[언]:엇·디 ·길 조·차·셔 :더·러·운 :말·소·믈 회피·티 아·니·ᄒᆞ·는·다?
	[현]어떻게 길에서 막말을 회피하지 않습니까?
我一們不會體例的人,	[언]·우·리 ᄒᆞ가·짓 :스·톄 모·ᄅᆞ·는 :사·ᄅᆞᆷ·들·히,
	[현]우리는 모두 사리와 체면을 모르는 사람들이라
	◇◇◇
	스톄[명]: 사체, 사리와 체면.
	모ᄅᆞ다[동]: 모르다.
[17a]親弟兄也不隔話,	[언]친동싱 형·뎨도 :말·ᄉᆞᆷ 즈·ᅀᆞᆷ 아·니 ·ᄒᆞ·ᄂᆞ·니,
	[현]친동생 형제끼리도 말을 할 때 간격을 두지 않는데
	◇◇◇
	즈ᅀᆞᆷ1[명]: 간격, 사이.
	말ᄉᆞᆷ[명]: 말씀.
姑舅兩姨更那裏問!	[언]姑舅兩姨 ᄉᆞ·ᅀᅵ예 ·ᄯᅩ 어·듸 무·르·료?
	[현]고종이종 사촌 사이에 또 뭐라 하겠습니까?

第二章 瓦店投宿

15. 那店子便是瓦店

咱們閑話且休說。	[언]·우·리 ·잡·말 안·직 니르디 :마·져.
	[현]우리 잡담은 더이상 하지 맙시다.
	◇◇◇
	안직[부]: 더이상, 그저, 그냥.
那店子便是瓦店,	[언]·뎌 :뎜·이 ·곧 瓦店·이·니,
	[현]저 곳이 바로 와점(瓦店)이니
尋箇好乾淨店裏下去來,	[언]·조·흔 :뎜 글·히·여 브·려·셔,
	[현]좋고 깨끗한 여관을 찾아서 짐을 내려
	◇◇◇
	글히다[동]: 가리다, 가려내다, 골라내다.
歇頭口着。	[언]즘승 쉬·우·져.
	[현]짐승을 쉬게 합시다.
街北這箇店子,	[언]거·릿 ·븍녀·긔 잇는 :뎜은,
	[현]거리의 북쪽에 있는 여관은
是我舊主人家,	[언]·이 내 :녯 쥬신 지·비·니,
	[현]내 옛 주인의 집이니
	◇◇◇
	쥬신[명]: 주인.
咱們只這裏下去來。	[언]·우·리 그저 여·긔 브·리·져.
	[현]우리 그저 여기서 짐을 내립시다.

[17b]拜揖主人家哥。	[언]·읍·ᄒᆞ노이·다 ·쥬신 형·님!	
	[현]인사드립니다. 주인 형님!	

◇◇◇

읍ᄒᆞ다[동]: 인사하다.
-노이다[어미]: -나이다(예스러운 표현으로 하십시오할 자리에 쓰여, 단순한 서술을 나타내는 종결 어미), -옵니다(하십시오할 자리에 쓰여, 동작이나 상태의 서술을 나타내는 종결 어미. 공손함을 나타내는 어미 '-오-'에 서술을 나타내는 어미 '-ㅂ니다'가 결합한 말).

噯却是王大哥!	[언]·애 ·쏘 王가 형·님·이·로·괴·여!	
	[현]아이구, 또 왕가 형님이시네요!	
多時不見,	[언]오래 :몯 ·보·왜,	
	[현]오래 못 봤는데	
好麽好麽?	[언]이·대 이·대?	
	[현]잘 지냈습니까?	

◇◇◇

이대[부]: 좋게, 잘, 편안히.

你這幾箇火伴,	[언]너희 ·이 여·러 :벋·들·히,	
	[현]당신들 여러 벗들이	
從那裏合將來?	[언]어·듸브·터·셔 모·다 오·뇨?	
	[현]어디서부터 모여서 왔습니까?	
我沿路相合着,	[언]·우·리 ·길 조·차 ·서르 모·다,	
	[현]우리는 길에서 서로 모여	
做火伴北京去。	[언]:벋 ·지·서 北京으·로 ·가노·라.	
	[현]벗 지어 북경으로 갑니다.	

16. 你這店裏草料都有阿没

你這店裏草料都有阿没?	[언]네 ·이 :뎜·에 콩 ·딥 :다 잇눈·가 :업·슨·가?
	[현]당신의 여관에는 콩과 짚이 다 있습니까? 없습니까?
草料都有。	[언]콩 ·딥 :다 잇·다.
	[현]콩과 짚이 다 있습니다.
[18a]料是黑豆,	[언]콩·은 거·믄 콩·이·오,
	[현]콩은 검은 콩이고
草是秆草。	[언]·딥·픈 좃·딥·히·라.
	[현]짚은 좃짚입니다.

◇◇◇

좃딥[명]: 좃짚.

| 是秆草好, | [언]좃·딥·피·사 :됴호·니, |
| | [현]좃짚이 좋으니 |

◇◇◇

-으니[어미]: -으니.

若是稻草時,	[언]·호·다·가 ·볏·딥·피면,
	[현]만약 볏짚이면
這頭口們多有不喫的。	[언]·이 즘승·들·히 먹·디 아·니호·리 :만호·니·라.
	[현]이 짐승들은 먹지 않는 놈이 많습니다.
黑豆多少一斗?	[언]콩·은 :언·머·의 호 ·마리·며?
	[현]콩은 한 말에 얼마이며
草多少一束?	[언]·딥·픈 :언·머·의 호 ·뭇·고?
	[현]짚은 한 뭇에 얼마입니까?

黑豆五十箇錢一斗,	[언]콩·은 :쉰 ·낫 :돈·애 ᄒᆞᆫ ·마리·오,
	[현]콩은 오십 돈에 한 말이고

◇◇◇

낫[의]: 낱, 개.

草一十箇錢一束。	[언]·딥·픈 열 ·낫 :돈·애 ᄒᆞᆫ ·무시·라.
	[현]짚은 십 돈에 한 뭇입니다.
是真箇麼?	[언]·이 ·올·ᄒᆞ·녀?
	[현]이게 옳습니까?
[18b]你却休瞞我。	[언]:네 ·쏘 ·날 소·기·디 :말·오·려.
	[현]당신이 또 나를 속이지 마십시오.
這大哥,	[언]·이 형·님,
	[현]이 형님,
甚麽言語。	[언]므·슴 :말·오.
	[현]무슨 말이에요.
你是熟客人,	[언]너·는 니·기 ᄃᆞ·니·는 나그·내·니,
	[현]당신은 익숙하게 다니는 나그네이니
咱們便是自家裏一般,	[언]·우·리 ·곧 내 집 ᄒᆞᆫ 가·지·니,
	[현]우리는 곧 내 집과 한 가지니
我怎麽敢胡說。	[언]·내 어·듸·쓘 간:대·엿 :말 ᄒᆞ·리·오?
	[현]내가 어떻게 함부로 말을 하겠습니까?

◇◇◇

어듸쓘[부]: 어찌, 어떻게.

怕你不信時,	[언]너옷 믿·디 :몯·ᄒᆞ·야·ᄒᆞ·거·든,
	[현]당신이 믿지 못한다면

◇◇◇

-옷[조]: -만, -곧(예스러운 표현으로 앞말을 강조하는 뜻을 나타내는 보조사).

別箇店裏試商量去。	[언]다른 :뎜·에 :의·론·ᄒ·야 보라 :가·듸·여.
	[현]다른 여관에 가서 상의해 보십시오.
我只是這般說。	[언]·나·는 그저 ·이·리 닐·오리·라.
	[현]나는 그저 이렇게 말해 봤습니다.
我共通十一箇馬,	[언]·우·리 :대·되 ·열 흔 :낫 ᄆ·리·니,
	[현]우리는 전부 합쳐서 열한 말이니
[19a]量着六斗料與十一束草着。	[언]:혜·어·든 엿 ·말 콩·과 ·열흔 ·뭇 ·디 피로·다.
	[현]엿 말의 콩과 열한 뭇의 짚을 계산해 주십시오.
	◇◇◇
	엿[관]: 여섯.

17. 這剉刀不快

這剉刀不快,	[언]·이 작·되 ·드·디 아·니 ·ᄒ·ᄂ·다.
	[현]이 작두가 잘 베어지지 않습니다.
	◇◇◇
	작되[명]: 작두.
	들다[동]: 날이 날카로워 물건이 잘 베어지다.
許多草幾時切得了？	[언]하·나·한 ·디·플 어·느 ·제 사·ᄒᆞᆯ·료?
	[현]많고 많은 짚을 언제 다 썰겠습니까?
	◇◇◇
	하나한: 많고 많은.
	사ᄒᆞᆯ다[동]: 썰다.
主人家,	[언]·쥬신·하!
	[현]주인 형님!
別處快剉刀借一箇來。	[언]다른 ·듸 ·드·는 쟉도 ᄒᆞ나 비·러 오·고·려.
	[현]다른 곳에서 잘 드는 작두 하나를 빌려 오십시오.

這們時,	[언]·이·러·면,	
	[현]그렇다면	
我借去。	[언]·내 :빌·라 :가·마.	
	[현]내가 빌리러 가겠습니다.	
這劑刀是我親眷家的,	[언]·이 쟉도·는 ·이 ·우·리 아·ᅀᆞ·믜의 ·짓 거·시·니,	
	[현]이 작두는 우리 친척 집의 것인데	
	◇◇◇	
	짓[명]: 집.	
他不肯,	[언]·뎨 ·즐·겨 주·디 아·니커늘,	
	[현]그 사람은 즐겨 주지 않아서	
[19b]我哀告借將來,	[언]·내 믈·이 닐·어 비·러 오·니.	
	[현]내가 많이 빌어야 빌려왔습니다.	
	◇◇◇	
	믈이[부]: 매우, 몹시, 많이.	
風刃也似快,	[언]ᄇᆞ룸·놀 ·ᄋᆞ·티 ·쾌ᄒᆞ·니,	
	[현]바람날 같이 날칼로우니	
	◇◇◇	
	ᄇᆞ룸놀[명]: 바람날.	
	ᄋᆞ티[부]: 같이.	
	쾌ᄒᆞ다[형]: 날칼롭다.	
你小心些使,	[언]네 :조·심·ᄒᆞ·야 ·ᄡᅳ·고,	
	[현]당신이 조심해서 쓰고	
休壞了他的。	[언]ᄂᆞ·미 것 ·ᄒᆞ야ᄇᆞ·리·디 :말·라.	
	[현]남의 것을 못쓰게 하지 마십시오.	
	◇◇◇	
	ᄒᆞ야ᄇᆞ리다[동]: 헐어버리다, 못쓰게 하다, 망치게 하다.	

這火伴你切的草忒麤,	[언]·이 :버·다 네 사·ᄒᆞ·논 ·딥·피 너므 :굵·다. [현]이 친구, 당신이 썬 짚은 너무 굵습니다.
頭口們怎生喫的,	[언]즘승·들·히 :엇·디 머·그·료? [현]짐승들이 어떻게 먹겠습니까?
好生細細的切着。	[언]ᄀᆞ·쟝 ᄀᆞ·ᄂᆞ·리 사·ᄒᆞ·라. [현]아주 가늘게 썰어 보세요.
這火伴你敢不會煮料?	[언]·이 :버·다 :네 콩 ᄉᆞᆱ·기 아·디 :몯·ᄒᆞ·ᄂᆞᆫ ·ᄃᆞᆺ ᄒᆞ·고·나? [현]이 친구, 당신은 콩삶기를 알지 못하는 듯합니까? ◇◇◇ ᄃᆞᆺᄒᆞ다[보형]: 듯하다. -고나[어미]: -구나.
你燒的鍋滾時,	[언]:네 가·마·의 ·블 디·더 ᄀᆞ·쟝 긇커·든, [현]당신이 가마에 불을 때어 매우 끓으면 ◇◇◇ 딛다[동]: (불) 때다.
[20a]下上豆子,	[언]콩 녀·허 두·고, [현]콩을 넣어 두고
但滾的一霎兒,	[언]믈읫 가·쟝 것글·후·미 ᄒᆞᆫ 디·위:만 ·ᄒᆞ·거·든, [현]무릇 펄펄 한 번 끓게 한 후 ◇◇◇ 디위[의]: 번.
將這切了的草,	[언]·이 사·ᄒᆞ·론 ·디·플다·가, [현]이 썬 짚을
豆子上盖覆了,	[언]콩 우·희 둡·고, [현]콩 위에 덮어 두고

休燒火,	[언]·블 딛·디 :말·오,
	[현]불 때지 말고
休教走了氣,	[언]:김 나·게 :말·라.
	[현]김 나게 하지 마십시오.
自然熟了。	[언]·ᄌᆞ연·히 니그리·라.
	[현]자연히 익을 것입니다.
	◇◇◇
	ᄌᆞ연히[부]: 자연히.

18. 你打火那不打火

客人們,	[언]나·그·내·네,
	[현]나그네들,
你打火那不打火?	[언]:네 ·블 디·디 ·ᄒᆞ·ᄂᆞ·다 ·블 디·디 :몯·ᄒᆞ·ᄂᆞ·다?
	[현]당신이 불때기 합니까? 불때기 안합니까?
我不打火喝風那?	[언]:내 ·블 디·디 :몯ᄒᆞ·고 ᄇᆞ룸 마·시·려?
	[현]내가 불때기 안하고 바람 마실 거랍니까?
[20b]你疾快做着五箇人的飯着。	[언]:네 샬·리 다·숫 :사·ᄅᆞ·미 ·밥 지·ᄋᆞ·라.
	[현]당신이 빨리 다섯 사람의 밥을 지어 주십시오.
	◇◇◇
	샬리[부]: 빨리.
你喫甚麼飯?	[언]:네 므·슴 ·밥·을 머·글·다?
	[현]당신은 무슨 밥을 먹겠습니까?
我五箇人,	[언]·우·리 다·숫 :사·ᄅᆞ·미,
	[현]우리 다섯 사람이

打着三斤麵的餅着。	[언]:서 ·귽 글·잇 ·쩍 밍·글·라.	
	[현]세 근의 밀가루떡을 만들어 주십시오.	

◇◇◇

쩍[명]: 떡.
-의1[조]: -의.
밍글다[동]: 만들다.

我自買下飯去。	[언]·나·는 ·차·반 사·라 :가·마.	
	[현]나는 반찬 사러 갑니다.	
你買下飯去時,	[언]:너 ·차·반 사·라 :가·거·든,	
	[현]당신은 반찬을 사러 간다면	
這間壁肉案上買猪肉去,	[언]·히 브름 스·싯 짓 도·마 우·희 도·틱 고·기 사·라 가·라.	
	[현]이 옆집 도마 위에 돼지고기 사러 가십시오.	

◇◇◇

도틱고기[명]: 돼지고기.
브름1[명]: 바람벽.

是今日殺的好猪肉。	[언]·이 오늘 주·긴 :됴·흔 도틱 고·기·라.	
	[현]오늘 죽인 좋은 돼지고기랍니다.	

◇◇◇

오늘[명]: 오늘.

多少一斤?	[언]:언·머·의 흔 근고?	
	[현]한 근에 얼마입니까?	
二十箇錢一斤。	[언]·스·므 :낫 :돈·애 흔 근·시·기·라.	
	[현]스무 돈에 한 근씩입니다.	
[21a]你主人家,	[언]너 쥬신·하!	
	[현]주인집!	

就與我買去。	[언]·즉·재 :날 :위·ᄒ·야 사·라 가·라. [현]바로 나를 위하여 사러 가십시오. ◇◇◇ 즉재[부]: 즉시, 곧, 바로.
買一斤肉着,	[언]ᄒ 근 고·기·를 :사·딕, [현]한 근의 고기를 사되
休要十分肥的,	[언]ᄀ·장 ·솔·지·니·란 :말:오, [현]아주 살진 것은 말고 ◇◇◇ 솔지다[형]: 살지다.
帶肋條的肉買着,	[언]·녑·발·치 조·튼 고·기·를 ·사·다·가, [현]갈비가 붙은 고기를 사다가 ◇◇◇ 녑발치[명]: 갈비.
大片兒切着,	[언]·편 :굵·게 사·ᄒ·라, [현]고기를 크게 썰어서
炒將來着。	[언]봇·가 ·오·라. [현]볶아 주십시오.

19. 我是高麗人都不會炒肉

主人家,	[언]쥬신·하! [현]주인집!
迭不得時,	[언]밋·디 :몯ᄒ·거·든, [현]시간이 되지 않다면 ◇◇◇ 밋다[동]: 미치다, 이르다.

咱們火伴裏頭,	[언]·우·리 :버디 듕에,	
	[현]우리 벗들 중에	
敎一箇自炒肉。	[언]ᄒᆞ나 ·ᄒᆞ·야 :제 고·기 봇·게 ᄒᆞ·라.	
	[현]한 명으로 하여금 그가 고기를 볶게 하십시오.	
[21b]我是高麗人,	[언]·나·ᄂᆞᆫ 高麗ㅅ :사·ᄅᆞ·미·라,	
	[현]나는 고려 사람이라	
都不會炒肉。	[언]:다 고·기 봇·기 모·로노·라.	
	[현]다 고기 볶기를 모릅니다.	
有甚麼難處!	[언]므·슴 어·려·운 ·고·디 이시·리·오?	
	[현]무슨 어려운 게 있습니까?	
刷了鍋着,	[언]가·마 글ᄀᆞ싯고,	
	[현]가마를 긁어 씻고	
燒的鍋熱時,	[언]·가·마·예 ·블 디:더 :덥·거·든,	
	[현]가마에 불을 때서 뜨거워지면	
着上半盞香油;	[언]:반 ·잔:만 ·참기·름 두·워,	
	[현]반 잔만한 참기름을 두어	
	◇◇◇	
	참기름[명]: 참기름.	
將油熟了時,	[언]기·르·미 닉거든,	
	[현]기름이 익으면	
	◇◇◇	
	–거든[어미]: –거든, –는데, –면.	
下上肉,	[언]고·기 녀·허 두의·저티·며,	
	[현]고기를 넣어 뒤집으며	
	◇◇◇	
	두의저티다[동]: 뒤집다, 뒤섞다.	

着些塩,	[언]소곰 두·고,
	[현]소금을 두고
着箸子攪	[언]·져·로 두의저·텨,
動;	[현]젓가락으로 뒤집어
炒的半熟	[언]봇·가 :반·만 닉거·든,
時,	[현]볶다가 반쯤 익으면
[22a]調上些	[언]:쟝·믈·와 ·파·와 ·약·들 ·빠 노·하 젓·고,
醬水生葱料	[현]간장, 파와 고명을 타서 넣어 젓고
物拌了,	◇◇◇
	쟝믈[명]: 간장.
	약[명]: 재료, 고명.
	빠다[동]: 타다.
鍋子上盖覆	[언]가맛 우흘 둡·고,
了,	[현]가마 위를 덮고
	◇◇◇
	둡다[동]: 덮다.
休着出氣;	[언]:김 나·게 :말·오,
	[현]김이 나지 않게 하고
燒動火,	[언]·블 디·더 두·면,
	[현]불을 때 두면
一霎兒熟	[언]아·니 ·흔 스·싀·예 닉ᄂ·니·라.
了。	[현]금방 익을 것입니다.
這肉熟了,	[언]·이 고·기 닉거·다,
	[현]이 고기가 익었는데,
你嘗看,	[언]:네 ·맛보·라.
	[현]당신이 맛 보십시오.

醎淡如何？	[언]·똔·녀 슴거·우·녀 :엇·더훈·고?	
	[현]짠가 싱거운가 어떻습니까?	
	◇◇◇	
	똔다[형]: 짜다.	
	슴겁다[형]: 싱겁다.	
	-녀[어미]:-냐, -ㄴ가.	
我嘗得,	[언]·내 ·맛보·과라.	
	[현]내가 맛보겠습니다.	
微微的有些淡,	[언]:져·기 슴거·운 ·주·리 잇다.	
	[현]조금 싱거운 것 같습니다.	
	◇◇◇	
	슴겁다[형]: 싱겁다.	
	줄[의]: 것.	
再着上些塩着。	[언]다·시 :져·기 소곰 두·라.	
	[현]다시 소금을 조금 넣으십시오.	
主人家,	[언]·쥬신·하!	
	[현]주인집!	
餠有了不曾？	[언]·쩍 잇ᄂ·녀 :몯 ·ᄒ·얏ᄂ녀?	
	[현]떡 됐어요? 안 됐어요?	
	◇◇◇	
	-얏-[어미]: -였-.	
[22b]將次有了。	[언]쟝·촛 이시·리라.	
	[현]곧 있겠습니다.	
	◇◇◇	
	쟝촛[부]: 장차, 곧.	
你放卓兒先喫,	[언]:네 상 노·코 몬져 머·그·라.	
	[현]당신이 상 놓고 먼저 드십시오.	
比及喫了時,	[언]머·글 ·만 다ᄃᆞ르·면,	
	[현]먹을 만큼 다다르면	

我也了了。　　[언]나·도 ᄆᆞ·ᄎᆞ·리로·다.
　　　　　　[현]나도 마칠 것입니다.
　　　　　　◇◇◇
　　　　　　ᄆᆞᆾ다[동]: 마치다.
　　　　　　-ᄋᆞ리로다[어미]: -으리로다(해라할 자리에 쓰여, 상황에 대한 화자의 추측을 나타내는 종결 어미. '-으리다'보다 장엄한 느낌).

20. 咱們筭了房錢火錢着

主人家,　　　[언]·쥬신·하!
　　　　　　[현]주인집!
我明日五更　[언]·내 니·일 :오·경두·에 ·일 :가·리·라.
頭早行,　　　[현]나는 내일 오경에 일찍 갈 것입니다.
咱們筭了房　[언]·우·리 집 샄·시·며 ·밥 지은 ·갑ᄃᆞᆯ :혜·져.
錢火錢着。　[현]우리 집 샀으며 밥 지은 값을 계산합시다.
　　　　　　◇◇◇
　　　　　　샋[명]: 전, 돈, 값.
我這一宿人　[언]·우·리 이 ᄒᆞ룻·밤 자·기·에 :사·름·과 ᄆᆞᆯ·ᄃᆞᆯ·해,
馬,　　　　　[현]우리 하룻밤 잤는데 사람과 말들이
盤纏通該多　[언]·ᄡᅳᆫ 거·시 모·도·와 :언·맨·고?
少?　　　　　[현]쓴 것이 모두 얼마입니까?
你稱了三斤　[언]:네 두·로·니 :서 ·근 글이,
麵,　　　　　[현]당신이 단 세 근 밀가루는
　　　　　　◇◇◇
　　　　　　ᄃᆞᆯ다1[동]: (무게를) 달다.
　　　　　　-의2[조]: -에.

[23a]每斤十箇錢,	[언]	·미 흔 근·에 :돈 ·열·시·기·면,
	[현]	한 근에 돈 열씩이면
該三十箇錢;	[언]	·ᄒᆞ·요·니 :돈·이 셜·흐니·오,
	[현]	계산하니 서른 돈이고

◇◇◇

ᄒᆞ요다[동]: 합하다, 합치다.

切了一斤猪肉,	[언]	사·ᄒᆞ로·니 흔 ·근 猪肉·에,
	[현]	썬 한 근 돼지고기에
該二十箇錢;	[언]	·ᄒᆞ·요·니 :돈 ·스·므 :나·치·오,
	[현]	계산하니 스무 돈이고
四箇人,	[언]	:사·ᄅᆞᆷ :네·헤,
	[현]	사람 넷에
每人打火房錢十箇錢,	[언]	·미 흔 :사·ᄅᆞ·미게 집·갑 ·븘·갑·시 :돈 ·열·히·니,
	[현]	매 한 사람에게 집 값, 불 값이 열 돈이니
該四十箇錢;	[언]	·ᄒᆞ·요·니 :돈 마·ᄉᆞᆫ :나·치·오,
	[현]	계산하면 마흔 돈이고

◇◇◇

마ᄉᆞᆫ[수][관]: 마흔.

黑豆六斗,	[언]	콩 엿 ·마·래,
	[현]	콩 엿 말에
每斗五十箇錢,	[언]	:미 흔 마·래 :돈 :쉰·시·기·니,
	[현]	매 한 말에 쉰 돈씩이니
該三百箇錢;	[언]	·ᄒᆞ요·니 :돈 삼·빅 :나·치오,
	[현]	계산하면 삼백 돈이고
草十一束,	[언]	·딥 ·열 ·ᄒᆞᆫ 무·세,
	[현]	짚 열한 뭇에

[23b]每束十	[언]:민 혼 무·세 ·돈 열·시기·니,
箇錢,	[현]매 한 뭇에 열 돈씩이니
該一百一十	[언]·ᄒᆞ·요·니 :돈 ·일·빅· 열·히·로소·니,
錢,	[현]계산하면 일백 열 돈이니
通該五百箇	[언]:대·되 :돈 五百 :나·치로·다.
錢。	[현]모두 오백 돈입니다.
我草料麵,	[언]·우·리 ·딥·과 콩·과 ᄀᆞᆯ·을,
	[현]우리가 짚과 콩과 가루를
都是伱家裏	[언]:다 네 지·븨 ·와 산 거·시·니,
買來的,	[현]다 당신네 집에 와서 산 것이니
伱減了些箇	[언]:네 :져·그·나 더·로·디 :엇·더ᄒᆞ·뇨?
如何?	[현]당신이 조금 덜어주는 게 어떻습니까?
罷罷,	[언]·두·워 ·두·워.
	[현]됐습니다.
只將四百五十	[언]:돈 四百 :쉰 ·낫·만 가·져·오·라.
箇錢來。	[현]사백 쉰 돈만 가져오십시오.
旣這般時,	[언]이·믜 ·이·러·면,
	[현]이미 이렇다면
火伴伱三	[언]:버·다 너·희 ·세·히,
箇,	[현]친구요, 당신 셋이
[24a]一發都	[언]홈·쯰 :다 :내오,
出了着,	[현]함께 다 내고
記着數目,	[언]:수 뎌·거 둣다·가,
	[현]수를 적어 두었다가
到北京時,	[언]北京·의 가·면,
	[현]북경에 가면

一發筭除。　　[언]홈·씌 :혜·여 :덜 거·시·라.
　　　　　　　[현]함께 계산하여 덜기로 하십시오.
那般時，　　　[언]그·러·면,
　　　　　　　[현]그렇다면
我都與他。　　[언]·내 :다 :뎌·를 :주·마.
　　　　　　　[현]내가 다 저 사람한테 주겠습니다.

21. 火伴伱將料撈出來

火伴伱將料　　[언]:버·다 :네 콩·을 건:뎌·내·여다·가,
撈出來，　　　[현]친구요, 당신이 콩을 건져내다가
　　　　　　　◇◇◇
　　　　　　　견뎌내다[동]: 건져내다.
冷水裏拔　　　[언]·춘 ·므·레 거:텨,
着，　　　　　[현]찬 물에 걷혀
　　　　　　　◇◇◇
　　　　　　　츠다1[형]: 차다(寒), 차갑다.
　　　　　　　거티다1[동]: 거치다, (물에) 채우다, 차게 식히다.
等馬大控一　　[언]므·리 흔 디·위 ᄀ·장 :쉬·어·든 기·들·워,
會，　　　　　[현]말이 한 번 많이 쉬기를 기다려
慢慢的喂　　　[언]날회여 머·기·라.
着。　　　　　[현]천천히 먹이십시오.
初喂時，　　　[언]·처·섬 머길 저권,
　　　　　　　[현]처음 먹일 적에는
　　　　　　　◇◇◇
　　　　　　　처섬[명][부]: 처음.

只將料水拌與他;	[언]:다·믄 콩·므·를다·가 버·므려 주·고, [현]다만 콩물을 버무려 주고 ◇◇◇ 버므리다1[동]: 버무리다, 섞다.
[24b]到五更一發都與料喫。	[언]:오경·의 다돋거·든 홈·쯰 콩을 ·다 ·주·워 머·기·라. [현]오경에 이르면 함께 콩을 다 주어서 먹이십시오.
這般時,	[언]이리ᄒᆞ·면, [현]이렇게 하면
馬們分外喫得飽。	[언]물 돌·히 :분·외·로 머·구믈 빋브르·려니·와. [현]말들이 제 분수 이상 배부르게 먹습니다. ◇◇◇ 빋브르다[형]: 배부르다.
若是先與料時,	[언]·ᄒᆞ·다·가 몬·져 콩·을 주·면, [현]만약 먼저 콩을 주면
那馬只揀了料喫,	[언]그 ᄆᆞ·리 다·믄 콩··을 골히어 먹·고, [현]그 말이 다만 콩을 골라 먹고 ◇◇◇ 다믄[부]: 다만.
將草都拋撒了。	[언]·딥프·란 :다 허·텨 더디ᄂᆞ니·라. [현]짚은 다 헤쳐 던집니다. ◇◇◇ 허티다[동]: 헤치다. 더디다[동]: 던지다, 방치하다, 버리다.
勞困裏休飲水,	[언]ᄀᆞᆺ가·ᄒᆞ·는 듸·란 믈 머·기디 말라, [현]힘들어하고 있을 때에는 물을 먹이지 말고 ◇◇◇ ᄀᆞᆺ가ᄒᆞ다[동]: 가빠하다, 겨워하다, 힘들어하다.

等喫一和草時飲。	[언]ᄒᆞᆫ 번 버·ᄆᆞ·린 ·딥 머·거든 기들워 믈 머·기라.
	[현]한 번 버무린 짚 먹기를 기다리다가 물을 먹이십시오.
[25a]咱們各自睡些箇,	[언]·우·리 ·각·각 :져·그·나 자·고,
	[현]우리 각자 조금 자고
輪着起來勤喂馬。	[언]돌·여 니러 브즈크러니 ᄆᆞᆯ 머·기·져.
	[현]돌아가면서 일어나 부지런히 말 먹입시다.
	◇◇◇
	닐다[동]: 일어나다.
今日是二十二,	[언]오·ᄂᆞ·리 ·스·므 이·트·리로소·니,
	[현]오늘이 스무 이틀이니까
五更頭,	[언]새배,
	[현]새벽에는
正有月明。	[언]:졍·히 ·ᄃᆞᆯ ᄇᆞᆯ·ᄀᆞ·리로·다.
	[현]반드시 달이 밝을 것입니다.
雞兒呌,	[언]ᄃᆞᆰ :울·어·든,
	[현]닭이 울면
	◇◇◇
	ᄃᆞᆰ[명]: 닭.
起來便行。	[언]니·러 ·즉·재 가·져.
	[현]일어나 바로 갑시다.

22. 我整理睡處

主人家,	[언]·쥬신·하!
	[현]주인집!

點箇燈來,	[언]·블 ·혀 가·져 오·고·려,	
	[현]불을 켜서 가져와서	
	◇◇◇	
	혀다1[동]: (불을) 켜다.	
我整理睡處。	[언]·우·리 잘 ·디 서·러 ·보·아지·라.	
	[현]우리 잘 곳을 정리해 보고 싶습니다.	
	◇◇◇	
	설다[동]: 서릇다, 정리하다.	
	지라[보형]: 싶어라.	
這的燈來了。	[언]·이 ·블 ·오·나·다.	
	[현]여기 불이 왔습니다.	
壁子上掛着。	[언]브ᄅ·매 :걸·라.	
	[현]벽에 걸어두십시오.	
[25b]這般精土炕上,	[언]·이·런 민 흙 구·드·레,	
	[현]이런 맨 흙 구들에서	
	◇◇◇	
	민-[접두]: 맨-.	
	흙[명]: 흙.	
	구드레: 구들에.	
怎的睡?	[언]:엇·디 자·료?	
	[현]어떻게 잡니까?	
有甚麽藁薦,	[언]:아·므·란 ·딥지·즑 잇거·든	
	[현]아무 짚거적이 있으면	
	◇◇◇	
	지즑[명]: 돗자리, 거적.	
將幾領來。	[언]:두·서 ·닙 가·져·오·라.	
	[현]두어 닢 가져오십시오.	
	◇◇◇	
	두서[관]: 두어.	
	닙[의]: 닢.	

大嫂,	[언]믈 ·아·ᄌ·마!
	[현]큰 아주머니!

◇◇◇

믈-[접두]: 맏-.

아ᄌ마[명]: 아줌아, 아주머니.

將藁薦席子來,	[언]지·즑·과 돗 가·져다·가,
	[현]거적과 돗자리를 가져다가
與客人們鋪。	[언]나·그내·네 ·주·워 ·설·에 ᄒ·라.
	[현]나그네들에게 주어서 깔게 하십시오.

◇◇◇

설에[명]: 깔개, 자리.

설다1[동]: 깔다, 펴다.

席子沒,	[언]돗·근 ·업·거니·와,
	[현]돗자리는 없거니와

◇◇◇

-거니와[어미]: (예스러운 표현으로) 앞 절의 사실을 인정하면서 관련된 다른 사실을 이어 주는 연결 어미.

這的三箇藁薦與你鋪。	[언]·이 :세 지·즑·을 너 ·주어·든 ·신·라ᄉ·라.
	[현]이 세 거적을 당신들에게 드리니 깔아 쓰십시오.
主人家,	[언]·쥬신·하!
	[현]주인집!
你種着火,	[언]:네 ·블 무드·쇼·셔.
	[현]당신은 불씨를 묻으십시오.

◇◇◇

-으쇼서[어미]: -으소서(하십시오할 자리에 쓰여, 정중한 부탁이나 기원을 나타내는 종결 어미).

我明日五更頭早行。	[언]·우·리 니·일 :오·경두·에 ·나·가리·라. [현]우리는 내일 오경쯤에 나가겠습니다.	
那般着,	[언]그·리:호·마. [현]그렇게 합시다.	

◇◇◇

-마[어미]: 해라할 자리에 쓰여, 상대편에게 약속하는 뜻을 나타내는 종결 어미.

[26a]客人們歇息,	[언]나·그·내:네 :쉬·라. [현]나그네들, 쉬십시오.	
我照覰了門戶睡也。	[언]·내 문·들 ·보·숣·피·고 :자·리·라. [현]내가 문들을 보살피고 자겠습니다.	

◇◇◇

보숣피다[동]: 보살피다.

23. 我問你些話

來來,	[언]·오·나·라 ·오·나·라. [현]오십시오. 오십시오.	
且休去,	[언]안·직 가디 :말·라. [현]아직 가지 마십시오.	
我問你些話。	[언]·내 너드·려 ·말·솜 무·러지·라. [현]내가 당신에게 말씀을 묻고 싶습니다.	

◇◇◇

-드려[조]: -더러, -에게.

我先番北京來時,	[언]·내 몬젓 버·늬 北京·의 녀·로올 제, [현]내가 지난번 북경에 다녀올 적에	

◇◇◇

몬젓번[명]: 먼젓번, 지난번.

| 你這店西， | [언]네 ·이 :뎜 셧녁 겨·틔,
[현]당신의 이 여관에서 서쪽 곁에
◇◇◇
셧녁[명]: 서쪽. |
|---|---|
| 約二十里來地， | [언]거·스 :시·십 ·릿 싸·해,
[현]거의 이십 리 되는 곳에
◇◇◇
거스[부]: 거의. |
| 有一坐橋塌了來， | [언]ᄒᆞᆫ ·곧 드리 믈·어·디·여 잇·더·니,
[현]다리 한 곳이 무너져 있었는데
◇◇◇
믈어디다[동]: 무너지다.
드리[명]: 다리. |
| 如今修起了不曾？ | [언]·이·제 고·텨 잇ᄂᆞᆫ·가 :몯·ᄒᆞ·얏ᄂᆞᆫ·가?
[현]이제 고쳤습니까? 못 고쳤습니까?
◇◇◇
고티다[동]: 고치다. |
| [26b]早修起了， | [언]불·셔 고·텨 잇ᄂᆞ·니.
[현]벌써 고쳤습니다.
◇◇◇
불셔[부]: 벌써. |
| 比在前高二尺， | [언]:아·릭두·곤 :두 ·자·히 놉고,
[현]이전보다 두 자나 높고
◇◇◇
아릭[명]: 전일, 예전, 종전, 이전.
-두곤[조]: -보다.
놉다[형]: 높다. |

闊三尺,	[언]:석 ·자·히 어·위·오,	
	[현]석 자나 넓어서	
	◇◇◇	
	어위다[형]: 넓다.	
如法做的 好。	[언]·법·다·이 밍·ᄀ·로·믈 :됴·히 ·ᄒ·엿ᄂ·니·라.	
	[현]제대로 좋게 잘 만들었습니다.	
	◇◇◇	
	법다이[부]: 법대로.	
這們時,	[언]·이·러·면,	
	[현]이렇다면	
我明日早只 放心的去 也。	[언]·우·리 ᄂᆡ·일 ᄆᆞᅀᆞᆷ 노·하 가·져.	
	[현]우리 내일 마음 놓고 갑시다.	

24. 你十分休要早行

你十分休要 早行。	[언]:네 ᄀᆞ·장 ·일 ·가·기 말·라.	
	[현]당신이 매우 일찍 가지 마십시오.	
我聽得,	[언]·내 드·로·니,	
	[현]내가 듣는대로	
前頭路澁。	[언]앏·픠 :길 어·렵·다 ·ᄒᄂ·다.	
	[현]앞에 길이 위험하다고 합니다.	
爲甚麼有這 般的歹人?	[언]:엇디·ᄒ·야 ·이런 아·니·완ᄒᆞᆫ ·사·ᄅ·미 잇 ᄂ·고?	
	[현]어찌 해서 이런 사나운 사람이 있습니까?	
	◇◇◇	
	아니완ᄒᆞ다[형]: 나쁘다, 사납다, 악하다.	

你偏不理會的。	[언]:네 ·독·벼·리 모·ᄅ·ᄂ고·나.
	[현]당신들이 특별히 모르십니다.
[27a]從年時天旱,	[언]젼년브·터 하·ᄂᆞ·히 ·ᄀᆞ·ᄆᆞ·라,
	[현]전년부터 하늘이 가물어서

◇◇◇

ᄀᆞ믈다[동]: 가물다, 가뭄이 들다.

田禾不收,	[언]뎐·회 거두·디 :몯·ᄒᆞ·야,
	[현]논밭의 곡식을 거두지 못하여

◇◇◇

뎐호[명]: 논밭의 곡식, 오곡.

飢荒的上頭,	[언]간난ᄒᆞᆫ ·젼·ᄎᆞ·로,
	[현]간난한 까닭으로
生出歹人來。	[언]아·니·완ᄒᆞᆫ :사·ᄅᆞ·미 ·낫·ᄂᆞ니·라.
	[현]나쁜 사람이 생겨난 것입니다.
碍甚麼事?	[언]므던ᄒᆞ·니?
	[현]무슨 상관 있겠습니까?

◇◇◇

므던ᄒᆞ다[형]: 무던하다, 괜찮다, 좋다.

我只是赶着這幾箇馬,	[언]·내 :다·ᄆᆞᆫ ·이 아니 여·러 ᄆᆞᆯ 모·라가·며,
	[현]내가 다만 몇 마리의 말을 몰아가며
又没甚麼錢本,	[언]·ᄯᅩ :아무·란 :쳔·도 :업·스·니,
	[현]또 아무런 돈도 없으니
那厮們待要我甚麼。	[언]그·놈·들·히 :날 ᄒᆞ·야 므·슴ᄒᆞ·료?
	[현]그 놈들이 나로 하여금 무엇하겠습니까?
休這般說。	[언]·이·리 니르·디 :말·라.
	[현]이렇게 말하지 마십시오.

[27b]賊們怎知你有錢沒錢。	[언]도즉·들·히 네·의 :쳔 이시·며 :쳔 :업·슨 ·주·를 :엇·디 :알·리·오? [현]도적놈들이 당신이 돈이 있고 없는 줄을 어떻게 압니까? ◇◇◇ 도즉[명]: 도적, 도둑. 쳔1[명]: 전, 돈, 재물.
小心些還好。	[언]:조·심·호·미·아 :도·ㅎ니·라. [현]조심하는 것이야 좋습니다.

25. 賊 1

我這裏前年六月裏,	[언]·우·리 여·긔 젼년 ·뉴·워·리, [현]우리 여기서 지난해 유월에 ◇◇◇ 젼년[명]: 지난해, 작년.
有一箇客人,	[언]흔 나·그·내, [현]한 나그네가
纏帶裏裝着一卷紙,	[언]·젼·대·예 흔 ·권 죠·히·를 녀·허, [현]전대에 종이 한 권을 넣어 ◇◇◇ 젼대[명]: 전대. 죠히[명]: 종이.
腰裏絟着,	[언]허·리·예 미·오, [현]허리에 매고
在路傍樹底下歇凉睡,	[언]·깃·ㄱ·샛 나모 미·틔 이·셔·셔 ·서·늘흔 ·디 :쉬·며·셔 ·자·더·니, [현]길가 나무 밑에 있는 서늘한 곳에서 쉬면서 자더니

被一箇賊到那裏見了,	[언]훈 도즈·글 맛·나 게 ·와 보·고, [현]한 도적놈이 와서 만났는데 ◇◇◇ 도즉[명]: 도적, 도둑.
[28a]只道是腰裏纏帶裏是錢物,	[언]닐·오·디 허·리·옛 ·젼·대·예 :쳐·니·라 ㅎ·고, [현]허리의 전대에 있는 것이 돈이라고 생각하고
生起歹心來,	[언]모·딘 무숨 :내·여, [현]모진 마음을 내어
就那裏拿起一塊大石頭,	[언]·즉재 게·셔 훈 무적 ·큰 :돌 가·져다·가, [현]즉시 거기서 큰 돌 한 덩이를 가져다가 ◇◇◇ 무적[의]: 덩이, 무더기.
把那人頭上,	[언]그 :사·ㄹ·미 머·리 우·희다·가, [현]그 사람의 머리 위를
打了一下,	[언]훈 번 ·텨, [현]한 번 쳐서
打出腦浆來死了。	[언]·골·치 내·여 :죽거·늘. [현]머릿골을 내서 죽였습니다. ◇◇◇ 골치[명]: 머릿골, 뇌장.
那賊將那人的纏帶,	[언]그 도즈·기 그 :사·ㄹ·미 ·젼·대 가·져다·가, [현]그 도적이 그 사람의 전대를 가져다가
解下來看時,	[언]글어:내·여 보·니, [현]끌어 내여보니

第二章 瓦店投宿

却是紙,	[언]·쏘 죠·히어·늘, [현]또한 종이거늘

◇◇◇

-어늘[어미]: -거늘(까닭이나 원인을 나타내는 연결 어미).

就那裏撇下走了。	[언]·즉·재 게·셔 ᄇ·리:고 도망커·늘. [현]즉시 거기에 버리고 도망갔습니다.
[28b]官司檢了屍。	[언]구:의 屍身·을 :검·시ᄒ·고, [현]관청에서 시신을 검시하고

◇◇◇

구의[명]: 관청, 관서.

正賊捉不住,	[언]진·짓 도즈·그·란 잡·디 :몯·ᄒ·고, [현]진짜 도적은 잡지 못하고

◇◇◇

진짓[명]: 진짜, 진실.

乾把地主并左近平人涉疑打拷。	[언]·쇽·졀:업·시 ·짯:님·자·와 겨·틧 평신·을 다:가 의·심·ᄒ·야 ·텨 져주·니. [현]속절없이 땅주인과 곁의 백성을 의심하여 고문까지 하였습니다.

◇◇◇

속절업시[부]: 속절없이.

後頭別處官司,	[언]:후·에 다른 딋 마ᄉ·리, [현]후에 다른 데의 관청에서

◇◇◇

마술[명]: 관아, 관청.

却捉住那賊,	[언]·쏘 그 도즈글 자바, [현]그 도적을 잡아

發將來。	[언]보·내·니,
	[현]보냈는데
今年就牢裏死了。	[언]올·히 ·옥·애·셔 주:그니·라.
	[현]올해 감옥에서 죽었습니다.

◇◇◇

옥[명]: 감옥.
올히[명]: 올해.

26. 賊 2

| 年時又有一箇客人, | [언]·젼년·희 ·쏘 흔 나·그·내, |
| | [현]작년에 또 한 나그네가 |

◇◇◇

-희[조]: -에.

赶着一頭驢,	[언]흔 나·귀·를 모라,
	[현]당나귀 하나를 몰고
[29a]着兩箇荊籠子裏,	[언]:두 채·룽·애,
	[현]두 채롱에
盛着棗兒,	[언]:대·초 다·마
	[현]대추를 담아
馳着行。	[언]시·러 ·가·거·늘,
	[현]싣고 가거늘

◇◇◇

-거늘[어미]: 까닭이나 원인을 나타내는 연결 어미.

後頭有一箇　　[언]:뒤·혜 흔 물 ·튼 도주기,
騎馬的賊,　　[현]뒤에 말을 탄 한 도적이
　　　　　　　　　◇◇◇
　　　　　　　　투다[동]: 타다.

帶着弓箭跟　　[언]화·살 ·츠·고 미조·차 ·가,
着行。　　　　[현]화살을 차고 뒤를 쫓아
　　　　　　　　　◇◇◇
　　　　　　　　츠다2[동]: 차다(佩), 지니다, 휴대하다.

到箇酸棗林　　[언]산·초림·이·라 ·홀 짜·해 :사·룸 :업·슨 :듸 ·가,
兒無人處,　　　[현]산초림이라 하는 곳에 사람이 없는 데 가서
那賊,　　　　　[언]그 도즈·기
　　　　　　　　[현]그 도적이

將那客人脊　　[언]그 나:그·내·의 둥·의,
背上,　　　　　[현]그 나그네 등에
射了一箭,　　　[언]흔 ·사·를 ·쏘니,
　　　　　　　　[현]화살 하나를 쏘니
　　　　　　　　　◇◇◇
　　　　　　　　쏘다[동]: 쏘다.

那人倒了。　　[언]그 :사·루·미 구으·러·다·거·늘.
　　　　　　　　[현]그 사람이 고꾸라졌습니다.
　　　　　　　　　◇◇◇
　　　　　　　　구으러다[동]: 고꾸라지다, 넘어지다.

那賊只道是　　[언]그 도즈·기 닐·오·디 주·그니·라 ᄒ·고,
死了,　　　　　[현]그 도적이 죽었다고 생각하고
[29b]便赶着　　[언]·곧 그 나·괴·를 모·라,
那驢,　　　　　[현]곧 그 당나귀를 몰아서

徃前行。	[언]앎·포·로 가·니.
	[현]앞으로 갔습니다.
	◇◇◇
	앎포로: 앞으로.
那客人射的	[언]그 나·그·내 :뾔·여 ·어·즐·ᄒᆞ·얏다·가,
昏了,	[현]그 나그네가 화살을 맞고 어질어질하다가
	◇◇◇
	뾔이다1[동]: 쐬이다, (화살을) 맞다.
	어즐ᄒᆞ다[형]: 어질하다, 어질어질하다.
蘇醒迴來。	[언]·ᄭᅵ·야 나·니.
	[현]깨어났습니다.
	◇◇◇
	ᄭᅵ다[동]: 깨다.
恰好有捕盜	[언]·마·치 捕盜官 ·와·셔,
的官來,	[현]마치 포도관(捕盜官)이 와서
	◇◇◇
	포도관[명]: 포도청이나 지방 관아에 속하여 도둑을 잡아들이는 일을 맡아보던 벼슬아치.
那裏巡警,	[언]거·긔 ·와 술·피거·늘,
	[현]거기를 살피거늘
	◇◇◇
	거긔[명]: 거기, 그곳
	술피다[동]: 살피다.
那客人就告	[언]그 나·그·내 ·즉·제 :고ᄒᆞ·니,
了。	[현]그 나그네가 즉시 고발하였더니
捕盜官將着	[언]捕盜官·이 弓兵 더·블·오,
弓兵,	[현]포도관이 궁수와 함께

徃前趕到約 二十里地,	[언]	·나:아·가 거:의 ·이·십 :리:만 싸·해 다ᄃ·라,
	[현]	나가 거의 이십 리 되는 지역에 도착할 때

◇◇◇
거의[부]: 거의.

趕上那賊。	[언]	그 도즈·글 미처 ·가,
	[현]	그 도적을 뒤미처 가서
[30a]捉拿其間,	[언]	자·블 스·시·예,
	[현]	잡을 사이에
那賊便將一箇弓手,	[언]	그 도즈·기 ·즉·재 ᄒ 弓手·를,
	[현]	그 도적이 재빨리 궁수 하나를
放箭射,	[언]	·살 ·혀 노·하 ·쏘·니,
	[현]	화살로 당겨 쏘니

◇◇◇
혀다2[동]: 당기다.

下馬來。	[언]	믈게 ᄂ·려디·니.
	[현]	말에서 떨어지게 했습니다.
那賊往西走馬去了。	[언]	그 도즈·기 셧녁·으·로 물 돌·여 ·니·거·늘.
	[현]	그 도적이 서쪽으로 말을 돌려 가 버렸습니다.

◇◇◇
니다1[동]: 가다.

捕盜官襲將去,	[언]	捕盜官·이 디죵·ᄒ·야 ·가,
	[현]	포도관이 그 도둑을 미행해

◇◇◇
디죵ᄒ다[동]: 뒤밟다, 미행하다.

到箇村裏差了一百箇壯漢,	[언]	:촌·애 ·가 :장·ᄒ :사·ᄅᆷ ·일·빅·을 시·겨,
	[현]	촌에 가서 건장한 사람 일백 명을 시켜

將着弓箭器械,	[언]화·살 연장 가·지·고,
	[현]화살과 무기를 가지고
	◇◇◇
	연장[명]: 무기, 도구.
把那賊圍在一箇山峪裏,	[언]그 도즈·글 흔 산고·래 에·워,
	[현]그 도적을 한 산골에 에워서
	◇◇◇
	산골[명]: 산골, 산골짜기.
[30b]纔拿着迴來。	[언]굿 자·바 도·라오·니.
	[현]이제 막 잡아 돌아왔습니다.
看那射着的弓手,	[언]그 ·살 ·마·즌 弓手·를 보·니,
	[현]그 화살을 맞은 궁수를 보니
那人左肐膊上射傷,	[언]그 :사·ᄅ·미 :왼 풀·독애 ·살 마·자 샹·ᄒ·얏·고,
	[현]그 사람의 왼쪽 팔뚝에 화살을 맞아 다쳤고
	◇◇◇
	샹ᄒ다1[동]: 상하다, 다치다.
不曾傷了性命。	[언]:셩·명·은 샹·티 아·니ᄒ·돗더·라.
	[현]생명은 상하지 않은 것 같습니다.
如今那賊現在官司牢裏禁着。	[언]·이·제 그 도즈·기 구·윗·옥·애 이·셔 가·텻·ᄂ니·라.
	[현]이제 그 도적이 관청의 감옥에 갇혀 있습니다.
	◇◇◇
	가티다[동]: 갇히다, 감금되다.

27. 等到天明時慢慢的去

旣這般路澁時,	[언]ᄒ·마 ·이·리 ·길·히 어·렵거니,
	[현]이미 이렇게 길이 어렵다면

第二章 瓦店投宿

咱們又沒甚 麼忙句當，	[언]·우·리 :아·ᄆ·란 밧·본 :일 :업·거·니, [현]우리는 아무런 바쁜 일이 없으니

◇◇◇

밧ᄇ다[형]: 바쁘다.

要甚麼早 行！	[언]므·스므·려 일 녀·리·오? [현]무엇하러 일찍 갑니까?

◇◇◇

므스므려[부]: 무슨 까닭으로, 무엇하러, 무엇 때문에.

[31a]等到天 明時，	[언]하·늘 붉거·든 ·기·들·워, [현]하늘이 밝기 기다려

◇◇◇

붉다[형]: 밝다.

慢慢的去，	[언]날회여 간·들 [현]천천히 간들

◇◇◇

-ㄴ들[어미]: '-ㄴ다고 할지라도'의 뜻을 나타내는 연결 어미. 어떤 조건을 양보하여 인정한다고 하여도 그 결과로서 기대되는 내용이 부정됨을 나타낸다.

怕甚麼。	[언]므·스:기 저프·리오? [현]무엇이 두렵겠습니까?

◇◇◇

므스기: 무엇이.

저프다[형]: 두렵다.

說的是，	[언]닐·오·미 ·올·타. [현]말한 바가 옳습니다.

依着你，	[언]네 :말 드러, [현]당신의 말씀을 들어

天明時行。	[언]하·늘 붉거·든 :가·리·라.	
	[현]하늘이 밝으면 가겠습니다.	
安置安置，	[언]이·대 이·대,	
	[현]좋게, 좋게	
客人們好睡	[언]나·그·내·네 ·됴히 ·자쇼·셔.	
着。	[현]나그네들 잘 주무십시오.	
	◇◇◇	
	됴히[부]: 좋이, 좋게, 잘.	

28. 那裏有井

主人家,	[언]·쥬신·하!	
	[현]주인집!	
且休去,	[언]안·직 가디 :마ᄅ쇼·셔.	
	[현]아직 가지 마십시오.	
我又忘了一	[언]·내 ·또 ᄒᆞᆫ :일 니·젓다이·다.	
件句當,	[현]내가 또 한 일을 잊었습니다.	
	◇◇◇	
	닞다[동]: 잊다.	
我這馬們不	[언]·우·리 ·이 ᄆᆞᆯ·들·히 ·믈 아·니 머·것더·니.	
曾飮水裏。	[현]우리 이 말들이 물 안 먹었습니다.	
[31b]等一	[언]ᄒᆞᆫ 디·위 쉬·요·믈 ᄀᆞ·장 ·히·야든 기·들·워 머	
會控到時飮	기·라 가·져.	
去,	[현]한 번 쉬게 한 것을 기다리다가 먹이러 갑시다.	
	◇◇◇	
	쉬오다[동]: 쉬게 하다.	

那裏有井?	[언]어·듸 우·믈 잇ᄂ·뇨? [현]어디에 우물이 있습니까?	
那房後便是井。	[언]·뎌 집 :뒤·히 ·곧 우·므리·라. [현]저기 집 뒤가 곧 우물입니다.	
有轆轤那沒?	[언]·믈 기·를 자·쇄 잇ᄂ·녀 :업·스·녀? [현]물을 긷는 고패가 있습니까? 없습니까? ◇◇◇ 자쇄[명]: 고패(깃대 따위의 높은 곳에 기나 물건을 달아 올리고 내리기 위한 줄을 걸치는 작은 바퀴나 고리).	
淺淺的井兒,	[언]열가·온 우·므·레, [현]얕은 우물이라서 ◇◇◇ 열가온: 얕은.	
只着繩子拔水,	[언]노·호·로 ·믈 기·러 :내·ᄂ니·라. [현]줄로 물을 길어 냅니다. ◇◇◇ 노호로: 끈으로, 줄로.	
井邊頭有飮馬的石槽兒。	[언]우·믌ᄀ·쇄 몰 ·믈 머·기·논 :돌구·싀 잇ᄂ·니·라. [현]우물가에 말에게 물 먹이는 돌구유가 있습니다. ◇◇◇ 돌구싀[명]: 돌구유(돌을 파서 만든 구유). -쇄[조]: -에.	
旣這般時,	[언]이·믜 ·이러·면, [현]이미 이렇다면	

你收拾洒子井繩出來。	[언]:네 드·레·와 ·줄 서러 :내·여 오교려.
	[현]당신이 두레박과 줄을 정리하여 오십시오.
	◇◇◇
	드레[명]: 두레박(줄을 길게 달아 우물물을 퍼 올리는 데 쓰는 도구. 바가지나 판자 또는 양철 따위로 만든다).
[32a]井邊頭洒子井繩都有。	[언]우·믌·ᄀ·애 드·레·와 ·줄 :다 잇·ᄂ·니라.
	[현]우물가에 두레박과 줄이 다 있습니다.
我又囑咐你些話,	[언]·내 ·또 너드·려 :말·소·믈 당·부·ᄒ·노니,
	[현]내가 또 당신한테 당부할 말이 있는데
那洒子不沉水,	[언]그 드·레·믈 ·줌·디 아·니·ᄒ·ᄂ·니,
	[현]그 두레박이 물에 잠기지 않으니
	◇◇◇
	줌다[동]: 잠기다.
你不會擺時,	[언]:네 두의·티·기·옷 모·ᄅ거·든,
	[현]당신이 뒤집기를 모르거든
	◇◇◇
	두의티다[동]: 흔들다, 젓다, 뒤집다, 번드치다.
洒子上絟着一塊塼頭着。	[언]드·레 우·희 ᄒ 무싀 ·벽·을 ·미·라.
	[현]두레박 위에 한 덩이 벽돌을 매십시오.
	◇◇◇
	무싀: 뭇의.
這的我自會的,	[언]이·ᄂ 나·도 :아·노·니,
	[현]이것은 나도 아니까
不要你教。	[언]:네 ᄀᄅ·치·디 :마·오·려.
	[현]당신이 가르치지 마십시오.

29. 咱們輪着起來勤喂馬

咱們輪着起 [언]·우·리 돌·여 니·러,
來, [현]우리 돌아가면서 일어나

勤喂馬。 [언]브즈러니 몰 머·기·져.
[현]부지런히 말을 먹입시다.
◇◇◇
브즈러니[부]: 부지런히.

常言道, [언]샹·녯 :말·소·매 닐·오:디,
[현]상례 말씀에
◇◇◇
샹녯[명]: 상례.

[32b]馬不得 [언]모·리 ·밤 ·플 :몯 머·그·면 ·술지디 아·니ᄒ고,
夜草不肥, [현]말이 밤에 풀을 먹지 못하면 살지지 아니하고

人不得橫財 [언]:사·ᄅ·미 ·ᄯᆞᆫ :쳔·곳 :몯 :어·드·면 가·ᅀᆞ:며·디
不富。 :몯·ᄒ·ᄂ니·라.
[현]사람이 뜻밖의 돈을 얻지 못하면 부유하지 못한답니다.
◇◇◇
ᄯᆞᆫ1[관]: 딴, 뜻밖의, 다른.
가ᅀᆞ멸다[형]: 가멸다, 부유하다.

却休槽兒平直到明。	[언]·쏘 구·싀·예 평·케 ·주·어 ·굿 새배 다돋·게 :말·라.
	[현]또 구유에 평평하게 되도록 새벽까지 가지 마십시오.
	◇◇◇
	굿[부]: 꼭, 반드시, 되도록, 굳이.
咱們拌上馬喫一和草時飲水去。	[언]·우·리 ᄆᆞ·룰 ᄒᆞᆫ 번 ·딥 섯·기 버·므·려 :주·워 머·거·든 ·믈 머·기라 가·저.
	[현]우리가 말에게 한번 짚을 섞어 버무려 주어 먹이면 물 먹이러 갑시다.
盛草的筐兒也沒,	[언]:딥 다·믈 광조·리·도 :업·다.
	[현]짚을 담을 광주리도 없습니다.
	◇◇◇
	광조리[명]: 광주리.
着甚麼將的草去?	[언]므·스거·소:로 ·딥 가져:가·료?
	[현]무엇으로 짚을 가져가겠습니까?
旣沒時,	[언]·ᄒᆞ·마 :업거·니,
	[현]이왕 없으니
[33a]且着布衫襟兒,	[언]안·직 ·뵈·옷 쟈·락으·로,
	[현]그냥 베 옷자락으로
抱些草去。	[언]·딥 가·져가·라.
	[현]짚을 가겨가십시오.
我將料水去。	[언]·내 콩 술·믄 ·믈 ·가져:가·마.
	[현]내가 콩 삶은 물을 가져가겠습니다.
這主人家,	[언]·이 ·쥬ᅀᅵᆫ·이
	[현]이 주인이

好不整齊,	[언]ᄀ·장 :졍·졔·티 아·니ᄒ·다.	
	[현]정말 가지런하게 안 합니다.	
	◇◇◇	
	졍졔ᄒ다[동]: 정제하다, 가지런하게 하다.	
攪料棒也沒一箇,	[언]콩 버·므·릴 막대 ᄒ나·토 :업·다.	
	[현]콩 버무릴 막대기 하나도 없습니다.	
疾快取將咱們的拄杖來,	[언]샐·리 ·우·리 딥 ·퍼온 막대 가·져다가,	
	[현]빨리 우리의 짚 퍼온 막대기를 가져다가	
攪料。	[언]콩 버·므리·라.	
	[현]콩을 버무립시다.	
且房子裏,	[언]안·직 방·의	
	[현]그냥 방에	
坐的去來,	[언]안·자시·라 ·가·져.	
	[현]앉으러 갑시다.	
一霎兒馬喫了這和草飮水去。	[언]ᄒ 디·위 ᄆ·리 :이 버·므·린 ·딥 머·거·든 ·믈 머·기·라 가·져.	
	[현]한 번 말이 이 버무린 짚을 먹으면 물을 먹입시다.	
[33b]馬敢喫了草也, 飮去來。	[언]ᄆ·리 ·딥 머·근 ·ᄃᆺᄒ·다.	
	[현]말이 짚을 먹은 듯합니다.	
	[언]·믈 머·기·라 가·져.	
	[현]물을 먹이러 갑시다.	

30. 留一箇看房子

咱們都去了時，	[언]·우·리 :다 가:면,
	[현]우리 다 가면
這房子裏沒人，	[언]·이 방·의 :사·룸 :업·스니,
	[현]이 방에 사람이 없으니
敢不中。	[언]·맛·당·티 아·닌 ·둣호다.
	[현]마땅하지 않은 듯합니다.

◇◇◇

맛당ᄒ다[형]: 마땅하다.

留一箇看房子，	[언]호나 ·두·워 방 보·라 ᄒ·고.
	[현]하나 둬 방을 보게 하고
別箇的牽馬去來。	[언]다ᄅ·니 ᄆᆯ 잇·그·러 가·라 ᄒ·져.
	[현]다른 사람이 말을 이끌어 가라고 합시다.

◇◇◇

잇글다[동]: 이끌다.

碍甚麼事？	[언]므던ᄒ·니?
	[현]무슨 상관이 있겠습니까?
這店裏都閉了門子了，	[언]·이 :뎜·에 :다 문 다·드·면,
	[현]이 여관의 문을 다 닫으면
怕有甚麼人入來。	[언]므:슴 :사·ᄅ·미 ·드러·오·료?
	[현]무슨 사람이 들어오겠습니까?
[34a]休那般說，	[언]그·리 니ᄅ·디 :말·라.
	[현]그렇게 말하지 마십시오.
小心的還好。	[언]:조·심·호·미 :됴·ᄒ니·라.
	[현]조심하는 게 좋단 말입니다.

常言道,	[언]샹녯 :말·소·매 닐·오·딕,	
	[현]상례 말씀에	
常防賊心,	[언]댱샹 도죡 ᄆᆞᆺ·믈 막·고,	
	[현]항상 도적 마음을 막고	

◇◇◇

댱샹[부]: 항상.

莫偸他物。	[언]ᄂᆞ·믜 ·것 도죡 :말·라 ·ᄒᆞ·니.	
	[현]남의 것 훔치지 말라고 합니다.	
你自依着我,	[언]:네 내 :말 드·러,	
	[현]당신이 내 말을 들어	
留一箇看房子。	[언]ᄒᆞ나 ·두·워 방 보·게 ᄒᆞ·라.	
	[현]하나를 둬 방을 보게 하십시오.	
那般着,	[언]그·리ᄒᆞ·져.	
	[현]그렇게 합시다.	
咱們留誰看房子?	[언]·우·리 :누·를 ·두·워 방 보·라 ᄒᆞ·료?	
	[현]우리 누구를 둬 방을 보게 합니까?	
你三箇裏頭,	[언]너희 :세·희 듕·에,	
	[현]당신 셋 중에	
着這老的看着。	[언]·이 늘·그니 ·ᄒᆞ·야 보·라 ·ᄒᆞ야·라.	
	[현]이 노인으로 하여금 보게 하십시오.	

◇◇◇

늘그니[명]: 늙은이, 노인.

三人同行,	[언]:세·히 ᄒᆞᆫ·ᄃᆡ ·길 :녀·매	
	[현]세 사람이 같이 길 다니면	
[34b]小的苦,	[언]져·므니 :슈·고·ᄒᆞ·ᄂᆞ니라.	
	[현]젊은이가 수고하는 법입니다.	

◇◇◇

져므니[명]: 젊은이.

咱們三箇去來。	[언]·우·리 :세·히 가·져. [현]우리 세 사람이 갑시다.	

31. 我兩箇牽馬去

這衚衕窄,	[언]·이 :고·리 조·ㅂ·니, [현]이 골목이 좁으니 ◇◇◇ 골1[명]: 고을, 마을, 골목.	
牽着馬多時,	[언]물 잇·기 :만·ㅎ·면, [현]말을 많이 이끌면	
過不去,	[언]·나가·디 :몯ㅎ·리·라. [현]나가지 못합니다.	
咱們做兩遭兒牽。	[언]·우·리 :두 번·의 잇·거 가·져. [현]우리 두 번에 이끌고 갑시다.	
那般着,	[언]그·리ㅎ·져. [현]그렇게 합시다.	
你敢慣打水。	[언]:네 ·믈기·리 니·근 ·둣·ㅎ·고·나. [현]당신이 물긷기에 익숙한 듯하구나. ◇◇◇ 닉다[형]: 익다, 익숙하다.	
我不慣打水。	[언]·내 ·믈기·리 닉·디 :몯·호·라. [현]나는 물긷기에 익숙하지 못합니다.	
你先打水去,	[언]:네 몬져 ·믈 기·르·라 가·라. [현]당신이 먼저 물을 길으러 가십시오.	
我兩箇牽馬去。	[언]·우·리 :둘·히 물 잇·거 :가·마. [현]우리 둘이 말을 이끌고 가겠습니다.	

那般着,	[언]그·리:호·마.	
	[현]그렇게 하겠습니다.	
[35a]我打水去,	[언]·나·는 ·믈 기르·라 ·가·노·라.	
	[현]나는 물을 길으러 갑니다.	
你將馬來。	[언]:네 믈 가져 ·오·라.	
	[현]당신들은 말 이끌고 오십시오.	
我恰纔這槽兒裏頭,	[언]·내 앗·가 ·이 구·시 안·해,	
	[현]내가 아까 이 구유 안에	
拔上兩洒子水也,	[언]:두 드·렛 ·믈 기·러 잇·다.	
	[현]두레박으로 물을 길었습니다.	
着馬喫。	[언]믈·들·흘 머·기·라.	
	[현]말들을 먹이십시오.	
這箇馬快喫水,	[언]·이 모·리 ·믈 잘 먹느·다.	
	[현]이 말이 물을 잘 마십니다.	
這箇馬喫水少。	[언]·이 모·른 ·믈 머·기 :쟉·다.	
	[현]이 말은 물 마시는 게 적습니다.	
	◇◇◇	
	쟉다[형]: 작다, 적다.	
這水少,	[언]·이 ·므·리 쟉·다.	
	[현]여기 물이 적습니다.	
再打上一洒子着。	[언]·또 흔 드·레·만 기·르·라.	
	[현]한 두레박만 더 길으십시오.	

32. 將洒子來我試學打

將洒子來,	[언]드·레 가·져·오·라.	
	[현]두레박을 가져오십시오.	

我試學打。	[언]·내 기·리·를 빈·화지·라.
	[현]내가 긷기를 배우고 싶습니다.
[35b]這洒子是不沉水，	[언]이 드·레 ·믈 ·둠·디 아·니·ᄒᆞ·ᄂᆞ·다.
	[현]이 두레박이 물에 담지 않습니다.
	◇◇◇
	둠다[동]: 담다, 재다.
怎生得倒？	[언]:엇·디·ᄒᆞ·야 구으·리혀·료?
	[현]어떻게 해야 번드칩니까?
	◇◇◇
	구으리혀다[동]: 굴려 당기다, 번드치다, 뒤치다.
我教與你，	[언]·내 너ᄃᆞ·려 ᄀᆞᄅᆞ·츄·마.
	[현]내가 당신에게 가르쳐 주겠습니다.
將洒子提起來，	[언]드·레를 드·러,
	[현]두레박을 들어
離水面擺動倒，	[언]·믈 우·희 ᄠᅴ·워 베·텨 구으·리·혀,
	[현]물 위에 띄워서 흔들어 번드치고
	◇◇◇
	ᄠᅴ우다[동]: 띄우다.
	베티다[동]: 흔들다.
撞入水去，	[언]·므·레 맛바·다 ·드·러가·면,
	[현]물에 맞받아 들어가면
	◇◇◇
	맛받다[동]: 맞받다, 정면으로 받다.
便喫水也。	[언]즉·재 ·믈 먹ᄂᆞ·니·라.
	[현]즉시 물이 들어옵니다.
這般時，	[언]이러·면,
	[현]이렇다면

真箇在前曾 見人打水,	[언]진·실·로 앏·픠 :사·ᄅ·미 ·믈 :긷·거·늘 ·보·다·니,
	[현]진실로 전에 사람이 물 긷는 것을 봤는데
	◇◇◇
	앏프2[명]: 앞, 이전, 종전.
不曾學,	[언]일·즉 비·호·디 아·니:호·니,
	[현]일찍 배우지 않았더니
從今日理會 得了。	[언]오·늘부·터 :알·와·라.
	[현]오늘부터 알게 되었습니다.

33. 你高麗地面裏沒井阿怎麽

[36a]你高麗 地面裏沒井 阿怎麽?	[언]네 高麗ㅅ 짜·해 우·믈 :업·스·녀 :엇·디·오?
	[현]당신들 고려 땅에 우물이 없습니까? 어떻습니까?
我那裏井,	[언]·우·리 ·뎟 우·므·른,
	[현]우리 저기에 있는 우물은
	◇◇◇
	뎌[대]: 저기.
不似這般 井。	[언]·이·런 우·믈 ·굳·디 아·니·니.
	[현]이런 우물과 같지 않습니다.
這井是塼砌 的井,	[언]·이 우·므·른 ·벽·으·로 무·슨 우·므리·라,
	[현]이 우물은 벽돌로 쌓은 우물이라
	◇◇◇
	무스다[동]: 뭇다, 쌓다.

至小有二丈深。	[언]ᄀᆞ·장 :쟈·기사 二丈 기·픠·옴·ᄒᆞ·거니·와, [현]가장 적어야 두 장(丈)의 깊이씩 되는데 ◇◇◇ 기픠[명]: 깊이. -옴2[접미]: -씩.
我那裏井,	[언]·우·리 뎻 우므른, [현]우리 저기 우물은
都是石頭壘的,	[언]:다 :돌·호·로 무슨 거·시·라, [현]다 돌로 쌓은 것이라
最深殺的没一丈,	[언]ᄀᆞ·장 기·프니·도 ᄒᆞᆫ ·댱 기·픠 :업·서, [현]가장 깊어도 한 장의 깊이도 없어서 ◇◇◇ 댱[의]: 장(丈, 길이의 단위).
都是七八尺來深。	[언]:다 닐·굽 여·듧 ·잣 기·픠·라. [현]다 일곱 여덟 자의 깊이입니다.
[36b]我那裏男子漢,	[언]·우·리 거·긔·는 남지·니, [현]우리 저기 남자들이
不打水,	[언]·믈·기·리 아·니ᄒᆞ·고, [현]물을 긷지 않고
只是婦人打水。	[언]:다·믄 :겨·지·비 ·믈기·리 ·ᄒᆞᄂᆞ·니, [현]다만 여자만 물 긷는데 ◇◇◇ 겨집[명]: 계집, 여자, 부인, 마누라.
着箇銅盔,	[언]동·히·로, [현]동이로 ◇◇◇ 동히[명]: 동이(질그릇의 하나. 흔히 물 긷는 데 쓰는 것으로 보통 둥글고 배가 부르고 아가리가 넓다).

頭上頂水。	[언]머·리 우·희 ·므·를 ·이·ᄂ·니.
	[현]머리 위에 물을 입니다.
各自將着箇打水的瓢兒,	[언]·각·각 ·믈 기·를 ·박 ·가·지·고,
	[현]각각 물을 긷는 바가지를 가지고
	◇◇◇
	박[명]: 바가지.
瓢兒上,	[언]·박 우·희,
	[현]바가지 위에
絟着一條細繩子,	[언]ᄒᆞᆫ 오·릿 ·ᄀᆞ는 노·흘 미·얏ᄂ·니,
	[현]한 오리의 가는 노끈을 매였는데
	◇◇◇
	미다[동]: 매다, 동여매다.
	ᄀᆞ늘다[형]: 가늘다.
	노ㅎ[명]: 끈, 노끈.
却和這裏井繩洒子一般取水。	[언]·ᄯᅩ 여·긧 ·줄 드·레 ᄒᆞᆫ 가·지로 ·믈 :긷ᄂ·니·라.
	[현]여기 우물 줄, 두레박과 마찬가지로 물을 긷습니다.
[37a]却怎麽那般打水？	[언]·ᄯᅩ :엇·디 그·리 :믈 :긷ᄂ·뇨?
	[현]어찌 그렇게 물을 긷습니까?
我不理會得。	[언]·내 모·로·리로·다.
	[현]내가 모르겠습니다.
我只道是和我這裏一般打水。	[언]·내 그저 닐·오·딕 ·우·리 예 ᄒᆞᆫ 가·지로 ·믈 :긷ᄂᆞ·다 ·ᄒᆞ야 니ᄅᆞ·노·라.
	[현]나는 그저 우리 이쪽과 마찬가지로 물을 긷는다고 말했습니다.

34. 再牽將別箇的來飲

你牽迴這馬去,	[언]네 ·이 믈 잇·거 도·라·가,	
	[현]당신이 이 말을 이끌고 돌아가	
再牽將別箇的來飲,	[언]·쏘 다ᄅ·니 잇·거 가·져·와 ·믈 머·기·라.	
	[현]또 다른 말을 이끌고 물을 먹이십시오.	
這馬都飲了。	[언]·이 믈·들 :다 머·겨·다.	
	[현]이 말들을 다 먹였습니다.	
這般黑地裏,	[언]이·런 어·두·은 싸·해,	
	[현]이렇게 어두운 땅에	
東厠裏難去,	[언]뒷·간·의 :가·미 어·렵·다.	
	[현]변소 가기가 어렵습니다.	

◇◇◇

뒷간[명]: 변소.

咱們只這後園裏去,	[언]·우·리 그저 이 :뒷터·해 ·가,	
	[현]우리 그저 이 뒷뜰에 가서	
[37b]淨手不好那?	[언]뒤 든·뇨·미 아·니 :됴·ᄒ·녀?	
	[현]대변 보는 게 안 좋겠습니까?	

◇◇◇

뒤든니다[동]: 대변 보다.

我拿着馬,	[언]·내 믈 자·바:쇼·마,	
	[현]내가 말 잡아 있있을 테니	
你淨手去。	[언]네 :뒤·보·라 가·라.	
	[현]당신이 대변 보러 가십시오.	

◇◇◇

뒤보다[동]: 대변 보다.

我不要淨手。	[언]·나·는 :뒤·보·기 :마·다.	
	[현]나는 뒤보지 않습니다.	
伱離路兒着,	[언]:네 ·길·흘 쯰·워 ᄒ·고,	
	[현]당신은 길을 띄우게 하고	
休在路邊淨手,	[언]·길:ᄀᆞ·새·셔 :뒤보·기 :말·라.	
	[현]길가에서 뒤보지 마십시오.	

◇◇◇

ᄀᆞ[명]: 가, 변두리, 근처.
-애셔[조]: -에서.

明日着人罵。	[언]닉·일 ᄂᆞ·믹 구지람 든ᄂᆞ·니·라.	
	[현]내일 남의 꾸지람을 듣게 됩니다.	

◇◇◇

ᄂᆞᆷ[명]: 남, 다른 사람.
ᄂᆞ믹: 남의.
구지람[명]: 꾸지람.

咱們一箇人,	[언]·우·리 ᄒᆞ나·히,	
	[현]우리 한 사람이	
牽着兩箇去,	[언]:둘·콤 잇·거 ·가,	
	[현]두 마리씩 이끌고 가서	

◇◇◇

둘ㅎ[수]: 둘.

絟的牢着。	[언]믹·요·믈 구·디 ᄒᆞ·라.	
	[현]단단히 맵시다.	

◇◇◇

구디[부]: 굳게, 단단히.

這槽道好生寬,	[언]·이 구:싯·터·히 ᄀ·장 어·위·다. [현]이 구유 자리가 가장 넓습니다. ◇◇◇ 터ㅎ[명]: 자리, 터.
[38a]離的遠些兒絟,	[언]띄·우·믈 멀즈시 미·라. [현]멀리 띄우게 매십시오. ◇◇◇ 멀즈시[부]: 멀리.
又怕繩子紐着。	[언]·또 노히 버·믈·가 저·혜·라. [현]노끈이 얽힐까 합니다. ◇◇◇ 버믈다[동]: 좇다, 따르다; 걸리다, 얽히다, 얽매이다.
疾快將草料來,	[언]샐·리 ·딥·과 콩·돌 가·져다·가, [현]빨리 짚과 콩들을 가져다가
拌上着,	[언]버·므·려 주·라. [현]버무려 주십시오.
儘着他喫着,	[언]제 ᄆᆞ숨ᄭᆞ·장 먹·게 ᄒᆞ·져. [현]제 마음껏 먹게 합시다. ◇◇◇ -ᄭᆞ장[접미]: -껏. ᄆᆞ숨ᄭᆞ장[부]: 마음껏, 실컷.
咱睡去來。	[언]·우·리 자·라 가·져. [현]우리 자러 갑시다.

35. 辭了主人家去來

火伴們起來！	[언]:벋·들·하 :닐·어·라! [현]벗들아! 일어나십시오.
雞兒叫第三遍了,	[언]둘·기 우·런 ·디 :세 ·홰어·다. [현]닭이 운 지 세 번이었습니다. ◇◇◇ 홰[의]: 번, 차례.
待天明了也。	[언]ᄒᆞ·마 ᄒᆞ·늘·도 볼·ᄀᆞ·리로·다. [현]곧 하늘이 밝을 것입니다.
咱急急的收拾了行李,	[언]·우·리 샐·리 ·짐·들 설어·즈·라. [현]우리 빨리 짐들 정리합시다. ◇◇◇ 설엊다[동]: 정리하다, 정돈하다.
鞁了馬時,	[언]물 기·르마 진·노·라 ᄒᆞ·면, [현]말 길마를 얹느라 하면 ◇◇◇ 기르마[명]: 길마. 짓다[동]: 얹다.
[38b]天亮了,	[언]하·늘·히 볼·그·리로·다. [현]하늘이 밝을 것입니다.
辭了主人家去來。	[언]·쥬신:손·디 하·딕ᄒᆞ·라 가·져. [현]주인한테 하직하러 갑시다.
主人家哥,	[언]·쥬신 형·님! [현]주인 형님!

休恠，	[언]허·믈 :마·라쇼·셔.
	[현]허물 마십시오.
我去也。	[언]·우·리 ·가·노이·다.
	[현]우리는 갑니다.
你休恠，	[언]:네 허·믈 :말·오,
	[현]당신들이 허물 마시고
好去着。	[언]이·대 ·가·쇼·셔.
	[현]잘 가십시오.
迴來時，	[언]도·라 ·오·실 ·제,
	[현]돌아오실 때
却來我店裏	[언]·또 ·와 ·우·리 :덤·에 브·리쇼·셔.
下來。	[현]또 와서 우리 여관에 묵으십시오.

第三章 進京途中

36. 這橋便是我夜來說的橋

這橋便是我夜來說的橋,	[언]·이 드리:는 ·곧 내 어·제 니르·던 드:리니, [현]이 다리는 바로 내가 어제 말하던 다리니
比在前十分好。	[언]:아·릭두·곤 ᄀ·장 ·됴·타. [현]예전보다 가장 좋습니다.
[39a]在先只是土搭的橋來,	[언]앎·픠·는 그저 홁 텨 밍·근 드:리러니, [현]전에는 그저 흙으로 쳐서 만든 다리였는데
如今都是板鞜了。	[언]·이·제·는 :다 :널 ·신·라 잇·고. [현]이제는 다 널판으로 깔았습니다. ◇◇◇ 널[명]: 널판, 널판자, 널빤지. 실다2[동]: 깔다, 덮다.
這橋梁橋柱,	[언]·이 드릿보·와 기동·들·히, [현]이 다리 들보와 기동들이 ◇◇◇ 드릿보[명]: 다리 들보.
比在前忒牢壯,	[언]:아·릭 ·치·와 견·조·면 너므 굳·다. [현]예전 것과 견주면 훨씬 견고합니다. ◇◇◇ 견조다[동]: 견주다, 비교하다. 굳다[형]: 견고하다, 질기다, 튼튼하다.

這的捱十年也壞不得。	[언]·이거·시 ·십년·을 :디·나·도 ·히·야디·디 아·니 ㅎ·리로·다.
	[현]이것은 십년을 지나도 못쓰게 되지 않겠습니다.
	◇◇◇
	히야디다[동]: 해어지다, 못쓰게 되다, 망가지다.

37. 肚裏好生飢了

日頭這般高了,	[언]ㅎ·눈 ·이·리 놉·고,
	[현]해는 이렇게 높고
	◇◇◇
	히2[명]: 해, 태양.
前頭又沒甚麼店子,	[언]앏 ·픠 :아·모·란 :뎜·도 :업·스·니,
	[현]앞에 아무런 여관도 없으니
咱們只投那人家糴些米,	[언]·우·리 그저 ·뎌 신가·의 ·가 ·뿔 밧·고·와.
	[현]우리 그저 저기 사람의 집에 가서 쌀을 사서
	◇◇◇
	뿔[명]: 쌀.
	밧고다[동]: 바꾸다, 교환하다.
[39b]自做飯喫去來。	[언]·손·조 ·밥 지·어 먹·고 가·져.
	[현]손수 밥 지어 먹고 갑시다.
	◇◇◇
	손조[부]: 손수.
	짓다2[동]: (밥을) 짓다.
那般着,	[언]그·리 ㅎ·져.
	[현]그럽시다.

肚裏好生飢了,	[언]	·빈 ᄀ·장 곫프다.
	[현]	배가 너무 고픕니다.
	◇◇◇	
	곫흐다[형]: 고프다.	
咱們去來。	[언]	·우·리 가·지.
	[현]	우리 갑시다.
這馬都卸下行李,	[언]	·이 ᄆᆞᆯ·들 ·짐 브·리우·고,
	[현]	이 말들의 짐을 내리고
鬆了肚帶,	[언]	오·랑 느·추·고,
	[현]	뱃대끈을 느슨하게 하고
	◇◇◇	
	오랑[명]: 뱃대끈.	
	느추다[동]: 늦추다, 느슨하게 하다.	
取了嚼子,	[언]	마·함 벗·기·고,
	[현]	재갈을 벗기고
	◇◇◇	
	마함[명]: 재갈(말을 부리기 위하여 아가리에 가로 물리는 가느다란 막대. 보통 쇠로 만들었는데 굴레가 달려 있다).	
這路傍邊放了,	[언]	·이 ·긼ᄀ·새 노·하,
	[현]	이 길가에 놓아서
着喫草着。	[언]	·플 먹·게 ᄒ·고,
	[현]	풀을 먹게 하고
教一箇看着,	[언]	ᄒ나·흘 ·히·야 보·게 ᄒ·고,
	[현]	한 사람을 시켜서 말을 보게 하고
	◇◇◇	
	히야[부]: 하여금.	
	ᄒ나ㅎ[수]: 하나.	
	ᄒ나흘: 하나를.	

別的都投這人家問去來。	[언]다ᄅᆞ·니·는 :다 ·이 싄가·의 ·드·러·가 무·르라 가져.
	[현]다른 사람들은 다 이 사람 집으로 들어가 물어 보러 갑시다.

38. 怎生糶與些米做飯喫

主人家哥，	[언]·쥬싄 형·님!
	[현]주인 형님!
[40a]我幾箇行路的人，	[언]·우·리 여·러 ·길 녈 :사·ᄅᆞ·미,
	[현]우리 여러 길 가는 사람이
這早晚不曾喫早飯，	[언]이 느·즌 ·듸 일·즉 아츰·밥·을 :몯 머·거 잇고,
	[현]이렇게 늦었는데 아직 아침밥을 못 먹었는데
	◇◇◇
	아춤[명]: 아침.
前頭又沒甚麼店子，	[언]앏·픠·ᄂᆞᆫ ·ᄯᅩ :아·ᄆᆞ·란 :뎜·도 :업·슬·ᄉᆡ,
	[현]앞에는 또 아무런 여관도 없으므로
	◇◇◇
	-을ᄉᆡ[어미]: -으므로.
我特的來，	[언]·우·리 부·러 ·오·소·니,
	[현]우리 일부러 와서
怎生糶與些米做飯喫。	[언]·아·ᄆᆞ려:나 :져·기 ·ᄡᆞ·ᄅᆞᆯ 밧·괴·여 ·주·어·든 ·밥 지·ᅀᅥ 머·거지·라.
	[현]아무렇든 쌀을 조금 바꿔 주면 밥을 지어 먹고 싶습니다.
	◇◇◇
	아ᄆᆞ려나[부]: 아무렇든, 아무튼.

要甚麼糶米,	[언]므스므려 ·뿔·를 밧·고·려 ·ᄒᆞ·ᄂᆞ·뇨?
	[현]무엇하러 쌀을 바꾸려고 합니까?

◇◇◇

-려2[어미]: -려고.

我的飯熟了,	[언]·우·리 ·바·비 니·거 잇ᄂᆞ:니,
	[현]우리 밥이 익었으니
客人們喫了過去。	[언]나·그·내·네 먹·고 :디·나가·라.
	[현]나그네들은 먹고 가십시오.
這般時,	[언]·이·러ᄒᆞ:면,
	[현]이렇다면
[40b]敢少了你飯。	[언]네 ·밥·이 :쟈·글·ᄃᆞᆺᄒᆞ고·나.
	[현]당신의 밥이 적을 듯합니다.
不妨事,	[언]므던ᄒᆞ·니.
	[현]괜찮습니다.
便少時,	[언]믄·득 :쟉·거·든,
	[현]문득 적어도

◇◇◇

믄득[부]: 문득.

我再做些箇便是。	[언]·우·리 다·시 :지·기 ᄒᆞ·면 ·곧 :긔·어·니ᄯᆞ·나?
	[현]우리 다시 짓기만 하면 곧 되지 않겠는가요?.

◇◇◇

-어니ᄯᆞ나: -지 않겠는가?

將卓兒來,	[언]상 가·져·오·라.
	[현]상을 가져와라.

| 教客人們只這棚底下坐的喫飯, | [언]나·그·내·둘 ·ᄒ·야 그저 ·이 :가·개 아·래 안·자 :셔 ·밥 먹·게 ᄒ·져. |
| | [현]나그네들로 하여금 그저 이 천막 아래 앉아서 밥을 드시게 하자. |

◇◇◇

가개[명]: 천막.

| 淡飯胡亂喫些箇。 | [언]믠 ·바·블 간:대·로 머·그라. |
| | [현]맨밥을 되는대로 드시라고. |

◇◇◇

간대로[부]: 되는대로, 멋대로, 함부로.

| 有甚麼熟菜蔬, | [언]:아·므·란 니·근 ᄂᆞ·새 잇거·든, |
| | [현]아무런 익은 채소가 있으면 |

◇◇◇

ᄂᆞ새[명]: 남새, 채소.

| 將些來與客人喫。 | [언]:져·그·나 가·져다·가 나·그·내·네 ·주·워 먹게 ᄒ·라. |
| | [현]조금이나 가져다가 나그네들에게 드려 드시게 해라. |

[41a]怕沒時,	[언]ᄒ·다·가 :업·거·든,
	[현]만일 없으면
有蘿蔔生葱茄子將來,	[언]댓무·수·와 ·파·와 가지 잇거·든. 가·져·오·라.
	[현]무와 파, 가지 있거든. 가져와라.

◇◇◇

댓무수[명]: 무, 무우.

| 就將些醬來。 | [언]이·믜·셔 쟝조·쳐 가·져·오·라. |
| | [현]간장도 갖고 와라. |

◇◇◇

-라2[어미]: -라(명령).

別箇菜都沒,	[언]녀느 ᄂᆞᄆᆞ새는 ·다 :업·거니·와,
	[현]다른 채소는 다 없거니와
	◇◇◇
	녀느[관]: 다른.
只有醃瓜兒,	[언]:다·믄 저·린 :외·옷 잇·다.
	[현]다만 저린 오이가 있습니다.
	◇◇◇
	외옷[명]: 오이.
與客人喫。	[언]나·그·내·네 ·주·어 머·기·져.
	[현]나그네들에게 드려 드시게 하죠.
也好將來。	[언]그·도 :됴·타. 가·져·오·라.
	[현]그것도 좋아. 가져와라.
客人們休恠,	[언]나·그·내·네 허·믈 :마·오,
	[현]나그네들, 허물 마시고
胡亂喫些。	[언]간:대·로 머그·라.
	[현]되는대로 드십시오.
小人們驀面間厮見,	[언]小人·들·히 과그른 ᄂᆞ·치 서르 ·보·와·셔,
	[현]소인들이 급작스럽게 얼굴을 서로 봐서
	◇◇◇
	과그르다[형]: 급작스럽다.
	놏[명]: 낯.
[41b]大哥便這般重意,	[언]·큰형·님·이 ·이·리 듕·흔 ·ᄠᆞ·드·로,
	[현]큰 형님이 이렇게 후한 뜻으로
	◇◇◇
	듕ᄒᆞ다[형]: 중하다, 대단하다, 소중하다.
	ᄠᅳᆮ[명]: 뜻.

與茶飯喫。　　[언]·차·반 ·주·어 머·기·시거·니,
　　　　　　　[현]음식을 주셔서 먹이시니
　　　　　　　◇◇◇
　　　　　　　차반[명]: 차와 밥, 음식.

怎麽敢恠?　　[언]:엇·디 외·오 너·길:고?
　　　　　　　[현]어찌 잘못 여기겠습니까?
　　　　　　　◇◇◇
　　　　　　　외오[부]: 잘못.

量這些淡　　[언]·혜·어·든 이·맛·감 :뷘 ·바·비,
飯,　　　　　[현]따져도 이만큼 맨밥이
　　　　　　　◇◇◇
　　　　　　　혜다[동]: 따지다, 생각하다, 헤아리다.
　　　　　　　-맛감[조]: -만큼, -만한.
　　　　　　　뷔다[동]: 비다.

打甚麽緊。　　[언]므·스·거·시 긴홀·고?
　　　　　　　[현]무엇이 긴하겠습니까?
　　　　　　　◇◇◇
　　　　　　　긴ㅎ다[형]: 긴하다, 급박하다.

偏我不出　　[언]·독·벼·리 ·내·라 ㅎ야 :외방·의 나·ᄃ·리 아·니
外。　　　　　홀·가?
　　　　　　　[현]유달리 나라고 하여 외지에 나들이 하지 않겠
　　　　　　　습니까?
　　　　　　　◇◇◇
　　　　　　　독벼리[부]: 유달리, 특별히.
　　　　　　　나ᄃ리[명]: 나들이.
　　　　　　　외방[명]: 외지.

出外時,　　　[언]:외방의 ·나·가·면,
　　　　　　　[현]외지에 나가면

也和你一 [언]·쏘 너·와 흔가·지어·니쯔·나.
般。 [현]또 당신과 한가지입니다.

大哥說的 [언]·큰형·님 니루·샤·미 ·올흔·시이·다.
是。 [현]큰 형님 말씀이 옳습니다.

慣曾出外偏 [언]일·즉 :인방·의 ·나돈·니 기 니·그·면 ·일·편
憐客, 도·이 나·그·내·를 :에·엿·비 너·기·고,
[현]일찍이 이웃 땅에 나다니기 익숙하면 나그네들
을 되게 불쌍하게 여기고
◇◇◇
인방[명]: 이웃 땅.
일편[부]: 되게, 편박되게, 편중되게.

[42a]自己貪 [언]나·옷 수울 탐ㅎ·면 :춰·흔 ·사·루·믈 앗·기·ᄂ
盃惜醉人。 니·라.
[현]자기가 술을 탐하면 취한 사람을 아낀다고 합
니다.

39. 你外頭還有火伴麽

你外頭還有 [언]:네 밧·긔 그·려·도 :버·디 잇ᄂ·녀?
火伴麽? [현]당신들 밖에 벗이 있습니까?
◇◇◇
그려도[부]: 그래도, 아직.

有一箇看行 [언]ᄒ나·히 ·짐 ·보·ᄂ·니 이셔·셔,
李, [현]한 명은 짐을 보면서
就放馬裏。 [언]게·셔 물 노·하 머·기ᄂ·니.
[현]거기서 말을 풀어 풀을 먹이고 있습니다.
◇◇◇
놓다2[동]: 놓아주다, 방목하다.

他喫的飯却怎生？	[언]·뎌·의 머·글 ·밥은 ᄯᅩ :엇·디 ᄒᆞ·려·뇨? [현]저 사람이 먹을 밥은 또 어떻게 합니까?	
我們喫了時，	[언]·우·리 먹·고， [현]우리가 먹고	
與他將些去。	[언]·뎌·위·ᄒᆞ·야 :져·기 가·져가·져. [현]그 사람을 위하여 가져가지요.	
有椀與一箇，	[언]사발 잇거·든 ᄒᆞ나 :다·고·라. [현]사발 있으면 하나 주십시오.	
◇◇◇	다고라[동]: 주구려(옛말, 물건 따위를 남에게 건네어 가지거나 누리게 하다).	
這飯裏盛出一椀飯，	[언]·이 ·밥·애·셔 ᄒᆞᆫ 사·발·만 다·마 :내·어， [현]이 밥에서 한 사발만 담아 내어	
與那箇火伴。	[언]·뎌·버·들 주·져. [현]그 벗에게 줍시다.	
[42b]由他，	[언]제·대·로 두·라. [현]놔두십시오.	
你都喫了着，	[언]너:희 :다 머·그·라. [현]당신들 다 드십시오.	
家裏還有飯裏。	[언]지·븨 당시·론 ·바·비 잇·다. [현]집에 아직 밥이 있습니다.	
喫了時，	[언]머·기 ᄆᆞ·차·든， [현]다 먹으면	
將去。	[언]가·져 가·라. [현]가져다 주십시오.	

你休做客,	[언]너:희 손 도욀 :양 :말·오,
	[현]당신들 손님 된 체 하지 말고
	◇◇◇
	손[명]: 손님, 나그네, 행상인.
	도의다[동]: 되다.
	양[의]: 모양, 체.
慢慢喫的飽着。	[언]날회여 ·비브르 ·머·그·라.
	[현]천천히 배부르게 드십시오.
我是行路的客人,	[언]·우·리·는 ·길 ·녀·는 나·그·내어·니,
	[현]우리는 길 가는 나그네인데
又肯做甚麼客。	[언]:쪼 므·슴 소·니·론 :양 ᄒ·리·오?
	[현]또 무슨 손님 된 체 하겠습니까?
喫得飽那不飽?	[언]머·구·미 브르·녀 아·니 브르·녀?
	[현]배부르게 드셨습니까? 못 드셨습니까?
我好生飽了。	[언]·우·리 ᄀ·장 브르이·다.
	[현]우리 정말 배부르게 먹었습니다.
[43a]收拾椀楪着。	[언]사발 뎝·시 설어·즈·라.
	[현]사발 접시를 정리해라.
	◇◇◇
	뎝시[명]: 접시.
客人們,	[언]나·그내·네,
	[현]나그네들
有一箇看着馬的,	[언]ᄒ나·히 ᄆᆞᆯ ·보·ᄂ·니 잇·다 ·ᄒ·더·니,
	[현]한 사람이 말을 보고 있다고 하니
不曾來喫飯。	[언]·와 ·밥 먹·디 아·니·ᄒ·얏ᄂ·니.
	[현]와서 밥 먹지 않았네.

興兒,	[언]훙:쉬·야,	
	[현]훙아야,	
你另盛一椀飯,	[언]:네 ·닫·티 훈 사·발·만 ·밥 :담·고,	
	[현]너는 따로 한 사발만큼 밥을 담고	

◇◇◇

닫티[부]: 따로.
-만[조]: -만큼.

罐兒裏將些湯,	[언]:권·ᄌ·애 :탕 ·써 가·져,
	[현]탕관에 탕을 떠 가져다가

◇◇◇

권ᄌ[명]: 권자, 탕관.
쓰다1[동]: 뜨다, (용기에) 담다.

跟着客人去,	[언]나·그·내 ·조·차 ·가,
	[현]나그네를 따라 가서
與那箇火伴。	[언]·뎌 :벋·다·가 주·고,
	[현]저기 벗에게 드리고
喫了時,	[언]머·구·믈 ᄆ·차든,
	[현]다 먹으면
却收拾家事來。	[언]·쏘 :그·릇·들 설어저 ·오·라.
	[현]또 그릇들을 정리하고 오너라.

◇◇◇

그릇[명]: 그릇.

40. 飢時得一口強如飽時得一斗

主人家哥,	[언]·쥬신 형·님!
	[현]주인 형님!

休恠,	[언]허·믈 :마·ᄅ쇼·셔.
	[현]허물 마십시오.
	◇◇◇
	－ᄋ쇼셔[어미]: －으소서.
[43b]小人們,	[언]小人·돌·히,
	[현]소인들이,
這裏定害。	[언]:예·와 ·해·자ᄒ·고 널·이·과이·다.
	[현]여기 와서 폐만 널리 끼쳤습니다.
	◇◇◇
	해자ᄒ다[동]: 폐를 끼치다, 손해를 입히다.
	－과이다[어미]: －하나이다, －나이다(예스러운 표현으로, 하십시오할 자리에 쓰여, 단순한 서술을 나타내는 종결 어미).
有甚麼定害處,	[언]므슴 :해·자널·인 ·고·디 이실·고?
	[현]무슨 폐를 끼친 곳이 있습니까?
	◇◇◇
	곧[명]: 곳.
喫了些淡飯,	[언]:뷘 ·밥 먹·고,
	[현]맨밥 먹고,
又沒甚麼好茶飯。	[언]:쏘·아·ᄆ·란 :됴·ᄒ ·차·반·도 :업·더·니.
	[현]또 아무런 좋은 차와 밥도 없었습니다.
休那般說,	[언]그·리 니ᄅ·디 :말·라.
	[현]그렇게 말씀하지 마십시오.
不當。	[언]不敢當ᄒᆡ.
	[현]천만의 말씀이십니다.
飢時得一口,	[언]골픈 ·제 ᄒ ·입 ·어더머구·미,
	[현]고플 적에 한 입을 얻어 먹는 것이

强如飽時得一斗。	[언]브른 제 흔 말 ·어·둠두·곤 ·더·으니,	
	[현]부른 적에 한 말 얻어 먹는 것보다 더하니	
	◇◇◇	
	더으다[형][동]: 더하다.	
我正飢渴時,	[언]·우·리 :졍·히 :빈 골프·고 목 믈·라 이신 저·긔,	
	[현]우리 정말 배고프고 목이 말라 있을 적에	
	◇◇◇	
	골프다[형][동]: 고프다.	
主人家,	[언]·쥬신·이,	
	[현]주인 형님이	
這般與茶飯喫,	[언]·이·리 ·차·반 ·주·워 머·기·니,	
	[현]이렇게 차와 밥을 주셔서 먹이니	
[44a]怎生忘的你!	[언]:엇·디 너·를 니·즈리·오?	
	[현]어찌 당신을 잊을 수 있겠습니까?	
休那般說。	[언]그·리 니르·디 :말·라.	
	[현]그렇게 말씀하지 마십시오.	
偏我出外時,	[언]·별·히 ·내·라 :외방·의 ·나·가면,	
	[현]유달리 나라고 해서 외지에 나가면	
	◇◇◇	
	-라3[조]: -가, -라서(예스러운 표현으로 특별히 가리켜 강조하며 주어임을 나타내는 격 조사. '감히', '능히'의 뜻이 포함).	
頂着房子走?	[언]집 이·고 돈·니·려?	
	[현]집을 이고 다닐 것입니까?	
也要投人家,	[언]·쏘 人家·로 ·드·러·가,	
	[현]또한 남의 집으로 들어가서	

尋飯喫裏！ [언]·밥 :어·더 머·글 거·시·니.
[현]밥을 얻어 먹을 것입니다.

却不說， [언]쏘 아·니 니·ᄅᆞᄂᆞ녀,
[현]또 말하기를

好看千里客， [언]쳔 ·리·옛 나·그·내·를 :됴·히 ·보·와 보·내·여,
[현]천리를 가는 나그네를 좋게 돌봐 보내

萬里要傳名。 [언]:만 ·리·예 일·후·믈 옴·ᄀᆞᆯ·디니·라.
[현]이름을 만리에 옮겨 다니라고 합니다.

◇◇◇

일홈[명]: 이름.
옴기다[동]: 옮기다, 전하다.

41. 大哥貴姓

主人家哥， [언]·쥬신 형·님!
[현]주인 형님!

小人這裏攪擾了， [언]小人·이 예 ·와 널·이ᅀᆞ·오·ᄃᆡ,
[현]소인이 여기 와서 폐를 끼쳤고

◇◇◇

널이다[동]: 폐를 끼치다.
-ᅀᆞ오ᄃᆡ[어미]: -되(객채를 높이는데 쓰인다).

[44b]姓也不曾問。 [언]:셩·도 :묻·ᄌᆞᆸ·디 아·니·ᄒᆞ·얏더·니.
[현]성도 묻지 않았습니다.

大哥貴姓？ [언]·큰형·님 :셩이 므스·거신·고?
[현]큰형님은 성이 무엇입니까?

我姓張,	[언]내 :셩·이 댱:개로·니,	
	[현]내 성은 장(張)가인데	
	◇◇◇	
	댱가[명]: 장(張)가.	
是張社長家。	[언]·이 댱:샤·댱 지·비로·다.	
	[현]장사장 집입니다.	
	◇◇◇	
	샤댱[명]: 사장(원대에는 50호를 1사로 하고 그 우두머리를 사장이라 하였다).	
客人你却姓甚麽?	[언]나·그·내·여 너·는 ·쏘 :셩이 므·스·고?	
	[현]나그네는 성이 무엇입니까?	
小人姓王,	[언]小人·의 :셩·은 王:개로·니,	
	[현]소인의 성은 왕(王)가인데	
在遼東城裏住。	[언]遼東·잣 안·해·셔 :사·노·라.	
	[현]요동성 안에서 삽니다.	
大哥因事,	[언]·큰형·님 :아·므·란 :일 인:ᄒ·야,	
	[현]큰 형님이 무슨 일로 인하여	
到我那裏,	[언]·우·리 뎌·긔 ·오·나·든,	
	[현]우리 저기에 오시면	
不棄嫌小人時,	[언]小人·을 ᄇ·리·디 아·니·커시·든,	
	[현]소인을 버리지 않으신다면	
	◇◇◇	
	ᄇ리다[동]: 버리다, 아끼지 않다.	
是必家裏來。	[언]모·로·매 지·부·로 ·오·고:라.	
	[현]반드시 집으로 오십시오.	

[45a]若能勾　[언]:힝·혀 유·여·히 갈 시·져·리면,
去時節,　　[현]행여 여유가 있어 갈 적이라면
　　　　　◇◇◇
　　　　　힝혀[부]: 행여, 혹시.
便尋你家裏　[언]·곧 네 집 ·츠·자 :가·마.
去,　　　　[현]곧 당신 집에 찾아가겠습니다.
　　　　　◇◇◇
　　　　　츷다[동]: 찾다.
我偏背你?　 [언]·내·라 ·독·벼·리 너를 ᄇ·리·려?
　　　　　[현]나라고 특별히 당신을 버리겠습니까?
那箇人家,　 [언]·뎌 지·븨,
　　　　　[현]저기 집에
我恰纔糴米　[언]·내 앗·가 ᄀᆞᆺ ·ᄡᆞᆯ 밧·고·라 ·갓·다·니,
去來,　　　[현]내가 아까 막 쌀을 바꾸려고 갔더니
不肯糶與　　[언]:나·를 ·밧·괴·여 주·디 아·니ᄒᆞ·고,
我。　　　 [현]나에게 바꿔주지 않고
他們做下見　[언]저희 지·어 잇ᄂᆞ ·밥·을,
成的飯,　　[현]저 사람들이 지은 밥을
與我喫了,　 [언]·우·리 ·주·워 머·기·고,
　　　　　[현]우리에게 주어 먹게 하고
又與你,　　[언]·ᄯᅩ 너 주·라 ·ᄒᆞ·야·놀,
　　　　　[현]또 당신에게 주라고 해서
將來。　　 [언]가·져 오·니,
　　　　　[현]가져왔으니
你喫了時,　 [언]:네 먹·고,
　　　　　[현]당신이 먹고

[45b] 與這　　　[언] ·이 아·히·를 사발 뎝·시 ·주·워 가·져가·게
小的椀楪將　 ㅎ·라.
去。　　　　[현] 이 아이한테 사발, 접시를 주어 가져가게 하십
　　　　　　 시오.

42. 咱打馳䭾

火伴你趕將　　[언] :버·다 :네 물 모·라 ·오·라.
馬來,　　　　[현] 친구요, 당신이 이 말을 몰아오십시오.
咱打馳䭾。　　[언] ·우·리 ·짐 :싣·져.
　　　　　　　[현] 우리 짐을 실읍시다.

比及䭾了　　　[언] ·짐 시·로·믈 무·춣 굴·와,
時,　　　　　[현] 짐 싣는 일을 마칠 때

他也喫了飯　　[언] ·뎌·도 ·밥 머·기 무·츠·리로·다.
也,　　　　　[현] 저 사람도 밥 먹는 것도 마칠 것입니다.

咱們便行。　　[언] ·우·리 ·즉·제 ·길 ·녀·져.
　　　　　　　[현] 우리 바로 길 갑시다.

這箇馬,　　　 [언] ·이 무·리,
　　　　　　　[현] 이 말이

怎麼這般難　　[언] :엇·디 ·이·리 잡·디 어·려우·뇨?
拿?　　　　　[현] 어찌 이렇게 잡기가 어렵습니까?

元來這般　　　[언] 본·딕 ·이·러ㅎ·니·라.
的!　　　　　[현] 원래 이렇습니다.

既這般歹　　　[언] ᄒ·마 ·이리 아·니·완·츨·ᄒ·거·든,
時,　　　　　[현] 이미 이리 사나우면
　　　　　　　◇◇◇
　　　　　　　아니완츨ᄒ다[형]: 나쁘다, 사납다, 악하다.

再來着絆着。	[언]노의·란 지·달 ·쓰·라. [현]다시 지달로 발을 잡아매십시오.	

◇◇◇

노의[부]: 다시.
지달쓰다[동]: 지달싸다(지달로 발을 묶어 매다).

[46a]我在前絆着來，	[언]·내 :아·리·논 지·달 ·쓰·다·니, [현]내가 전에 지달로 잡아맸는데	
今日忘了不曾絆。	[언]오·ᄂ·른 닛·고 지·달 ·쓰·디 아·니:호·라. [현]오늘은 잊어먹고 지달 잡아매지 않았습니다.	
咱們衆人攔當着，	[언]·우·리 모·돈 :사·ᄅ·미 애·워 막·쟈. [현]우리 모두 애워 막읍시다.	

◇◇◇

모든[관]: 모든.

拿住。	[언]자·바다. [현]잡았습니다.	
馳駄都打了也，	[언]·짐시·리 :다 ·ᄒ·야·다. [현]짐 싣기 다 했습니다.	
咱們行着。	[언]·우·리 녀·져. [현]우리 갑시다.	
小的，	[언]아·히·야, [현]애야,	
你將椀楪罐兒家去。	[언]:네 사발 뎝·시 :권·ᄌ 가·져 지·븨 가·라. [현]너는 사발, 접시, 탕관을 집에 가져가거라.	
生受你，	[언]너 :슈·고·ᄒ·연·뎌. [현]너 정말 수고했어.	
休恠着。	[언]허·믈 :말·라. [현]허물 말거라.	

43. 這裏到夏店還有十里來地

日頭却又這早晚也！	[언]·히 ㅎ·마 ·이·리 늣·도고·나!	
	[현]해가 이미 이렇게 늦었구나!	
[46b]這裏到夏店,	[언]예·셔 夏店·에 :가·매,	
	[현]여기서 하점(夏店)에 가기에	
還有十里來地,	[언]당시·론 十里ㅅ ·짜·히 이시·니,	
	[현]아직 십리 쯤 되는 거리가 있으니	
到不得也。	[언]가디 :몯ㅎ·리로·다.	
	[현]가지 못할 것입니다.	
只投這路北那人家,	[언]그저 이 길 ·븍·녁 人家·의 ·드·러·가,	
	[현]그저 이 길 북쪽 사람 집에 들어가서	
尋箇宿處去來。	[언]잘 ·딕 :어드·라 가·져.	
	[현]잘 곳을 얻으러 갑시다.	
那般着,	[언]그·리ㅎ·져.	
	[현]그럽시다.	
咱們去來。	[언]·우·리 가·져.	
	[현]우리가 갑시다.	
都去時,	[언]:다 가·면,	
	[현]다 가면	
那人家見人多時,	[언]:뎌 人家ㅣ :사·르·미 :만·흔 ·주·를 보·면,	
	[현]저 집은 사람이 많은 줄을 보면	
不肯教宿,	[언]·즐·겨 자·게 아니 ㅎ·리·니,	
	[현]즐겨 자게 하지 않을 것이니	
着兩箇看行李,	[언]:둘:흘 ·ㅎ·야 ·짐 보·게 ㅎ·고,	
	[현]두 사람을 시켜 짐을 보게 하고	

我兩箇問去。	[언]	·우·리 :둘·히 무·르·라 가·져.
	[현]	우리 둘이 물으러 갑시다.

44. 你別處尋宿處去

[47a]拜揖,	[언]	·읍·ᄒ·노이·다.
	[현]	인사 드립니다.
主人家哥。	[언]	·쥬신 형·님!
	[현]	주인 형님!
我是客人,	[언]	:내 나·그·내라·니,
	[현]	나는 나그네인데
今日晚了,	[언]	오·늘 졈·그·러,
	[현]	오늘 많이 늦었으니
	◇◇◇	
	졈글다[동]: 저물다.	
你房子裏,	[언]	네 지·븨,
	[현]	당신 집에
尋箇宿處。	[언]	잘 ·듸 :어·더·지이:다.
	[현]	잘 곳을 얻고자 합니다.
我房子窄,	[언]	·우리 지·비 조·바,
	[현]	우리 집이 좁아
沒處安下,	[언]	브·릴 ·듸 :업·세·라.
	[현]	묵을 곳이 없습니다.
你別處尋宿處去。	[언]	:네 다른 ·듸 잘 ·듸 :어·드라 가·라.
	[현]	당신이 다른 데 잘 곳을 얻으러 가십시오.
你這般大人家,	[언]	네 ·이·리 ·큰 지·븨,
	[현]	당신 이렇게 큰 집에

量我兩三箇客人,	[언]:혜:어·든 ·우·리 :두·세 나·그·내·를,
	[현]따져도 우리 두 세 나그네를
却怎麼說下不得?	[언]·쏘 ·엇·디 ·브·리·디 ·몯 ᄒᆞ·리·라 니ᄅᆞ는·다?
	[현]어찌 묵게 하지 못한다고 하십니까?
[47b]你好房子裏,	[언]네 :됴·ᄒᆞᆫ 방·의,
	[현]당신 좋은 방에서
不敎我宿時,	[언]·우·리를 :재·디 :몯·ᄒᆞ거:든,
	[현]우리를 재우지 못한다면

◇◇◇

재다2[동]: 재우다.

只這門前車房裏,	[언]그저 ·이 문 앏 술·윗방·의,
	[현]그저 이 문 앞 수렛방에

◇◇◇

술윗방[명]: 수렛방(수레를 넣어 두는 곳), 차고.

敎我宿一夜如何?	[언]·우·리·를 ᄒᆞᄅᆞᆺ·밤 :재·게 ·호·미 ·엇·더ᄒᆞ·뇨?
	[현]우리를 하룻밤을 재우게 하는 것이 어떻습니까?
我不是不敎你宿。	[언]·우·리 너희·를 자·디 몯·게 ·ᄒᆞ는 ·주·리 아:니·라,
	[현]우리는 당신들을 재우지 못하게 하는 것이 아니라
官司排門粉壁,	[언]구의로 ᄆᆞᅀᆞᆯ 집 문:마·다 ᄇᆞᄅᆞ·매 ·분·칠ᄒᆞ·고 ·써·쇼·ᄃᆡ 가:닉·예 :잡:사·ᄅᆞᆷ :업·다 ·ᄒᆞ·야 잇·ᄂᆞᆫ 거·긔,
	[현]관아에서 마을 집집마다 벽에 분칠하고 써 있으되 '집 안에 잡사람이 없다'라고 했기에

◇◇◇

ᄆᆞᅀᆞᆯ[명]: 마을.
쇼ᄃᆡ[보형]: 있으되.

不得安下面	[언]눗:선 ·잡사·ᄅ·믈 브·리·워 두·디 :몯·ᄒᆞᆯ
生歹人。	거·시·니.
	[현]낯선 잡사람을 묵게 하지 못할 것입니다.

◇◇◇

눗설다[형]: 낯설다.

[48a]你是那	[언]:네 어·듸 나·그·낸 둘 :알·리오?
裏來的客人？	[현]당신이 어디서 온 나그넨지 어떻게 압니까?
自來，	[언]·본·디로,
	[현]원래부터
又不曾相	[언]ᄯᅩ 서르 사·괴·디 :몯·ᄒᆞ·던 거시·니,
識，	[현]서로 사귀지 못하던 사이인데
怎知是好人	[언]:엇·디 :됴·ᄒᆞᆫ :사·ᄅᆞᆷ 아·니·완ᄒᆞᆫ :사·ᄅᆞᆷ :알·리
歹人？	·오?
	[현]어찌 좋은 사람인지 나쁜 사람인지 알 수 있겠
	습니까?
便怎麼敢容	[언]:엇·디 머·믈·워 브리·워 두·료?
留安下？	[현]어찌 머물러 묵게 하겠습니까?

45. 我不是歹人

主人家哥，	[언]·쥬신 형·님!
	[현]주인 형님!
我不是歹	[언]·우·리 아·니·완ᄒᆞᆫ :사·ᄅᆞ·미 아·니·라.
人。	[현]우리는 나쁜 사람이 아닙니다.
小人在遼東	[언]小人·이 遼東·잣 ·안·해·셔 :사·노·니,
城裏住，	[현]소인은 요동성 안에 사는데

現將印信文引。	[언]인 ·틴 ·글·워·를 ·번·드·시 가·져 잇·노·라.
	[현]도장 찍은 증명서를 뚜렷이 가지고 있습니다.

◇◇◇

인[명]: 도장.
티다[동]: 치다, 찍다.
글월1[명]: 글월, 통행증, 여행 증명서.
번드시[부]: 환히, 뚜렷이.

你在遼東城裏那些簡住?	[언]:네 遼東·자·새 어·느 녀·긔·셔 :사·ᄂ·뇨?
	[현]당신이 요동성 안 어느 쪽에 삽니까?
[48b]小人在遼東城裏閣北街東住。	[언]小人·이 遼東·잣 안 햇 閣·으·론 븍·녀·기·오 거·리·론 동녀·긔·셔 :사·노·라.
	[현]소인은 요동성 안에서 각(閣)으로는 북쪽이고 거리로는 동쪽에 삽니다.
離閣有多少近遠?	[언]閣·애·셔 ·뿌:미 :언·메·나 갓가·온·가 :먼·가?
	[현]각에서 거리가 얼마나 가까운가요? 먼가요?

◇◇◇

뿜[명]: 뜸, 거리.
언메나[부]: 얼마나.

離閣有一百步地,	[언]閣·애·셔 ·뿌·미 ·일·빅 ·보 ·짜·만흔 ·딘,
	[현]각에서 거리가 일백 보만한 땅이고

◇◇◇

짜1[명]: 땅, 지역, 구역, 거리, 곳.

北巷裏向街開雜貨鋪兒便是。	[언]·븍·녁 ·고·래 거리 :향·ᄒ·야 ·잡효·근것:전 ·나·는 ·딘 곧 :긔·라.
	[현]북쪽 골목 거리 향하여 잡화점 있는데 바로 거기입니다.

◇◇◇

잡효근것[명]: 잡화.
전[명]: 점, 점포, 가게.

那雜貨鋪兒是你的那？	[언]그 상자·리·젼·이 네 ·하:가? [현]그 잡화점이 당신의 겁니까? ◇◇◇ 상자리젼[명]: 잡화점. 하[의]: 해, 것.
近南隔着兩家兒人家,	[언]남녀 므즉 :두 ·집 즈·슴·ᄒ·야, [현]남쪽 가까운 곳에 두 집 사이를 두고 ◇◇◇ 므즉[의]: 가까운 곳. 즈슴ᄒ다[동]: 사이를 두고, 간격을 두다.
[49a]有箇酒店,	[언]ᄒᆞ 수울 ·ᄑᆞ·ᄂᆞᆫ :뎜 잇·ᄂᆞ·니, [현]한 술 파는 집이 있는데
是我相識的,	[언]·이 내 :버·디·니, [현]내가 아는 벗이니
你認的麼？	[언]:네 ·아:ᄂᆞᆫ·다? [현]당신도 압니까?
那箇是劉清甫酒館,	[언]그·ᄂᆞᆫ 劉清甫·의 수울 ·ᄑᆞ·ᄂᆞᆫ 館·이·니, [현]그 집은 유청보(劉清甫)의 술을 파는 집인데
是我街坊,	[언]·이 내 이우·지·니, [현]내 이웃집이니
怎麼不認的！	[언]:엇·디 모·ᄅᆞ리·오? [현]어찌 모르겠습니까?
雖然這般時,	[언]비·록 ·이·러ᄒ·나, [현]비로소 이렇지만
房子委實窄,	[언]지·비 진·실·로 조·브·니, [현]집이 진실로 좁으니

宿不得。	[언]자·디 :몯ᄒ·리·라.	
	[현]자지 못하겠습니다.	

46. 教我那裏尋宿處去

你可憐見。	[언]:네 :엣·비 너·기고·라.	
	[현]당신이 불쌍히 여겨 주십시오.	
你是有見識的,	[언]너·는 :일 ·아·는 :사·ᄅ·미어·니,	
	[현]당신은 도리를 아는 사람이니	
	◇◇◇	
	일2[명]: 도리, 일.	
這早晚,	[언]·이 느·즌 ·듸,	
	[현]이 늦은 시간에	
[49b]日頭落也,	[언]·히·도 ·디느·다,	
	[현]해도 뒤졌는데	
	◇◇◇	
	디다2[동]: 뒤지다, 뒤떨어지다.	
教我那裏尋宿處去?	[언]·우·리·를 ·ᄒ·야 어·듸 ·가 잘 ·듸 :어·드·라 ·가·라 ·ᄒ·ᄂ·뇨?	
	[현]우리로 하여금 어디 가서 잘 곳을 얻으라 하겠습니까?	
不揀怎生,	[언]:아·므라·나 :마·나 :혜·디 :말·오,	
	[현]아무튼 따지지 마시고	
	◇◇◇	
	아ᄆ라나[부]: 아무렇든, 아무튼.	
	마나[보동]: 말거나.	
着我宿一夜。	[언]·우·리·를 ᄒᆞ·룻·밤·만 자·게 :호·디:여.	
	[현]우리를 하룻밤만 재우게 하십시오.	

第三章　進京途中　143

這客人,	[언]·이 나·그·내,	
	[현]이 나그네,	
怎麼這般歪	[언]:엇·디 ·이·리 간:대·로 싯·고ᄂ·뇨?	
廝纏!	[현]어찌 이렇게 마음대로 시끄럽게 굽니까?	

◇◇◇

싯고다[동]: 시끄럽게 굴다.

如今官司好	[언]·이·제 구:의 ᄀ·장 嚴謹·ᄒ·야,
生嚴謹,	[현]지금 관아에서 아주 엄격히
省會人家,	[언]人家·들·흘 물외·여,
	[현]사람들에게 고하기를

◇◇◇

물외다[동]: 고하다, 알리다.

不得安下面	[언]ᄂᆞᆺ:선 아·니·완ᄒᆞᆫ :사·ᄅᆞᆯ 브·티디 :몯·ᄒᆞ·게
生歹人。	:ᄒᆞᄂᆞ디,
	[현]낯선 나쁜 사람을 묵지 못하게 하는데
[50a]你雖	[언]:네 비·록 遼東人·이로·라 ᄒᆞᆫ·들,
說是遼東人	[현]당신이 비록 요동사람이라고 한들
家,	

◇◇◇

-ㄴ들[어미]: -ㄴ들.

我不敢保	[언]·내 믿·디 :몯·ᄒᆞ·얘·라.
裏。	[현]내가 믿지 못하겠습니다.
你這幾箇火	[언]네 ·이 여·러 :벋·들·희 양·지,
伴的模樣,	[현]당신 이 여러 벗들의 용모가

◇◇◇

양ᄌᆞ[명]: 양자, 모양, 용모, 모습.
양지: 양자가.
-들ㅎ[접미]: -들.
벋들희: 벗들의.

又不是漢兒,	[언]·쏘 漢人도 아·니·오, [현]한인도 아니고	
又不是達達,	[언]·쏘 다대 아·니·니, [현]또한 달단인도 아니니	
	◇◇◇	
	다대[명]: 타타르(Tatar)족, 달단인.	
知他是甚麽人,	[언]모·로·리로·다 어·딋 :사·룸·고? [현]모르겠습니다. 어디 사람인지?	
我怎麽敢留你宿!	[언]·내 :엇·디 너·를 머·믈·워(·위) :재·리오? [현]내가 어찌 당신들을 머물러 재우겠습니까?	
你不理會的,	[언]:네 모·ᄅ·ᄂ고·나, [현]당신이 모르겠지만	
新近這裏有一箇人家,	[언]요제 예 흔 :사·ᄅ·미 지·븨·셔, [현]요즘 여기 한 사람의 집에서	
	◇◇◇	
	요제[명]: 요즘, 요새.	
只爲敎幾箇客人宿來,	[언]:다·몬 아·니 여·러 나·그·내·네·를 ·ᄒ·야 :잰 젼·ᄎ·로, [현]다만 여러 나그네들을 재웠기 때문에	
[50b]那客人去了的後頭,	[언]그 나·그·내 간 :후·에, [현]그 나그네가 간 후에	
事發,	[언]:일 나·니, [현]일이 생겼는데	
那人們,	[언]그 :사·ᄅᆷ들·히, [현]그 사람들이	

却是達達人家走出來的。	[언]￀ 다대 :사·ᄅ·미 도망·ᄒ·야 ·나가·니어·늘.
	[현]또한 달단인으로서 도망간 사람들이었습니다.
因此,	[언]·이 젼·츠·로,
	[현]그래서
將那人家連累,	[언]그 :사·라·미 지·블다·가조차 버·므·러,
	[현]그 사람의 집조차 연루해서

◇◇◇
버므리다2[동]: 연루하다, 말려들다.
-조차[조]: -조차, -마저.

官司見着落跟尋逃走的。	[언]구:의 ·이·제 저 ·ᄒ·야 도망·ᄒ·니·를 츄심·ᄒ·라 ·ᄒ·ᄂ·니,
	[현]관아에서 그걸 따라 도망간 사람을 찾아내라고 했으니

◇◇◇
츄심ᄒ다[동]: 추심하다, 찾아내다.

似這般帶累人家,	[언]·이·리 人家·를 버·므·리ᄂ·니,
	[현]이처럼 남의 집을 연루하는데
怎麼敢留你宿!	[언]:엇·디 ·너·를 머·믈·워 :재리·오?
	[현]어찌 당신들을 머물러 재우겠습니까?

47. 他是高麗人

主人家,	[언]·쥬신·하!
	[현]주인집!
你說那裏話。	[언]:네 어·딋 :마·를 니ᄅ·ᄂ·뇨?
	[현]당신은 무슨 말씀을 하십니까?

[51a]好人歹人，	[언]:됴·흔 :사·룸 아·니왼혼 :사·룸·을,	
	[현]좋은 사람, 나쁜 사람을	
怎麽不認的？	[언]:엇·디 모·ㄹ리·오?	
	[현]어찌 모르겠습니까?	
這幾箇火伴，	[언]·이 여·러 :버·든,	
	[현]이 여러 벗들은	
他是高麗人，	[언]·뎌·는 高麗ㅅ :사·ㄹ·미·니,	
	[현]저 사람은 고려 사람이니	
從高麗地面裏來。	[언]高麗ㅅ ·짜호·로·셔 오·니.	
	[현]고려 땅에서 왔습니다.	
他們高麗地面，	[언]저희 高麗ㅅ ·짜해·는,	
	[현]저기 고려 땅에는	
守口子渡江處的官司，	[언]·구·ㅈ·앳 ㄴㄹ ㄱㅅ:마·는 구:의,	
	[현]국경을 넘는 나루를 관리하는 관아가	
	◇◇◇	
	구ㅈ1[명]: 구자, 입구, 항구, 국경을 넘는 입구.	
	ㄴㄹ[명]: 나루.	
	ㄱㅅ말다[동]: 관리하다, 지키다.	
比咱們這裏一般嚴。	[언]·우·리 예 흔가·지로 엄·정·ᄒ·야,	
	[현]우리 여기와 한가지로 엄정해서	
	◇◇◇	
	엄정ᄒ다[형]: 엄정하다.	
驗了文引，	[언]글·월 보·고,	
	[현]도장 찍은 통행증을 보고	
[51b]仔細的盤問了，	[언]·ㅈ:셰·히 :묻져·주고·ᅀᅡ,	
	[현]자세히 묻고서야	
	◇◇◇	
	ㅈ셰히[부]: 자세히.	

纔放過來。	[언]ᄌᆞ 노·하 보·내ᄂᆞ·니.
	[현]비로소 놓아 보냅니다.
他們若是歹人,	[언]:제 :만·이·레 ·잡:사ᄅᆞ·미·며,
	[현]저 사람들이 만일에 잡사람이며
	◇◇◇
	만이레[부]: 만일에.
來歷不明時,	[언]릭·력·기 ᄌᆞᄌᆞ·디 아·니ᄒᆞ·면,
	[현]내력이 분명하지 않으면
	◇◇◇
	릭력[명]: 내력.
	ᄌᆞᄌᆞ다[형]: 분명하다, 명확하다.
怎生能勾到這裏來?	[언]:엇·디 능·히 여·긔 ·오·료?
	[현]어찌 능히 여기에 올 수 있습니까?
他見將文引,	[언]:제 ·이·제 ·글·월 가·지·고,
	[현]저들이 이제 도장을 찍은 통행증을 가지고
趕着高麗馬,	[언]高麗ㅅ ᄆᆞᆯ ·모·라
	[현]고려 말을 몰아
往北京做買賣去。	[언]·븍경 :셔·울·로 흥졍ᄒᆞ·라 ·가·ᄂᆞ·니.
	[현]북경으로 장사하러 갑니다.
	◇◇◇
	흥졍ᄒᆞ다[동]: 매매하다, 장사하다, 흥정하다.
他漢兒言語說不得的,	[언]:제 漢語·를 니ᄅᆞ·디 :몯·ᄒᆞᆯ·ᄉᆡ,
	[현]그는 한어를 하지 못해서
因此上,	[언]·이:런 젼·ᄎᆞ·로,
	[현]이런 이유로
不敢說語。	[언]:말 니ᄅᆞ·디 :몯·ᄒᆞ·ᄂᆞ니·라.
	[현]말을 하지 못하는 것입니다.

[52a]他們，	[언]저희·네·는	
	[현]저 사람들은	
委實不是歹人。	[언]진·실·로 ·잡:사·룸 아·니·라,	
	[현]진실로 잡사람이 아닙니다.	

48. 只這車房裏宿如何

旣這般的時，	[언]ᄒ·마 ·이·러ᄒ·면,
	[현]이미 이렇다면
休只管的纏張。	[언]술·이·여 힐·후·디 :말·라.
	[현]함부로 말타툼을 하지 마십시오.
	◇◇◇
	술이여[부]: 마음대로, 함부로.
	힐후다[동]: 힐난하다, 말다툼을 하다, 말썽부리다.
後頭房子窄，	[언]:뒤·헤 방·이 좁·고,
	[현]뒤에 방이 좁고
老少又多，	[언]아·히 :겨·집·들 :만ᄒ·고,
	[현]아이와 여자들이 많고
又有箇老娘娘不快，	[언]·또 ·늘그·시·니 편안·티 :몯·ᄒ·야시·니,
	[현]또 늙으신 어머님이 편치 않으시니
你不嫌冷時，	[언]:네 ·츤 ·줄 아·쳐·라 아·니커든,
	[현]당신들이 추운 걸 싫어하지 않으면
	◇◇◇
	아쳐ᄒ다[동]: 싫어하다, 불만스럽게 여기다.
只這車房裏宿如何?	[언]·이 술·윗방·의 :자·디 :엇·더ᄒ·뇨?
	[현]이 수렛방에서 자는 게 어떻습니까?

這般時,	[언]·이·러·면,
	[현]이렇다면
我只在車房裏宿。	[언]·내 술·윗방·의·셔 :자·마.
	[현]우리가 수렛방에서 자겠습니다.

49. 一客不犯二主

[52b]主人家哥,	[언]·쥬신 형·님·하!
	[현]주인 형님!
小人又有一句話,	[언]:쇼신·이 ·쏘 흔 :마·리 이시·니,
	[현]소인이 또 드릴 말씀이 있는데
敢說麼?	[언]닐·넘·즉 홀·가?
	[현]말씀드려도 됩니까?

◇◇◇

닐넘즉ᄒ다[형]: 말함 직하다.

有甚麽事?	[언]므슴 :이·리 잇는·고?
	[현]무슨 일이 있습니까?
你說。	[언]:네 니·ᄅ·라.
	[현]말해보십시오.
這早晚黑夜,	[언]·이 느·즌 바·미,
	[현]이 늦은 밤에
我其實肚裏飢了,	[언]·내 진·실·로 ·비 곱·패라.
	[현]우리 정말로 배고픕니다.
又有幾箇馬,	[언]·쏘 여·러 ᄆ·리 이시·니,
	[현]또 여러 마리의 말도 있는데

一客不犯二主，	[언]흔 나그내 :두 쥬신 저·치·디 :몯·홀 거·시·니， [현]한 나그네는 두 주인에게 거리끼게 하지 못할 것이니 ◇◇◇ 저치다[동]: 범하다, 거리끼게 하다, 신세를 지다, 폐를 끼치다.
怎麽？	[언]:엇·디 ᄒ·려·뇨? [현]어찌 하겠습니까?
可憐見，	[언]:어·옛·비 너·겨， [현]불쌍히 여겨주시고
糶與我一頓飯的米，	[언]·우·리·를 ᄒᆞ 씻 ·밥 ·쑬·와， [현]우리에게 한 끼 밥 될 쌀과 ◇◇◇ 씨[의]: 끼.
[53a]和馬草料如何？	[언]ᄆᆞᆯ 머·글 ·딥·과 콩·을 밧·괴·여 :주·디 :엇·더 ᄒᆞ·고? [현]말 먹을 짚과 콩을 바꿔주시는 게 어떻습니까?
我這裏今年夏裏天旱了，	[언]·우·리 여·긔 올·히 녀·르·메 하ᄂᆞᆯ·히 ᄀᆞ·물·오， [현]우리 여기 올해 여름에 가뭄이 들고 ◇◇◇ 녀름[명]: 여름.
秋裏水澇了，	[언]ᄀᆞ술·히·눈 ·므·리 채·여， [현]가을에는 물이 채여서 ◇◇◇ ᄀᆞ술ᄒ[명]: 가을.
田禾不收的。	[언]뎐·회 거·두디 :몯ᄒᆞ·니. [현]논밭의 곡식을 거두지 못했습니다.

因此上，	[언]·이·런 젼·ᄎ·로,	
	[현]이런 이유로	
我也旋糴旋	[언]·우·리·도 ·즉·재 밧·고·와다·가 ·즉·재 먹ᄂ·니,	
喫裏,	[현]우리도 즉시 바꿔오다가 바로 먹는데	
那裏有糴的	[언]어·듸 밧·괴일 :ᄡ·리 이시·리·오?	
米!	[현]어디 바꿀 쌀이 더 있겠습니까?	
我從早起喫	[언]·내 새배 :져·기 ·밥 머·근 :후·에,	
了些飯,	[현]우리는 새벽에 밥을 조금 먹은 후에	
到這早晚,	[언]·이 늣·도록 ·다ᄃ·라·도,	
	[현]이렇게 늦게까지 다다라도	
[53b]不曾喫	[언]바·블 먹·디 :몯·ᄒ:야시·니,	
飯裏,	[현]밥을 먹지 못했으니	
好生的飢	[언]ᄀ·장 ·빈 곫·패·라.	
了。	[현]배가 너무 고픕니다.	
你糴來的米	[언]네 밧·고·아 왓·는 ᄡ·래·셔,	
裏頭,	[현]당신이 바꿔온 쌀에서	
那與我些	[언]:나·룰 ·져·기 :논·힐·훠 :다·고·려.	
箇,	[현]나에게 조금 나눠주십시오.	
	◇◇◇	
	논힐후다[동]: 나누다, 걸음을 옮기다, 노닐다.	
	-룰[조]: -를.	
我只熬些粥	[언]·우·리 :져·기 ·쥭·을 ·쑤·워 머·기지·라.	
喫。	[현]우리는 죽을 조금 쑤어서 먹고 싶습니다.	
這的一百箇	[언]·이 ·일빅 :낫 :돈내,	
錢,	[현]이 일백 돈인데	

隨你意與些箇。	[언]	네 므슴 조·초 져·그·나 :다고·려.
	[현]	당신 마음을 따라 조금이나 주십시오.

◇◇◇

조초[부]: 좇아, 따라.
다고[동]: 다오, 주다.

一百箇錢,	[언]	·일·빅 :낫 :돈·애,
	[현]	일백 돈에
與你多少的是?	[언]	너·를 ·언·메·나 주·워여 홀·고?
	[현]	당신에게 얼마나 줘야 합니까?
隨你與的是。	[언]	네 므슨·모·로 주·미 므던커·니쯘·니.
	[현]	당신 마음대로 줘도 괜찮습니다.
[54a]今年爲旱澇不收,	[언]	올·히 ᄀ·믈·락 끠·이·락 ·ᄒ·야 거·두·디 :몯ᄒ견·츠·로,
	[현]	올해 가물기도 하고 침수되기도 해서 수확을 못했기 때문에

◇◇◇

-락[어미]: 뜻이 상대되는 두 동작이나 상태가 번갈아 되풀이됨을 나타내는 연결 어미.
끠이다[동]: 끼이다, 잠기다, 침수되다.

一百箇錢,	[언]	·일·빅 :낫 :돈·애,
	[현]	일백 돈에
糴的一斗米。	[언]	밧·고·믈 혼 ·말 ᄲᆞᆯ·옴 ᄒ·니.
	[현]	쌀 한 말만 바꿨습니다.
我本没糴的米,	[언]	내 본디 밧·괴·일 ᄲᆞ리 :업·건마·ᄅᆞᆫ,
	[현]	내가 본래 바꿔줄 쌀이 없지만
既是客人只管的央及,	[언]	ᄒ·마 나·그·내·네 다·하 :빌·ᄉᆡ,
	[현]	나그네가 하도 빌어서

◇◇◇

다하[부]: 다만, 오로지, 오직.

我糴來的米裏頭,	[언]·우·리 밧·고·와 온 ·뽀·래·셔,	
	[현]우리가 바꿔온 쌀에서	
那與你三升,	[언]너·를 ·서 ·되·만 :논힐·휘 :주·리·니,	
	[현]당신에게 석 되만 나눠줄테니	
煮粥胡亂充飢。	[언]·쥭 ·쑤·워 :아·ᄆ·라·나 :마·나 골픈·듸 머·그·라.	
	[현]죽을 쑤어 아무렇게나 배고픈데 드십시오.	

◇◇◇

-ㄴ듸[어미]: -ㄴ데.

50. 今年這裏田禾不收

客人們,	[언]나·그·내·네!	
	[현]나그네들!	
休怪,	[언]허·믈 :말·라.	
	[현]허물 마십시오.	
[54b]其實今年艱難。	[언]진실·로 올·히 간난·ᄒ·애·라.	
	[현]정말로 올해 가난합니다.	

◇◇◇

간난ᄒ다[형]: 가난하다, 힘들다.

若是似往年好收時,	[언]그·리 젼:년·ᄀ·티 :됴·히 거·두·면,	
	[현]작년 같이 그렇게 좋게 거두었다면	
休說你兩三箇人,	[언]너희 ·두·셔 :사·ᄅ·문 ·니ᄅ·디 ·말·려니·와,	
	[현]당신들 두세 사람만 이르지 말고	
便是十數箇客人,	[언]:곧 여·라·믄 나·그·내라·도,	
	[현]곧 열 명 나그네라도	
也都與茶飯喫。	[언]·쏘 :다 :음·식 ·주·워 머·길 거·시·라.	
	[현]또 다 음식을 주어 먹일 것입니다.	

主人家哥,	[언]·쥬신형·님!
	[현]주인 형님!
說的正是。	[언]닐·오·미 :졍·히 ·올·타.
	[현]말씀이 진실로 옳습니다.

◇◇◇

졍히[부]: 정히, 진실로, 마침.

我也打聽得,	[언]나·도 드·로·니,
	[현]나도 들었으니
今年這裏,	[언]올·히 :여·긔,
	[현]올해 여기서
田禾不收。	[언]·뎐·호·를 거·두·디 :몯ᄒ·다 ·ᄒᄂ·다.
	[현]곡식을 거두지 못했다고 합니다.

51. 做將粥來與伱喫

旣這般時,	[언]ᄒ·마 ·이·러ᄒ·거·니,
	[현]이미 이렇게 되었으니
[55a]主人家哥,	[언]·쥬신 형·님·하!
	[현]주인 형님!
小人們,	[언]小人·들·히,
	[현]소인들이
待要後頭熬粥去。	[언]:뒤·헤 ·죽 ·쑤라 가·고·져 ᄒ·니.
	[현]뒤에 죽 쑤러 가고자 합니다.
這早晩黑地裏,	[언]·이 ·뻬 ·어·두·은·듸,
	[현]이 때 어두운 곳에

◇◇◇

뻬[명]: 때.

出入不便當,	[언]나·드·리 :쉽·사·디 아·니·며,	
	[현]출입이 쉽지 않으며	
	◇◇◇	
	나드리[명]: 나들이, 출입.	
又你這狗子利害,	[언]·또 네 ·이 가·히 :모·디·니,	
	[현]또 당신네 개가 사나우니	
	◇◇◇	
	가히[명]: 개.	
	모딜다[형]: 모질다, 사납다.	
不揀怎麼,	[언]:아·므라·나 :마·나,	
	[현]아무렇든	
你與我做些箇粥如何?	[언]·네 :나·를 :져·기 ·죽 ·쑤·워 :주·디 :엇·더 ᄒᆞ·뇨?	
	[현]당신이 죽을 좀 쒀 우리에게 주시는 게 어떻습니까?	
	◇◇◇	
	-디[어미]: -되(어떤 사실을 서술하면서 그와 관련된 조건이나 세부 사항을 뒤에 덧붙이는 뜻을 나타내는 연결 어미).	
罷罷。	[언]·두·워 ·두·워.	
	[현]그만 두십시오. 그만 두십시오.	
你客人只這車房裏,	[언]너희 나·그·내·네 그져 ·이 술·윗방·의,	
	[현]당신 나그네들은 그저 수렛방에 가서	
[55b]安排宿處。	[언]잘·디 ᄒᆞ·야 이시·라.	
	[현]잘 곳을 정리하고 계십시오.	
我着孩兒們,	[언]·내 아·희·들 ·ᄒᆞ·야,	
	[현]내가 애들을 시켜서	

做將粥來與	[언]·쥭 ·ᄒᆞ·야 가·져다·가 너희 ·주·워 머·규·마.
你喫。	[현]죽을 쑤어다가 주어 당신들이 먹게 하겠습니다.
好好,	[언]·됴·토·다 :됴·토·다.
	[현]좋습니다. 좋습니다.
	◇◇◇
	됴다[형]: 좋다.
多謝多謝!	[언]ᄀᆞ·장 깃·게이·다.
	[현]정말로 감사합니다.
	◇◇◇
	깃게이다[형]: 기쁘다, 감사하다, 고맙다.

52. 又那裏將馬的草料來

主人家哥,	[언]·쥬신 형·님:하!
	[현]주인 형님!
又有一句	[언]ᄯᅩ ᄒᆞᆫ :마리 이·셰이다.
話,	[현]또 드릴 말씀이 있습니다.
人喫的且有	[언]:사ᄅᆞᆷ 머·글 거·슨 안·직 ·져·그·나 잇거·니·와,
些箇,	[현]사람이 먹을 것은 조금 있겠지만
這馬們,	[언]·이 ᄆᆞᆯ·들·흘,
	[현]이 말들을
却怎生,	[언]·ᄯᅩ :엇·디 ·ᄒᆞ·려·뇨?
	[현]또 어찌 하겠습니까?
一發那與些	[언]이·믜·셔 :져·기 ·딥·과 콩·을 ·논·힐·훠 :주·듸
草料如何?	:엇·더ᄒᆞ고?
	[현]짚과 콩을 함께 조금 나눠주시는 것이 어떻습
	니까?

客人們,	[언]나·그·내·네, [현]나그네,
[56a]說甚麼話!	[언]므·슴 :마·를 니ᄅᆞ·ᄂᆞ·뇨? [현]무슨 말씀을 합니까?
人喫的也沒,	[언]:사·름 머·글 것·도 :업·슨·딕, [현]사람 먹을 것도 없는데
又那裏將馬的草料來?	[언]·쏘 어·듸 ·가 ᄆᆞᆯ 머·글 ·콩 딥 가·져오·료? [현]또 어디 가서 말이 먹을 콩과 짚을 가져오겠습니까?
我這院子後頭,	[언]·우·리 ·이 ·터 :뒤·헤, [현]우리 이 터 뒤에
有的是草場。	[언]잇ᄀᆞ·젓 ·초댱·이·니, [현]숱한 풀밭이 있으니

◇◇◇

잇ᄀᆞ젓[관]: 숱한, 가득한, 넉넉한.
초댱[명]: 초장, 풀밭.

你喫了飯時,	[언]:네 밥 머·기 ᄆᆞ·치·든, [현]당신이 밥 먹기 마치면

◇◇◇

ᄆᆞ치다[동]: 마치다.

着兩箇,	[언]:둘·흘 ·ᄒᆞ·야, [현]두 사람을 시켜
赶着馬,	[언]ᄆᆞᆯ 모·라, [현]말을 몰아
那裏放去。	[언]게다·가 노ᄒᆞ·라 가·라. [현]거기에 말을 방목하러 가십시오.

◇◇◇

노ᄒᆞ다1[동]: 방목하다.

頭到明, [언]:새·도·록 이시·면,
[현]밤새도록 있으면

不喫的飽了? [언]아·니 머·겨·도 ·비 브르·리·니?
[현]먹이지 않아도 말들이 배 안 부르겠습니까?

不須糶草料。 [언]구·틔·여 콩·딥 밧·고디 :말 거·시어·니쯘·나.
[현]구태여 콩과 짚을 바꾸지 않아도 됩니다.

53. 我車房裏去

[56b]這們時, [언]·이·러·면,
[현]이렇다면

哥哥說的是。 [언]형·님 닐·우·미 ·올·타.
[현]형님의 말씀이 옳습니다.

我車房裏去, [언]내 술·윗방·의 ·가·거니·와,
[현]내가 수렛방에 가는데

沒甚麼火, [언]:아·므·란 ·브·리 :업·스·니,
[현]아무런 불이 없으니
◇◇◇
블[명]: 불.
아므란[관]: 아무런.

教小孩兒, [언]아·히 ·히·야,
[현]아이를 시켜

拿箇燈來。 [언]등·잔·쎨 가·져오·게 ᄒ·고·라.
[현]등잔불 가져오게 해 주십시오.
◇◇◇
등잔쎨[명]: 등잔불.

這們時,	[언]·이·러·면, [현]이렇다면	
如今教將來。	[언]·이·제 :히·여·곰 가·져오·게 ·호·마. [현]이제 시켜서 가져오게 하겠습니다.	

◇◇◇

히여곰[부]: 하여금.

咱們喫了飯時,	[언]·우·리 밥 머·기 ᄆᆞ·차·든, [현]우리가 밥 먹기를 마치면	
這裏留兩箇看行李,	[언]여·긔 :둘·흘 머·믈·워 ·짐·들 보·게 ᄒᆞ·고, [현]여기서 두 사람을 머물어 짐들을 보게 하고	
先着兩箇放馬去。	[언]몬져 :둘·흘 ᄒᆞ·야 ᄆᆞᆯ 노흐·라 보·내오. [현]먼저 두 사람을 시켜 말을 방목하러 보내십시오.	

◇◇◇

몬져[부]: 먼저.

[57a]到半夜前後,	[언]·밤·쑹·만 다듣거·든, [현]밤중만 이르면	

◇◇◇

밤쑹[명]: 밤중.

却着這裏的兩箇,	[언]·또 옛 :둘·흘 ·ᄒᆞ·야, [현]또 여기 두 사람을 시켜	
替廻來。	[언]ᄀᆞ·라 도·라오·게 ·ᄒᆞ·야. [현]교체하여 돌아오게 합시다.	

◇◇◇

ᄀᆞ라다[동]: 갈다, 교체하다.

大家,	[언]대·가흔·디,
	[현]대개
	◇◇◇
	대가흔디[부]: '대개'의 옛말.
得些睡時,	[언]·져·그·나 ·줌·곳 자면,
	[현]조금이나 잠을 자면
明日不渴	[언]릭실 ·줌 낟브·디 아·니 ᄒ·리·라.
睡。	[현]내일 잠이 부족하지 않을 것입니다.
	◇◇◇
	줌[명]: 잠.
	릭실[명]: 내일.
	낟브다[형]: 나쁘다, 모자라다, 부족하다.
這的燈來	[언]·이 ·블 혀·니 ·오·나·다.
了。	[현]여기 불이 켠 사람이 왔습니다.
若有粥將	[언]·쥭 잇ᄂ·니 가·져·오·라.
來,	[현]죽이 있으면 가져오십시오.
匙椀都有,	[언]·술와 사발 :다 잇다,
	[현]숟가락과 사발 다 있는데
	◇◇◇
	술[명]: 숟가락.
伱喫着。	[언]:네 머·그·라.
	[현]당신들 드십시오.

54. 伱兩箇先放馬去

| 咱們飯也喫 | [언]우·리 ·밥·도 머·거·다. |
| 了, | [현]우리 밥도 먹었습니다. |

你兩箇先放馬去。	[언]너희 :둘·히 몬져 물 노흐·라 가라.
	[현]당신 둘이서 먼저 말을 방목하러 가십시오.
[57b]到半夜裏,	[언]·밤듕 다돈거·든,
	[현]밤중 다 되면
我兩箇却替你去。	[언]·우·리 :둘·히 너희 굴·라 :가·리·라.
	[현]우리 둘이서 당신을 교체하러 가겠습니다.
我恰纔睡覺了起去來,	[언]·내 앗·가 ᄀᆞᆺ ·좀 ·씨와·다 니·러 가·져.
	[현]내가 아까 잠에서 깨었습니다. 일어나 갑시다.
叁兒高也,	[언]슴셩 :별·도 놉거·다,
	[현]삼태성 별도 높은데

◇◇◇

슴셩[명]: 삼성, 삼태성.

敢是半夜了。	[언]·밤듕·인 ·둣(·ᄃᆞᆺ)ᄒᆞ·다.
	[현]밤중인 듯합니다.
我先去,	[언]·내 몬·져 ·가,
	[현]내가 먼저 가서
替那兩箇來睡。	[언]·뎌 :둘·흘 ᄀᆞ·라 ·와 자·게 :호·리니,
	[현]저기 두 사람을 교대하여 와서 자게 할테니
你却來那裏,	[언]:네 ·쏘 뎌러·로 ·오·나라.
	[현]당신도 저리로 오십시오.
咱們兩箇看着馬。	[언]·우·리 :둘히 물·들 보·져.
	[현]우리 둘이서 말들을 봅시다.
這們時你去。	[언]·이·러면 :네 가·라.
	[현]이렇다면 당신 가십시오.
[58a]你兩箇去睡些箇。	[언]너희 :둘·히 ·가 :져·그·나 자·라.
	[현]당신 둘이서 가서 조금 자십시오.

到那裏時，	[언]게 ·니거·든,	
	[현]거기에 가면	
教那箇火伴來着。	[언]·뎌 :버·들 ᄒ·야 오·게 ᄒ·라.	
	[현]저 벗으로 하여금 오게 하십시오.	
你來了，	[언]:네 ·오·난·다.	
	[현]당신이 왔네요.	
你赶過馬來，	[언]:네 ᄆᆞᆯ·들 모·라다·가,	
	[현]당신이 말들을 몰아다가	
在一處着，	[언]ᄒᆞᆫ ·ᄃᆡ 잇·게 ᄒ·라.	
	[현]한 곳에 있게 하십시오.	
容易照管。	[언]:수·이 ·보·솔·필 거·시·라.	
	[현]쉽게 보살필 것입니다.	

◇◇◇

수이[부]: 쉬이, 쉽게, 빨리.

月黑了，	[언]·ᄃᆞ·리 어·두으·니,	
	[현]달이 어두우니	
恐怕迷失走了，	[언]일:커·나 ᄃᆞ·라·나·커·나 ·ᄒ·야,	
	[현]잃거나 달아나거나 하면	

◇◇◇

ᄃᆞ라나다[동]: 달아나다.
-커나[접미]: -하거나.

悞了走路。	[언]갈 ·길 머·믈올·가 접·폐·라.	
	[현]갈 길 지체하게 할 것입니다.	

◇◇◇

머믈오다[동]: 머무르게 하다, 지체하게 하다.
접폐라[형]: 두려워라.

明星高了,	[언]:새·벼·리 놉거·다. [현]샛별이 높습니다. ◇◇◇ 새별[명]: 샛별, 금성.	
天道待明也。	[언]하·늘·도 ·ᄒ마 볼·가 ·가ᄂ·다. [현]하늘도 이제 밝아갑니다.	
[58b]咱們趕將馬去來,	[언]·우·리 물 모·라 ·가, [현]우리는 말을 몰아	
到下處,	[언]·햐·츄·에 ·가, [현]자는 곳에 가서	
收拾了行李時,	[언]·짐·들 설엇·노·라 ᄒ·면, [현]짐들을 정리하노라 하면 ◇◇◇ 설엇다[동]: 서릊다, 정리하다, 정돈하다.	
恰明也。	[언]·마·치 볼·ᄀ·리로·다. [현]마치 밝을 것입니다.	
這馬們都綁住着,	[언]·이 물·들 :다 미·야 두·라. [현]이 말들을 다 매어 두십시오.	
教那兩箇起來。	[언]·뎌 :둘·홀 ·히·야 ·닐·에 ᄒ·라. [현]저 두 사람이 일어나게 하십시오.

55. 你兩箇疾快起來

你兩箇疾快起來,	[언]너희 :둘·히 샐·리 니·러, [현]당신들 두 사람이 빨리 일어나

收拾行李打馱駄。	[언]자·본 것 설어·저 ·졈시·리 ㅎ·라.	
	[현]짐을 정리해서 싣게 하십시오.	
	◇◇◇	
	자본것1[명]: 짐, 행장.	
但是咱們的行李,	[언]믈읫 ·우·리 ·짐·들·흘,	
	[현]무릇 우리 짐들을	
收拾到着。	[언]설어주:믈 ·지그·기 ㅎ·고,	
	[현]지극히 정리하고	
	◇◇◇	
	지그기[부]: 지극히.	
主人家的東西,	[언]·쥬신짓 거·스·란,	
	[현]주인집 것을	
[59a]休錯拿了去。	[언]그르 자·바가·디 :말·라.	
	[현]잘못 잡아가지 마십시오.	
馱駄都打了,	[언]·짐시·리 :다 ·ㅎ야·다.	
	[현]짐싣기 다 했습니다.	
叫主人家辭了去來。	[언]·쥬신 블·러 :하·딕ㅎ·라 가져.	
	[현]주인을 불러서 인사하고 갑시다.	
主人家哥,	[언]·쥬신 형:님·하,	
	[현]주인 형님	
休恠,	[언]허·믈 :마·ㄹ쇼·셔.	
	[현]허물 마십시오.	
我去也。	[언]·우·리 ·가·노이·다.	
	[현]우리는 갑니다.	
這裏定害了。	[언]여·긔 녈·이·패이·다.	
	[현]여기서 페를 끼쳤습니다.	

你有甚麼定	[언]너:히 ·므·슴 널·인 ·고·디 이시·리·오?
害處!	[현]당신들이 무슨 폐가 있습니까?
	◇◇◇
	너희[대]: 너희.
你休恠,	[언]너희 ·허·믈 :말·오,
	[현]당신들은 허물 말고
好去着。	[언]·됴·히 가·라.
	[현]잘 가십시오.

56. 這裏到夏店敢有三十里地

咱們前頭到	[언]·우·리 알·프·로 :하·뎜·에 ·가:든,
夏店時,	[현]우리 앞으로 하점에 가면
買飯喫了,	[언]·밥 ·사먹·고,
	[현]밥 사먹고
[59b]儘晩,	[언]ᄀ·장 졈·글어·든
	[현]아주 저물어지면
到了京城。	[언]·잣 안·해 ·드·러가·져.
	[현]북경 성 안에 들어갑시다.
這裏到夏	[언]예·셔 :하·뎜·에 ·가매,
店,	[현]여기서 하점에 가는데
有多少路?	[언]·언·멋 ·길·히 잇ᄂᆞ뇨?
	[현]얼마의 길이가 됩니까?
	◇◇◇
	언멋: 얼마의.
敢有三十里	[언]三十里 남죳 ᄒᆞᆫ ·짜:히 잇ᄂᆞᆫ ·돗ᄒᆞ·다.
多地。	[현]삼십 리 남짓한 거리가 있는 듯합니다.
	◇◇◇
	남죳ᄒᆞ다[형]: 남짓하다, 넉넉하다.

你夜來怎麼說十里來路,	[언]:네 어·제 :엇·디 ·십 ·리 맛값 ·길·히라 ㅎ더리,
	[현]당신이 어제 어찌 십 리만한 길이라고 하더니
今日却怎麼說三十里地?	[언]오·ᄂᆞ·른 ·쏘 :엇·디 三十里 ·짜·히·라 니ᄅᆞ·ᄂᆞ·다?
	[현]오늘은 또 어찌 삼십 리 되는 거리라고 말합니까?
我夜來錯記了,	[언]·내 어·제 그르 ·싱·각·ᄒᆞ·돗더라.
	[현]내가 어제 잘못 생각한 듯했습니다.
今日再想起來,	[언]오·늘 다·시 ·싱·각ᄒᆞ·니,
	[현]오늘 다시 생각하니
[60a]有三十里多地。	[언]三十里 남즈기 잇는 ·짜·히로·다.
	[현]삼십 리 남짓이 되는 거리입니다.
	◇◇◇
	남즈기[부]: 남짓이, 넉넉히.
咱們休磨拖,	[언]우·리 ᄆᆞᆫ그스·디 :말·오,
	[현]우리는 우물쭈물 끌지 말고
	◇◇◇
	ᄆᆞᆫ그스다[동]: 꾸물대다, 뭉긋거리다, 우물쭈물 끌다.
趂凉快,	[언]·서·늘흔 적 미·처,
	[현]서늘한 적에다가
馬又喫的飽時,	[언]ᄆᆞᆯ·도 ·쏘 머·건 ·디 ·비 브른 저·긔,
	[현]말도 또한 배부른 적에
赶動着。	[언]모·라 녀·져.
	[현]몰아 갑시다.

57. 還有七八里路

日頭又這早晚了，	[언]·히 ·쏘 ·이·리·도·록 늣·도·다.
	[현]해가 또 이처럼 늦었습니다.
那望着的黑林子，	[언]뎌 ·브·라논 어·득흔 수·프·리,
	[현]저기 바라보이는 어두운 숲이

◇◇◇

브라다[동]: 바라다.
흐다흐다[형]: 어듭다, 어둑하다.

便是夏店。	[언]·곧 :夏·뎜·이·라.
	[현]바로 하점입니다.
這裏到那裏，	[언]예·셔 ·뎨 :가·매,
	[현]여기서 저기까지 가는데
還有七八里路。	[언]당시·론 ·칠·파·릿 ·길·히 잇·고·나.
	[현]아직 칠팔 리 길이 있습니다.
伱在先也曾北京去來，	[언]:네 :아·릭 일·즉 :셔·울 녀·러 ·오·나시·니,
	[현]당신이 전에 북경 다녀왔는데
[60b]怎麼不理會的?	[언]:엇·디 모·로논·다?
	[현]어찌 모릅니까?
這夏店我曾走了一兩遭，	[언]·이 :하·뎜·에 ·내 :아·릭 흔:두 ·번 든·녀마·른,
	[현]이 하점에는 내가 전에 한두 번 다녔지만

◇◇◇

-오련마룬[어미]: -으련마는(어떤 조건이 충족되면 이러이러한 결과가 기대되는데, 아쉽게도 그 조건이 충족되지 못하여 기대하는 결과도 이루어질 수 없음을 나타내는 연결 어미, 간혹 '조건'은 생략되기도 한다. '-겠건마는'보다 더 예스러운 표현).

都忘了,　　　　[언]:다 니·즈·니,
　　　　　　　　[현]다 잊었으니
那裏記得!　　　[언]어·듸 ·싱·각ᄒ·야 이시·리·오?
　　　　　　　　[현]어디 생각날 수 있겠습니까?

58. 咱們喫些甚麼茶飯好

店子待到　　　[언]:뎜·도 ᄒ·마 다ᄃᆞᄅ·리로다.
也,　　　　　　[현]하점에 이제 곧 도착할 것입니다.
咱們喫些甚　　[언]·우·리 므·슴 ·음·식·을 머·거·사 :됴·홀·고?
麼茶飯好?　　　[현]우리 무슨 음식을 먹는 게 좋습니까?
我高麗人,　　　[언]·우·리 고렷 :사·ᄅ·문,
　　　　　　　　[현]우리 고려 사람은
不慣喫濕　　　[언]즌 국슈 머·기 닉·디 :몯ᄒ·얘·라.
麵,　　　　　　[현]물 국수 먹기가 익숙하지 않습니다.
　　　　　　　　◇◇◇
　　　　　　　　즐다[형]: 질다, 물기가 있다.
咱們只喫乾　　[언]·우·리 ᄆᆞᆯ·니 머·구·딕 :엇·더ᄒ·뇨?
的如何?　　　　[현]우리는 마른 것을 먹는 게 어떻습니까?
這們時,　　　　[언]·이·러·면,
　　　　　　　　[현]이렇다면
[61a]咱們買　　[언]·우·리 쇼·빙 사·고,
些燒餅,　　　　[현]우리 구운 떡을 사고
炒些肉喫　　　[언]고·기 봇·가 먹·고,
了,　　　　　　[현]고기를 볶아 먹고
　　　　　　　　◇◇◇
　　　　　　　　봇ㄱ다[동]: 볶다.

過去。　　　[언]:디·나 가·져.
　　　　　　[현]지나갑시다.

59. 客人喫些甚麼茶飯

咱們這裏,　　[언]·우·리 여·긔,
　　　　　　[현]우리 여기서

當住馬絟　　[언]몰 자바 미·오,
着,　　　　[현]말을 잡아 매고

卸下行李　　[언]·짐 브·리우고,
着,　　　　[현]짐을 내리고

飯店裏去　　[언]:음·식 ·프·논 :뎜(:뎜)·에 가·져.
來。　　　 [현]음식 파는 집에 갑시다.

過賣,　　　[언]:음식 ·프·논 ·딋 ·사·ᄅ·마,
　　　　　　[현]음식 파는 데의 사람이오,

先將一椀溫　[언]몬저 ᄒᆞᆫ 사·발·만 ᄃᆞ슨 믈 가·져·오·라.
水來,　　　[현]먼저 한 사발만 따뜻한 물을 가져오십시오.
　　　　　　◇◇◇
　　　　　　ᄃᆞ스다[형]: 따스하다, 따뜻하다.

我洗面。　　[언]·내 ᄂᆞᆾ 시·서지·라.
　　　　　　[현]내가 얼굴을 씼고 싶습니다.
　　　　　　◇◇◇
　　　　　　ᄂᆞᆾ[명]: 낯, 얼굴.

客人們洗面　[언]나·그·내·네 ᄂᆞᆾ ·시·서·다.
了。　　　 [현]나그네들 얼굴을 씻으셨습니다.
　　　　　　◇◇◇
　　　　　　싯다[동]: 씻다.

過賣,	[언]·ᄒᆞ·닐 :사·ᄅᆞ·마,	
	[현]일하는 사람이요,	
	◇◇◇	
	ᄒᆞ니다[동]: 행동하다.	
	ᄒᆞ닐사룸[명]: 종업원, 일하는 사람.	
抹卓兒。	[언]상 ·스·서·라.	
	[현]상을 닦으십시오.	
	◇◇◇	
	슷다[동]: 씻다, 닦다.	
[61b]客人喫些甚麼茶飯?	[언]나·그·내·네 므·슴 :음·식 머·글·고?	
	[현]나그네들 무슨 음식을 드시겠습니까?	
我四箇人,	[언]·우·리 :네 :사·ᄅᆞ·미,	
	[현]우리 네 사람이	
炒着三十箇錢的羊肉,	[언]:돈 셜·흔 :나·챗 양·의 고·기 봇·고,	
	[현]서른 돈의 양고기를 볶고	
	◇◇◇	
	나챗: 낯에, 낱에, 개에.	
將二十箇錢的燒餅來。	[언]:돈 ·스·므 :나·챗 쇼·빙 가·져·오·라.	
	[현]스무 돈의 구운 떡을 가져오십시오.	
這湯淡,	[언]·이 탕·이 슴·겁·다.	
	[현]이 탕이 싱겁습니다.	
有鹽醬拿些來,	[언]소금·쟝 잇거·든 :져·기 가·져·오·라.	
	[현]소금, 간장이 있으면 가져오십시오.	
我自調和喫。	[언]·내 ·손조 ·섯·거 머·겨지·라.	
	[현]내가 손수 섞어 먹고 싶습니다.	

這燒餅,	[언]·이 쇼·빙·이,	
	[현]이 구운 떡이	
一半兒冷,	[언]:바·는 ·츠·고,	
	[현]반은 차갑고	
一半兒熱。	[언]:바·는 ·덥·다.	
	[현]반은 덥습니다.	
熱的留下着,	[언]더·우니 ·두·라.	
	[현]더운 것을 두십시오.	
[62a]我喫;	[언]·우·리 머·고리·라.	
	[현]우리가 먹을 것입니다.	
這冷的你拿去,	[언]·이 ·츠·니 란 :네 가·져·가,	
	[현]이 차가운 것을 당신이 가져가서	
爐裏熱着來。	[언]:화로애 데·워·오·라.	
	[현]화로에 데워서 가져오십시오.	
咱們飯也喫了,	[언]·우·리 ·밥·도 머·거·다.	
	[현]우리 밥도 먹었습니다.	
與了飯錢去。	[언]·밥·갑 주·고 가·져.	
	[현]밥값을 주고 갑시다.	
過賣,	[언]:음·식 ·폴·리·야,	
	[현]음식을 파는 사람이요,	
來會錢,	[언]·와 :돈 모·도·라.	
	[현]와서 돈을 합하십시오.	

◇◇◇

모도다[동]: 모으다, 합하다.

通該多少?	[언]:대·되 :언·머·고?	
	[현]모두 얼마입니까?	

二十箇錢燒餅，	[언]스·므 :낫 :돈·앳 쇼·빙,	
	[현]스무 돈의 구운 떡,	
三十箇錢羊肉，	[언]셜·흔 :낫 :돈·앳 양·육,	
	[현]서른 돈의 양고기,	
通是五十箇錢。	[언]모·도·니 쉰 :낫 돈·이로·다.	
	[현]합하니 쉰 돈입니다.	

60. 前頭不遠有箇草店兒

咱們打馳馱行，	[언]우리 ·짐 시·러 녀·져.	
	[현]우리 짐을 실어 갑시다.	
[62b]日頭正晌午也，	[언]·히 :졍·히 ·나·지·니,	
	[현]해가 정히 낮이니	
有些熱。	[언]:져·기 ·덥(·딥)다.	
	[현]조금 덥습니다.	
早來，	[언]아·츠·미	
	[현]아침에	
喫了乾物事，	[언]ᄆᆞ른 것 머·그·니,	
	[현]마른 것을 먹더니	
有些渴。	[언]목 ᄆᆞ른 ·줄 잇·다(·디).	
	[현]목이 마릅니다.	
前頭不遠，	[언]앏·픠 아·니 머·리,	
	[현]앞에 멀지 않은 곳에	
	◇◇◇	
	앏픠: 앞에.	
有箇草店兒，	[언]ᄒᆞᆫ ·초·개로 지은 :뎜·이 잇ᄂᆞ·니,	
	[현]한 초가로 지은 주막집이 있는데	

第三章　進京途中

到那裏,	[언]뎨 ·가,
	[현]저기 가서
咱們喫幾盞酒,	[언]·우·리 :두어 ·잔 ·수·를 머거,
	[현]우리 두어 잔 술을 먹어
解渴。	[언]목 모른 ·디 헤왇·고.
	[현]목 마른데 갈증을 풀고

◇◇◇

헤왇다[동]: 갈증을 풀다, 해갈하다.

歇住頭口着,	[언]즘승 쉬오·디,
	[현]짐승도 쉬게 하되

◇◇◇

쉬오다[동]: 쉬게 하다.

暫時間,	[언]:잠·싼더 ·디·나,
	[현]잠깐 동안이나마

◇◇◇

잠싼딘[명]: 잠깐 동안.

卸下行李來,	[언]·짐 브·리·왓다·가,
	[현]짐을 내렸다가
喫幾盞酒,	[언]·두·서 ·잔 술 먹·고,
	[현]두어 잔 술을 먹고
[63a]便過去。	[언]믄·득 :디·나가·져.
	[현]다시 갑시다.

61. 拿二十箇錢的酒來

賣酒的,	[언]술 ·폴·리·여,
	[현]술 파는 사람이요,

拿二十箇錢	[언]·스·므 :낫 :돈앳 술 가·져·오·라.
的酒來。	[현]스무 돈의 술을 가져오십시오.
客人們,	[언]나·그·내·네,
	[현]나그네들,
這二十箇錢	[언]·이 ·스·므 :낫 :돈·앳 수·리·라.
的酒。	[현]여기 스무 돈의 술입니다.
酒好麼?	[언]수·리 :됴·ᄒ·녀?
	[현]술이 좋습니까?
好酒,	[언]:됴:흔 수·리니,
	[현]좋은 술이니
你嘗看。	[언]:네 머·거보·라.
	[현]당신이 먹어 보십시오.
酒不好時,	[언]수울·옷 :됴·티 아·니커·든,
	[현]술이 좋지 않으면
不要還錢。	[언]·갑·슬 갑·디 :말·라.
	[현]값을 갚지 마십시오.
	◇◇◇
	갑다[동]: 갚다.
將就喫的	[언]:둘·워 먹·져.
過。	[현]참고 먹읍시다.
	◇◇◇
	둘우다[동]: 두르다, 휘두르다.
有甚麼好菜	[언]므·슴 :됴·흔 ᄂᆞ·ᄆᆞ·새 잇·거든,
蔬,	[현]무슨 좋은 채소가 있으면
拿些箇來。	[언]:져·기 가·져·오·라.
	[현]조금 가져오십시오.

這們時,	[언]·이·러·면, [현]이러면	
[63b]有塩瓜兒,	[언]·근·틴 :외 잇ᄂ·니, [현]간을 친 오이가 있으니 ◇◇◇ 근티다[동]: 간을 치다, 간하다.	
如今便將來。	[언]·이·제 ·즉·재 가·져·오·마. [현]지금 바로 가져오겠습니다.	
客人們,	[언]나그·내·네, [현]나그네들,	
熱喫那涼喫?	[언]더·우·니 머·글·다 ·츠니 머·글·다? [현]더운 것을 먹을가요? 찬 것을 먹겠습니까?	
罷罷。	[언]·두·워 ·두·워. [현]됐어요, 됐어요.	
休旋去,	[언]데·우·라 가·디 :말·라, [현]데우러 가지 마십시오.	
我只涼喫。	[언]·우·리 ·츠·니 머·구리라. [현]우리 찬 것을 먹겠습니다.	

62. 大哥受禮

大哥,	[언]·큰형·님! [현]큰형님!	
先喫一盞。	[언]몬져 ᄒᆞᆫ ·잔 :자·소. [현]먼저 한 잔을 잡수십시오. ◇◇◇ 자소: 잡수십시오.	

大哥受禮!	[언]·큰형·님 몬져 ·례 받·조! [현]큰형님! 먼저 예를 받으십시오.
你敢年紀大,	[언]네 ·나·히 한 ·듯ᄒ니, [현]당신은 나이가 많은 듯하니 ◇◇◇ 하다[형]: 많다.
怎麽受禮?	[언]어·ᄂ 내 ·슈·례홀·고? [현]내가 어찌 수례하겠습니까? ◇◇◇ 어ᄂ[부]: 어찌. 슈례ᄒ다[동]: 수례하다, 예를 받다.
大哥你貴壽?	[언]형·님 네 ·나·히 :언·멘·고? [현]형님, 당신 나이는 얼마입니까?
[64a]小人年紀三十五歲。	[언]小人·은 ·나·히 셜·흔 다·ᄉᆞᆺ :설. [현]소인은 나이 서른다섯 살입니다. ◇◇◇ 설[명]: 살.
小人纔三十二歲。	[언]小人·은 앗가·사 셜·흔 :두 ·설. [현]소인은 조금 전이야 서른두 살입니다.
大哥,	[언]큰형·님, [현]큰형님,
你年紀大,	[언]네 ·나·히 ·하·도·다. [현]당신 나이가 많습니다.
受禮。	[언]·슈·례·ᄒ·쇼·셔. [현]수례 받으십시오.
小人雖年紀大,	[언]小人·이 비록 ·나·히 하·나, [현]소인이 비록 나이가 많으나

怎麼便受禮?	[언]어·느 ·슈·례홀·고?
	[현]어찌 수례를 받겠습니까?
咱們都起來,	[언]·우·리 :다 니·러·사,
	[현]우리 다 일어나야
大家自在。	[언]:대·되 므슴 ·노흐·리로·다.
	[현]모두 마음을 놓을 것입니다.
那般時,	[언]그·러·면,
	[현]그렇다면
教你受禮,	[언]너 ·ᄒ·야 ·슈·례ᄒ·게 홀 거·시·로고·나 ·ᄒ·야·늘,
	[현]당신으로 수례하게 하거늘

◇◇◇

−야ᄂᆞᆯ[어미]: −거늘(까닭이나 원인을 나타내는 연결 어미).

堅執不肯,	[언]구·디 잡·고 듣·디 아·니ᄒ·다.
	[현]굳이 받아주지 않습니다.
滿飲一盞,	[언]ᄒᆞᆫ ·잔 ᄀᆞᄃᆞ기·곰 먹·고,
	[현]한 잔 가득히 먹고

◇◇◇

ᄀᆞᄃᆞ기[부]: 가득히.

[64b]休留底酒。	[언]수울 흘·리·디 :마·져.
	[현]술을 흘리지 맙시다.
咱們都休講禮,	[언]·우·리 ·다 ·례수 ᄎᆞ·리·디 :말·오,
	[현]우리 다 예의 차리지 말고

◇◇◇

례수[명]: 예의.

ᄎᆞ리다[동]: 차리다.

喫一盞酒。　　[언]흔 ·잔 수울 먹·져.
　　　　　　　[현]술을 한 잔 먹읍시다.

63. 大哥與些好的銀子

喫了酒也，　　[언]수울 머·거·다.
　　　　　　　[현]술을 먹었습니다.
　　　　　　　◇◇◇
　　　　　　　수울[명]: 술.
會了酒錢去　　[언]수욼·갑 :혜·라 가·져.
來。　　　　　[현]술값을 계산하러 갑시다.
　　　　　　　◇◇◇
　　　　　　　수욼갑[명]: 술값.
賣酒的來，　　[언]수울 ·폴·리·여,
　　　　　　　[현]술을 파는 사람이요,
會錢。　　　　[언]:돈 :혜·여 바·드·라.
　　　　　　　[현]돈을 계산하여 받으십시오.
這的五分銀　　[언]·이 닷 :분 은·이·니,
子，　　　　　[현]아 닷 푼짜리 은자이니
　　　　　　　◇◇◇
　　　　　　　분1[의]: 푼(한 돈의 십분의 일).
貼六箇錢饋　　[언]:돈 여·슷 :낫·만 거·스·려 :날 :다·고·려.
我。　　　　　[현]돈 여섯 개만 거슬러 나한테 주십시오.
　　　　　　　◇◇◇
　　　　　　　여슷[수][관]: 여섯.
大哥與些好　　[언]·큰형·님 :됴·흔 은·으·로 :다·고·려.
的銀子。　　　[현]큰형님, 좋은 은자를 주십시오.

這銀只有八成銀,	[언]·이 은·이 :다·믄 바·품 은·이·로소·니,
	[현]이 은이 다만 팔 품 은자이니
	◇◇◇
	바품[명]: 팔품, 8할.
[65a]怎麼使的!	[언]:엇·디 ·쁘·료?
	[현]어떻게 씁니까?
這銀子嫌甚麼!	[언]·이 은·을 므·스·글 :썰·이느·다?
	[현]이 은자를 무엇으로 꺼립니까?
	◇◇◇
	므스[명]: 무엇.
	썰이다[동]: 꺼리다.
細絲兒分明都有,	[언]·ᄀᆞ·ᄂᆞ :시·리 분명·이 :다 잇·ᄂᆞ·니,
	[현]가는 실이 분명이 다 있으니
怎麼使不得?	[언]:엇·디 ·쁘·디 :몯·ᄒᆞ·료?
	[현]어찌 쓰지 못합니까?
你不識銀子時,	[언]:네 은·곳 모·르거·든,
	[현]당신이 은자를 모르면
教別人看。	[언]너느 :사·롬 ·ᄒᆞ·야 보·게 ᄒᆞ·라.
	[현]다른 사람으로 하여금 보게 하십시오.
我怎麼不識銀子,	[언]·내 :엇·디 은 모·ᄅᆞ리·오?
	[현]내가 어찌 은을 모르겠습니까?
要甚麼教別人看去?	[언]므·슴:호·려 다ᄅᆞ·니 ·ᄒᆞ·야 :뵈·라 가·리·오?
	[현]무엇하러 다른 사람에게 보이러 가겠습니까?
	◇◇◇
	뵈다[동]: 보이다.

換錢不折本,	[언]:돈 밧·고·와·도 믿·디·디 아·니·면 홀 거·시·니,
	[현]돈을 바꿔도 밀지지 않으면 될 것이니
	◇◇◇
	믿디다[동]: 밀지다, 손해를 보다.
[65b]你自別換與五分好的銀子便是,	[언]:네 ·각벼·리 닷 :분만 :됴·혼 은·을 밧·고·와 주·면 :곧 ·올커·니쓰·나,
	[현]당신이 각별히 닷 푼 좋은 은자를 바꿔 주면 곧 옳을 것인데
	◇◇◇
	각벼리[부]: 각별히.
要甚麼合口?	[언]므·스므·라 ·입 힐·후·리·오?
	[현]무엇하러 입다툼을 합니까?
這賣酒的,	[언]·이 수울 ·폴·리여,
	[현]이 술을 파는 사람이요,
也快纏,	[언]싯·구·기 잘 ·ᄒ·ᄂ·다.
	[현]시끄럽게 잘 굽니다.
	◇◇◇
	싯구다[동]: 다투다, 시끄럽게 굴다.
這們的好銀子,	[언]·이·런 :됴혼 은·을,
	[현]이렇게 좋은 은자를
怎麼使不得?	[언]:엇·디 ·쓰·디 :몯ᄒ·료?
	[현]어찌 쓰지 못합니까?
今早起喫飯處,	[언]오·늘 아·ᄎ·미 ·밥 먹·던 ·듸·셔,
	[현]오늘 아침에 밥 먹던 곳에서
貼將來的銀子。	[언]·팀 바다 가·져온 은·이·라.
	[현]전당을 받아 가져온 은자입니다.
	◇◇◇
	팀받다[동]: 전당 받다.

罷罷,	[언]·두·워 ·두·워.	
	[현]두십시오, 두십시오.	
將就留下着,	[언]:둘·워 두·져.	
	[현]그냥 둡시다.	
便使不得也罷。	[언]·쓰·디 :몯·ᄒ·야·도 므던타.	
	[현]쓰지 못해도 괜찮습니다.	
[66a]你說甚麼話!	[언]:네 므·슴 :마를 니ᄅ·ᄂ·다?	
	[현]당신은 무슨 말을 합니까?	
使不得時,	[언]·쓰·디 :몯·ᄒᆞᆯ 거·시·면,	
	[현]쓰지 못할 것이면	
你肯要麼?	[언]:네 ·즐·겨 바들·다?	
	[현]당신이 즐겨 받겠습니까?	

64. 這裏離城有的五里路

打了馱䭾着行,	[언]·짐 시·러 녀·져.	
	[현]짐을 싣고 갑시다.	
日頭後晌也。	[언]·나·리 ·낫 :계·어·다.	
	[현]날이 낮이 지났습니다.	

◇◇◇

계다[동]: 넘다, 지나다.

這裏離城有的五里路,	[언]예·셔 ·잣 ᄇᆡ·으로·미 :오 ·릿 ·길·히 잇·다.	
	[현]여기서 성까지 벌어진 거리는 오 리가 있습니다.	

◇◇◇

ᄇᆡ을다[동]: 벌어지다.

着兩箇後頭趕將頭口來,	[언]	:둘·흐·란 ·ᄒ·여 :두·허 즘승 모·라오·게 ᄒ·고,
	[현]	두 사람으로 하여금 짐승을 몰아오게 하고
我和一箇火伴先去,	[언]	·나·와 ᄒ :벋·과 ·ᄒ·야 몬져 ·가,
	[현]	나와 한 벗이 먼저 가서
尋箇好店安下着,	[언]	:됴·ᄒ :뎜 :어·더 ·브·리·고,
	[현]	좋은 여관을 얻어 묵고
却來迎你。	[언]	·쏘·와 너 마·자 :가·리·라.
	[현]	다시 당신들 맞으러 갑니다.
[66b]咱們先說定着,	[언]	·우·리 몬져 닐·어 ·일뎡ᄒ져.
	[현]	우리 먼저 말해 정합시다.

◇◇◇

일뎡ᄒ다[동]: 정하다.

只投順城門官店裏下去。	[언]	順城門官店·에 ·드·러가 브·리·져.
	[현]	순성문 여관에 들어가 묵읍시다.
那們時,	[언]	그·러면,
	[현]	그렇다면
你兩箇先去,	[언]	너희 :둘·히 몬져 가·라.
	[현]	당신 둘이서 먼저 가십시오.
我兩箇後頭慢慢的趕將頭口去。	[언]	·우·리 :둘·흔 :뒤·헤 날회·여 즘승 모·라 :가·마.
	[현]	우리 둘은 뒤에서 천천히 짐승을 몰아 가겠습니다.
咱們疾快行動着,	[언]	·우·리 샐·리 녀·져.
	[현]	우리 빨리 갑시다.

比及到那裏　　[언]뎨 ·가 :뎜 :어·들 쇨·와,
尋了店時,　　[현]저기 가서 여관을 얻을 때
那兩箇到來　　[언]·뎌 :둘·토 오·리·라.
了也。　　　　[현]저 두 사람도 올 것입니다.

第四章　京城買賣

65. 我共通四箇人十箇馬

[67a]店主人家哥,	[언]	:뎜 ·쥬신 형·님!
	[현]	여관 주인 형님!
後頭還有幾箇火伴,	[언]	:뒤헤 쏘 여·러 :버·디,
	[현]	뒤에 또 여러 벗이
趕着幾匹馬來也,	[언]	여러 ᄆᆞ·를 모·라 ·오·ᄂᆞ·니,
	[현]	여러 말을 몰아 오고 있는데
你這店裏,	[언]	네 ·이 :뎜·에,
	[현]	당신네 여관에
下的我麽?	[언]	·우·리·를 브·리울·가?
	[현]	우리가 묵을 수 있습니까?
你通幾箇人幾箇馬?	[언]	너·희 :대·되 ·몃 :사ᄅᆞ·매 ·몃 물·오?
	[현]	당신들 모두 몇 사람에 말 몇 마리입니까?
我共通四箇人,	[언]	·우·리 :대·되 ·네 ·사ᄅᆞ·매,
	[현]	우리 모두 네 사람에
十箇馬。	[언]	·열 ·ᄆᆞ·리·라.
	[현]	말이 열 마리입니다.
車子有麽?	[언]	술·위 잇·ᄂᆞ·녀(·너)?
	[현]	수레는 있습니까?
車子沒。	[언]	술·위 :업·다.
	[현]	수레는 없습니다.
這們的時,	[언]	·이러·면,
	[현]	이렇다면

下的你。	[언]너희·를 브·리우:라.
	[현]당신이 묵을 수 있습니다.
[67b]那東邊有一間空房子，	[언]·뎌 동녁 겨·틔 흔 간 :븬 방 잇ᄂ·니,
	[현]저기 동쪽 곁에 빈 방 한 칸이 있으니
	◇◇◇
	동녁[명]: 동녁, 동쪽.
你看去。	[언]:네 보·라 가·라.
	[현]당신 보러 가십시오.
你引我看去來。	[언]:네 :날 ·다·려 보라 가·져.
	[현]당신 나를 데리고 보러 갑시다.
我忙，	[언]·내 밧·바,
	[현]내가 바빠서
没功夫去，	[언]겨·를 :어·더 가·디 :몯·ᄒ·리로·다.
	[현]갈 겨를 얻어 가지 못하겠습니다.
	◇◇◇
	겨를[의]: 틈
你自看去着。	[언]:네 보·라 가·라.
	[현]당신이 보러 가십시오.
悮了你多少功夫！	[언]네 ·언:멋 공·부를 머:믈우·료?
	[현]당신의 공부를 얼마나 지체하겠습니까?
	◇◇◇
	공부[명]: 공부, 공력.
到那裏看了房子中不中，	[언]게 ·가 방·이 ·범·즉ᄒ·디 :몯 ·범·즉ᄒ·디 보·고사,
	[현]거기 가서 방이 씀 직할지 못할 지 보고서야
	◇◇◇
	범즉ᄒ다[형]: 씀 직하다, 쓸 만하다, 괜찮다.

我說一句話。	[언]·내 ᄒᆞ :마를 니ᄅ·고·져 ·ᄒᆞ·노·라.
	[현]내가 말을 한 마디 하고자 합니다.
這們時去來。	[언]·이·러·면 :가·마.
	[현]이렇다면 갑시다.

66. 茶飯如何

[68a]你這房兒也下的我。	[언]네 ·이 지·븨 ·우·리·를 브·리·우·거니·와.
	[현]당신 이 집에 우리가 묵겠습니다.
茶飯如何？	[언]·차·바·ᄂᆞᆫ :엇·디 ᄒᆞ·려·료?
	[현]차와 밥은 어찌 합니까?
茶飯時我店裏家小，	[언]:음·식·은 ·우·리 :뎜·에 ·집 :사·ᄅᆞ·미,
	[현]음식은 우리 여관 집 사람이
新近出去了，	[언]요제 ·나·가·니,
	[현]요즘 나가서
委實沒人整治，	[언]진·실·로 :사·ᄅᆞ·미 달·호·리 :업·세라.
	[현]정말로 할 사람이 없습니다.
	◇◇◇
	달호다[동]: 다루다, 조종하다.
你客人們自做飯喫。	[언]너희 나·그·내·네 ·손·조 ·밥 지서 머그·라.
	[현]당신 나그네들이 직접 밥을 지어 드십시오.
我們自做飯喫時，	[언]·우·리 ·손조 :밥 지·서 머(며)·그·면,
	[현]우리가 직접 밥 지어 먹으려면
鍋竈椀楪都有麼？	[언]가마·와 노곳자:리·와 사·발·와 뎝·시·왜 :다 잇ᄂᆞ·녀?
	[현]가마와 부뚜막, 사발, 접시 다 있습니까?
	◇◇◇
	노곳자리[명]: 노구솥을 거는 자리, 부뚜막.

那的你放	[언]글·란 :네 ᄆᆞᄋᆞᆷ 노·하시·라.
心，	[현]그것은 당신 마음을 놓으십시오.

◇◇◇

글란[대]: 그것을랑, 그것은.

[68b] 都有。	[언]:다 잇·다.
	[현]다 있습니다.
這們便我迎	[언]이·러·면 ·내 :벋 마·ᄌᆞ·라 :가·마.
火伴去。	[현]이렇다면 내가 벗 맞으러 가겠습니다.

◇◇◇

–라4[어미]: –러, –려고.

你去着。	[언]·네 가·라.
	[현]당신 가십시오.

67. 你兩箇到這裏多少時

你兩箇到這	[언]너·희 :둘·히 예 ·오·난 ·디 :언·머 오·라니·오?
裏多少時？	[현]당신 둘이서 여기 온 지 얼마나 오랩니까?

◇◇◇

오라다[형]: 오래다.

我纔到這	[언]·우·리 ᄀᆞᆺ 예 ·오·라.
裏。	[현]우리 방금 여기 왔습니다.
待要尋你去	[언]ᄒᆞ·마 너희 ·ᄎᆞ·ᄌᆞ·라 :가·려 ·ᄒᆞ다·니,
來，	[현]지금 막 당신들을 찾으러 가려고 했더니
你却來了。	[언]:네 ·쏘 ·오·나·다.
	[현]당신들이 벌써 왔네요.

店在那裏?	[언]:뎜·이 어·듸 잇·ᄂᆞ·뇨?	
	[현]여관이 어디에 있습니까?	
	◇◇◇	
	어듸[대]: 어디.	
那西頭有。	[언]·뎌 셧 녁 그·톄 잇·ᄂᆞ·니라.	
	[현]저기 서쪽 끝에 있습니다.	
行李都搬入來着,	[언]·짐·들 :다 옴·겨 ·드·러오·고,	
	[현]짐들 다 옮겨 들어오고	
把馬們都鬆了,	[언]ᄆᆞᆯ·들 :다 오·랑 서우니 ᄒᆞ·고,	
	[현]말들을 다 뱃대끈 느슨하게 하고	
	◇◇◇	
	서우니[부]: 느슨하게.	
[69a]且休摘了鞍子。	[언]안·직 기·르·마 벗·기·디 :말·라.	
	[현]아직 안장은 벗기지 마십시오.	
你去問主人家,	[언]:네 ·가 ·쥬신ᄃᆞ·려 무·러,	
	[현]당신은 주인한테 물어서	
要幾箇席子藁薦來,	[언]여·러 돗·과 지·즑 :달·라 ·ᄒᆞ·야 ·가·져·오·디,	
	[현]돗자라과 거적을 달라고 해서 가져오되	
就拿苕箒來掃地。	[언]이·믜·셔 :밋·뷔 조·쳐 가·져다·가 ᄡᅡ ·쁠·라.	
	[현]빗자루까지 함께 가져다가 땅을 청소하십시오.	
	◇◇◇	
	밋뷔[명]: 빗자루.	
	ᄯᅡ2[명]: 땅, 물, 육지.	
	쁠다[동]: 쓸다, 청소하다.	
行李且休搬入去,	[언]·지·므·란 안·직 옴·겨·드·리·디 :말·오,	
	[현]짐은 아직 옮겨 들이지 말고	

等鋪了席薦時，	[언]돗·과 지·즑 ·신·라·든 기·들·워,	
	[현]돗자리와 거적을 까는 것을 기다려	

◇◇◇

지즑[명]: 거적.

一發搬入去。	[언]홈·쯰 옴·겨 ·드리·라.	
	[현]함께 옮겨 들이십시오.	

68. 你這馬要賣麽

客人們，	[언]나·그·내·네,	
	[현]나그네들,	
你這馬要賣麽？	[언]네 이 ᄆ·룰 ·폴오·져 ·ᄒ·ᄂ·녀?	
	[현]당신네 말을 팔려고 합니까?	
[69b]可知我要賣裏。	[언]그·리어·니 ·내 ·폴오·져 ·ᄒ·노·라.	
	[현]그렇습니다. 내가 팔려고 합니다.	
你旣要賣時，	[언]:네 ᄒ·마 :폴오·져 ·ᄒ·거·니,	
	[현]당신이 기왕 팔려고 할 것이니	
也不須你將往市上去，	[언]·또 ·굿 :네 가·져 져·제 가·디 :말·오,	
	[현]또 굳이 시장에 가지 말고	
只這店裏放着，	[언]그·저 이 :뎜·에 두·라.	
	[현]그저 이 여관에 두십시오.	
我與你尋主兒都賣了。	[언]·내 너 :위ᄒ야 :님:자 어·더 :다 ᄑ·로·마.	
	[현]내가 당신을 위하여 임자를 얻어 다 팔기로 하겠습니다.	

◇◇◇

님자[명]: 임자.

-오마[어미]: -마, -으마(해라할 자리에 쓰여, 상대편에게 약속하는 뜻을 나타내는 종결 어미).

罷罷，	[언]·두·워 ·두·워.	
	[현]두십시오. 두십시오.	
到明日再說話。	[언]릿·실 다·시 :말ᄒ·져.	
	[현]내일 다시 말합시다.	
咱這馬們路上來，	[언]·우·리 ·이 물·들·히 길·헤 ·오·노·라,	
	[현]우리 이 말들이 길에 오느라	
每日走路子辛苦，	[언]:미·실 ·길 ·ᄃ·녀 :슈구ᄒ·고,	
	[현]매일 길 다니면서 고생하고	
	◇◇◇	
	슈구ᄒ다[형]: 수고하다, 고생하다.	
喂不到，	[언]머·규믈 ᄀ·장 :몯·ᄒ야 이시·니,	
	[현]먹는 것도 잘 못해서	
[70a]都没甚麽膘，	[언]:다 :아·므·란 ·술진 ·주리 :업·스·니,	
	[현]아무런 살찐 일이 없으니	
便將到市上，	[언]·즉·제 가·져 져·제 가·면,	
	[현]바로 시장에 가져가면	
市上人也出不上價錢。	[언]져:젯 :사·ᄅᆞᆷ·도 ·갑·슬 도·다:내·디 아·니ᄒ·리·니.	
	[현]시장 사람들도 값을 좋게 내지 않을 것입니다.	
咱們捨着草料，	[언]·우·리 ·딥콩 ᄇᆞ·려,	
	[현]우리 짚콩을 뿌려	
好生喂幾日發落，	[언]ᄀᆞ·장 ·여·러 ·날 머·겨 :디·쳐·ᄒ·야·도,	
	[현]며칠 잘 먹여 처치해도	
	◇◇◇	
	디쳐ᄒ다[동]: 처치하다, 처리하다.	
也不遲裏。	[언]·ᄯ 늣·디 아·니ᄒ·리·라.	
	[현]또한 늦지 않을 것입니다.	

你說的是,	[언]네 닐·오·미 ·올·타.
	[현]당신 말씀이 옳습니다.
我也心裏這們想着。	[언]나·도 므슴·매 이·리 너기노·라.
	[현]나도 마음에 이렇게 여깁니다.

69. 我又有人蔘毛施布

我又有人蔘毛施布,	[언]·내 쏘 人蔘·과 모시 ·뵈 이·셰·라.
	[현]내게 또한 인삼과 모시베가 있습니다.
[70b]明日打聽價錢去來。	[언]뤼·일 ·갑 듣보·라 가·고·려.
	[현]내일 값을 들어보려고 가겠습니다.
有價錢時賣了着,	[언]·갑·곳 잇·거·든 ·폴·오,
	[현]값이 있으면 팔고
怕十分的賤時,	[언]·ᄒ·다·가 ᄀ·장 ·디·거·든,
	[현]만약에 아주 싸면
且停些時。	[언]안·직 머·추·워 ·두·어·든.
	[현]그냥 멈춰 두겠습니다.
你那裏打聽去?	[언]:네 :아모·듸·나 듣보·라 가·고·려?
	[현]당신은 아무데나 들어보려고 갑니까?
	◇◇◇
	아모듸[대]: 아무데.
吉慶店裏有我相識,那裏問去。	[언]吉慶店·에 내 사괴·ᄂ·니 잇·더·니,
	[현]길경점(吉慶店)에 내가 사귀는 사람이 있으니
	[언]뎌·긔 무·르·라 :가·마.
	[현]저기 물으러 가겠습니다.

這們時,	[언]·이·러·면,
	[현]이렇다면
到明日咱們同去。	[언]·리·일 우·리 홈·씌 가·져.
	[현]내일 우리 함께 갑시다.
你兩箇看着頭口,	[언]너희 :둘·흔 즘슝 보·라.
	[현]당신 두 사람은 짐승을 보십시오.
[71a]我兩箇到城裏去便來。	[언]·우·리 :둘·흔 자·새 가 ·즉·재 :오·리·라.
	[현]우리 둘은 성 안에 갔다가 바로 오겠습니다.

二、《翻譯老乞大》下

70. 我是他親眷纔從高麗地面來

[1a]拜揖大哥,	[언]·읍·ㅎ·노이·다 ·큰형·님,
	[현]인사드립니다. 큰형님,
這店裏賣毛施布的高麗客人李舍有麼?	[언]·이 :뎜·에 모시·뵈 ·폴 高麗ㅅ 나·그·내 李·개 잇·ᄂ·녀?
	[현]이 여관에 모시베 파는 고려 나그네 이씨가 있습니까?
你尋他怎麼?	[언]·네 ·뎌·를 ·추·자 므·슴 홀다?
	[현]당신은 그 사람을 찾아 무엇하겠습니까?
我是他親眷,	[언]·내 ·뎌 소·니 ·아·ᄉ·미라·니,
	[현]내가 저 나그네의 친척인데

◇◇◇

소니: 손의, 손님의.

-이라니[조]: -이더니, 이다(주어가 지시하는 대상의 속성이나 부류를 지정하는 뜻을 나타내는 서술격 조사).

纔從高麗地面來。	[언]앗·가 ᄀᆺ 高麗ㅅ 따·흐·로·셔 :오라. [현]아까 갓 고려 땅에서 왔습니다.
恰纔出去了,	[언]앗·가 ᄀᆺ ·나·가·니, [현]아까 갓 나갔는데
往羊市角頭去了。	[언]羊 져·제 ·가·니·라. [현]양 시장에 갔습니다.
他說便來。	[언]·제 닐오·디 ·즉재 :오·려 ·ᄒ·더·니, [현]그가 말하기를 즉시 온다고 했으니
[1b]你且出去,	[언]:네 안·직 ·나·갓다·가, [현]당신이 일단 나갔다가
等一會再來。	[언]ᄒ 디·위 기·드·려 다·시 ·오·나·라. [현]한 번 기다렸다가 다시 오십시오.
既他羊市角頭去時,	[언]ᄒ·마 :져 羊져·제 ·니·거·니, [현]저 사람이 이미 저 양시장에 갔으니
又不遠,	[언]·또 :머·디 아·니커·니, [현]또 멀지 않으니
我只這裏等。	[언]내 그저 예·셔 기·들·오리·라. [현]내가 그저 여기서 기다리겠습니다.
隨伱等着。	[언]네 ᄆᆞᆺ·모·로 기·들·워·라. [현]당신 마음대로 기다리십시오. ◇◇◇ ᄆᆞᆺ모로[부]: 마음대로.
他在那箇房子裏下?	[언]:져 어·느 방·의 브·리·여 잇ᄂᆞ·뇨? [현]그 사람은 어느 방에서 묵고 있습니까?
那西南角上,	[언]뎌 西南 모·해, [현]저 서남쪽 모퉁이에 ◇◇◇ 모ᄒ[명]: 모퉁이, 구석.

芭籬門南邊，	[언]·바·ᄌ문 남녁,
	[현]바자문 남쪽

◇◇◇

바ᄌ문[명]: 바자문(바자로 만든 문).

小板門兒便是。	[언]:죠·고·맷 :널문·이 :긔·라.
	[현]조그마한 판문이 바로 거기입니다.

◇◇◇

죠고맷: 조그마한.

널문[명]: 판문.

他出去了，	[언]:제 나·니거·니,
	[현]그 사람이 나갔는데
[2a]看家的有麽？	[언]집 보·리 잇ᄂ·녀?
	[현]집 보는 사람이 있습니까?
有箇後生來，	[언]ᄒᆞᆫ 져·므·니 잇·더·니,
	[현]한 젊은 사람이 있었는데
這裏不見，	[언]예 :몯 보·리로·다,
	[현]여기 안 보이니
敢出去了。	[언]·나간 ·듯ᄒ·다.
	[현]나간 듯합니다.

71. 如今價錢如何

你高麗地面裏，	[언]:네 高麗ㅅ ᄯᅡ·해·셔
	[현]당신은 고려 땅에서
將甚麽貨物來？	[언] 므·슴 :쳔·을 가·져 온·다?
	[현]무슨 물품을 가져왔습니까?

◇◇◇

쳔2[명]: 상품, 물품.

第四章 京城買賣

我將的幾疋馬來。	[언]·내 여러 필 ᄆ·를 가·져 :오·라.	
	[현]내가 여러 필 말을 가져왔습니다.	
再有甚麽貨物?	[언]·또 므·슴 :쳔 잇ᄂᆞ·뇨?	
	[현]또 무슨 물품이 있습니까?	
別沒甚麽,	[언]·별·히 :아·못·것·도 :업·거·니·와,	
	[현]특별한 것은 없지만	

◇◇◇

별히[부]: 특별히.

아못[관]: 아무.

有些人蔘毛施布。	[언]:져·기 人蔘·과 모시·뵈 잇·다.	
	[현]인삼과 모시베가 조금 있습니다.	
[2b]如今價錢如何?	[언]·이제 ·갑·시 :엇·더ᄒᆞ뇨?	
	[현]지금 값이 어떻습니까?	
價錢如常,	[언]·갑시 샹·녜 ·ᄀᆞᆮ·다.	
	[현]값은 평소와 같습니다.	

◇◇◇

샹녜[명]: 상례, 평소, 보통.

人蔘正缺着裏,	[언]人蔘·은 ·졍:히 그·처시·니,	
	[현]인삼은 마침 모자라니	

◇◇◇

그치다[동]: 모자라다, 없다.

最好價錢。	[언]·갑·시 ᄀᆞ·장 :됴·ᄒᆞ니·라.	
	[현]값이 가장 좋습니다.	
如今賣的多少?	[언]·이·제 ·언·머·의 ·폴·고?	
	[현]지금 얼마에 팝니까?	

往年便只是三錢一斤,	[언]아·릭·논 그저 :세 :돈·애 흔 근·시기러·니, [현]전에는 그저 서 돈에 한 근씩이었는데 ◇◇◇ -이러니[조]: -이더니, 이다(주어가 지시하는 대상의 속성이나 부류를 지정하는 뜻을 나타내는 서술격 조사).	
如今爲沒有賣的,	[언]·이·제·논 ·폴 ·리 :업·수모·로, [현]지금은 팔 게 없어서	
五錢一斤家,	[언]닷 :돈·애 흔 근·시·기라·도 [현]닷 돈에 한 근씩이라도	
也沒處尋裏!	[언]·쏘 :어·들 ·듸 :업·스니·라. [현]얻을 곳이 없습니다.	
你那蔘那裏蔘?	[언]네 그 人蔘이 어·듯 人蔘·고? [현]당신의 인삼은 어디의 인삼입니까?	
[3a]我的是新羅蔘。	[언]내 ·해 新羅ㅅ 人蔘·이·라. [현]내 것은 신라 인삼입니다. ◇◇◇ 해1[의]: 것.	
新羅蔘時又好,	[언]新羅ㅅ 人蔘·이면 ·쏘 더·욱 :됴·커·니쓰·나. [현]신라 인삼이면 더욱 좋고말고요.	
愁甚麽賣!	[언]므·슴 ·프·롤 :일 근심ㅎ·리·오? [현]무슨 파는 일을 근심하겠습니까?	

72. 那箇不是李舍來了

那箇不是李舍來了!	[언]·뎨 아·니 李·개 ·오·ㄴ·녀! [현]아니, 저 이씨가 왔네요!

第四章 京城買賣

好麼好麼?	[언]이·대 ·이·대?
	[현]잘 있어요?
幾時來?	[언]:언·제 오·뇨?
	[현]언제 왔습니까?
家裏都好麼?	[언]지·븨·셔 :다 이·대 잇·던·가?
	[현]집 식구들이 다 좋게 있습니까?
都安樂來。	[언]:다 이·대 잇·더·라.
	[현]다 편안히 있습니다.
我下處去。	[언]내 ·햐·츄·에 가·져.
	[현]내 숙소에 갑시다.
	◇◇◇
	햐츄[명]: 묵을 곳, 숙소.
請請!	[언]·쳥ᄒᆞ뇌.
	[현]가십시오.
	◇◇◇
	쳥ᄒᆞ다[동]: 청하다.
裏頭坐的。	[언]안해 ·와 안ᄌᆞ·쇼·셔.
	[현]안에 와 앉으십시오.
你從幾時離了王京?	[언]:네 :언·제 王京·의·셔 ·떠난·다?
	[현]당신은 언제 왕경에서 떠났습니까?
[3b]我七月初頭離了。	[언]·내 七月ㅅ 초싱·애 ·떠:나·라.
	[현]나는 칠월 초승에 떠났습니다.
	◇◇◇
	초싱[명]: 초승.
却怎麼這時間纔來到?	[언]·쏘 :엇·디 이 즈·스·메ᅀᅡ ᄀᆞᆺ 온·다?
	[현]어찌 이 즈음에야 갓 왔습니까?
	◇◇◇
	즈슴2[명]: 즈음, 시간.

我沿路慢慢	[언]·내 ·길조·차 날회여 :오·라.
的來。	[현]나는 길을 따라 천천히 왔습니다.

73. 我家裏有書信麼

我家裏有書	[언]우·리 지·븨 :유·뮈 잇ᄂ·녀?
信麼？	[현]우리 집의 편지가 있습니까?

◇◇◇

유무[명]: 편지.

有書信。	[언]:유·뮈 잇·다.
	[현]편지가 있습니다.
這書上寫	[언]·이 :유무·에 ·써쇼·미,
着，	[현]이 편지에 쓴 것이
沒甚麼備	[언]:아·ᄆ·란 ·ᄌ·셔흔 ·주·리 :업·다.
細。	[현]아무런 자세한 것이 없습니다.

◇◇◇

ᄌ셔ᄒ다[형]: 자세하다.

你來時，	[언]:네 올 저·긔,
	[현]당신이 올 적에
我，	[언]·우:리
	[현]우리
父親，	[언]아·버·님,
	[현]아버님,
母親，	[언]·어·머·님,
	[현]어머님,

伯父, [언]ᄆᆞᆫ아ᄌᆞ·바·님,
　　　　[현]큰아버님,
　　　　◇◇◇
　　　　ᄆᆞᆫ아ᄌᆞ바님[명]: 큰아버님.

叔父, [언]아ᅀᆞ아ᄌᆞ·바·님,
　　　　[현]작은아버님,
　　　　◇◇◇
　　　　아ᅀᆞ아ᄌᆞ바님[명]: 작은아버님.

伯娘, [언]ᄆᆞᆫ아자·빅:겨·집,
　　　　[현]큰어머님,
　　　　◇◇◇
　　　　ᄆᆞᆫ아자빅겨집[명]: 큰어머님, 백모.

[4a]嬸子, [언]아ᅀᆞ아자·빅:겨·집,
　　　　[현]작은어머님,
　　　　◇◇◇
　　　　아ᅀᆞ아자빅겨집[명]: 작은어머님, 숙모.

姐姐, [언]ᄆᆞᆫ누의,
　　　　[현]큰누나,
　　　　◇◇◇
　　　　ᄆᆞᆫ누의[명]: 맏누이, 큰누나.

姐夫, [언]ᄆᆞᆫ누의남진,
　　　　[현]자형,
　　　　◇◇◇
　　　　ᄆᆞᆫ누의남진[명]: 맏누이의 남편, 자형, 매형.

二哥, [언]·둘·잿 형,
　　　　[현]둘째 형님,

三哥, [언]:세·잿 형,
　　　　[현]세째 형님,

嫂子,	[언]형의 :겨·집,	
	[현]형수님,	
妹子,	[언]아ᄉ누의,	
	[현]여동생,	
◇◇◇		
아ᄉ누의[명]: 여동생.		
兄弟們,	[언]아ᄉ·들·히,	
	[현]남동생들이	
都安樂好麽?	[언]:다 이·대 잇·던·가?	
	[현]다 편안히 있었습니까?	
都安樂。	[언]:다 이·대 잇·더·라.	
	[현]모두 다 잘 있었습니다.	
那般好時,	[언]그·리 이·대 이시·면,	
	[현]그렇게 잘 있으면	
休道黃金貴,	[언]황금·이 ·귀ᄒ·다 니ᄅ·디 :말:라.	
	[현]황금이 귀하다고 말하지 마십시오.	
安樂直錢多!	[언]편안·호·미·사 빋·소·미 하·니·라.	
	[현]편안함이야 값지다고 합니다.	
◇◇◇		
빋솜[명]: 비쌈, 값짐.		
怪道,	[언]괴·이홀·셔,	
	[현]어쩐지	
◇◇◇		
괴이ᄒ다[형]: 괴이하다.		
今日早起,	[언]오·늘 아·ᄎ·미,	
	[현]오늘 아침에	

第四章 京城買賣

喜鵲兒噪, [언]·가·치 :울·오,
 [현]까치가 울고
 ◇◇◇
 가치[명]: 까치.

[4b] 又有嚏 [언]·쏘 ·ᄌ·치·임·ᄒ·다·니,
噴來, [현]또 재채기도 하더니
 ◇◇◇
 ᄌ치임ᄒ다[동]: 재채기하다.

果然有親眷 [언]:과·션 아·ᄉ·미 오·고,
來, [현]과연 친척이 오고
 ◇◇◇
 과션[부]: 과연.

又有書信。 [언]·쏘 :유·뮈 오·나·다.
 [현]또 편지도 왔습니다.

却不道, [언]·쏘 아·니 니ᄅᆞ·녀?
 [현]또 말하지 않습니까?

家書直萬 [언]집 :유·뮈 ·일·만 ·량 금·이 ·쏘다 ·ᄒ·ᄂ니·라.
金。 [현]집 편지가 있으면 일만 냥 금이 값있다고 합니다.

小人拙婦和 [언]小人·의 :거·집과 아·히·들·히,
小孩兒們, [현]저희 집사람과 아이들이

都安樂麽? [언]:다 이·대 잇·던·가?
 [현]모두 잘 있었습니까?

都安樂。 [언]:다 편안·ᄒ·더·니.
 [현]모두 편안히 있습니다.

你那小女兒，	[언]네 그 져·믄 ·쏜·리,	
	[현]당신의 그 어린 딸이	
	◇◇◇	
	쫄[명]: 딸.	
出疹子來，	[언]되야·기 :내여 잇더·니,	
	[현]발진했더니	
	◇◇◇	
	되야기[명]: 발진, 홍역.	
我來時都完痊疴了。	[언]나 올 제 ·다 :됴:ᄒ·야 암·그·럿더·라.	
	[현]내가 올 때 다 좋아져서 아물었습니다.	
	◇◇◇	
	암글다[동]: 아물다.	

74. 你將甚麼貨物來

[5a]你將甚麼貨物來？	[언]:네 므·슴 :쳔 가·져 온·다?
	[현]당신은 무슨 물건을 가져왔습니까?
我將着幾疋馬來，	[언]·내 여·러 ·필 물 가져 :오·니.
	[현]나는 말 여러 마리를 가져왔습니다.
又有些人蔘毛施布。	[언]쏘 人蔘·과 모시·뵈·도 잇·다.
	[현]또 인삼과 모시베도 있습니다.
如今價錢如何？	[언]·이·제 ·갑·시 :엇·더ᄒ·고?
	[현]지금 값이 어떻습니까?
馬的價錢和布價只依往常，	[언]물·갑·과 ·뵛·갑·시 그저 :녜 :곧·거니·와,
	[현]말 값과 베 값이 그저 이전과 같지만

人蔘價錢十分好。	[언]人蔘·갑·곳 ᄀ·쟝 :됴·타.	
	[현]인삼 값은 아주 좋습니다.	
	◇◇◇	
	됴타[형]: 좋다.	
說的是。	[언]닐·오·미 ·올·타.	
	[현]말씀이 옳습니다.	
恰纔這店裏,	[언]앗·싸 ᄌᆞㆍ이 :뎜엣,	
	[현]아까 이 여관에 있는	
	◇◇◇	
	앗싸[부]: 아까, 방금.	
那客人也這般說。	[언]·뎌 나·그·내도 ·이·리 니ᄅᆞ·더·라.	
	[현]저 나그네도 이렇게 말했습니다.	

75. 你有幾箇火伴

[5b]你有幾箇火伴?	[언]네 ·몃 :버·디 ·왓ᄂᆞ·뇨?	
	[현]당신네 벗이 몇입니까?	
又有兩箇火伴,	[언]·쏘 :두 :버·디 잇ᄂᆞ·니,	
	[현]두 명 있는데	
都是親眷。	[언]:다 아ᅀᆞ미·라.	
	[현]다 친척입니다.	
一箇是姑舅哥哥,	[언]ᄒᆞ나·흔 :이·셩:ᄉᆞ촌 형·이·오,	
	[현]하나는 고종사촌 형님이고	
	◇◇◇	
	이셩ᄉᆞ촌형[명]: 고종사촌.	
一箇是兩姨兄弟。	[언]ᄒᆞ나·흔 어믜·겨·집동싱·의게 난 아ᅀᆞ.	
	[현]하나는 이종사촌 동생입니다.	
	◇◇◇	
	어믜겨집동싱[명]: 작은 이모.	

在那裏下?	[언]어·듸 브·리·여 잇는고?	
	[현]어디에 묵고 있습니까?	
在順城門官店街北一箇車房裏下着。	[언]順城門官店 거·릿 븍녁 흔 술·윗지·븨 브·리·여 잇·노라.	
	[현]순성문 관점 거리 북쪽에 있는 한 수렛방에 묵고 있습니다.	
從幾時來到?	[언]:언·제 오·뇨?	
	[현]언제 왔습니까?	
我只夜來到。	[언]·내 어·제 오라.	
	[현]우리는 어제 왔습니다.	
這火伴是誰?	[언]이 :버·든 ·누·고?	
	[현]이 벗은 누구입니까?	
[6a]到遼東這邊,	[언]遼東 이녀·그 ·와,	
	[현]요동 이쪽에 와서	
合將他來。	[언]모·다 :오·라.	
	[현]함께 왔습니다.	
他也有幾疋馬,	[언]:더 ·쏘 여·러 필 ㅁ·를 가·져,	
	[현]그 사람도 말 여러 필을 가지고 있어	
一處赶將來。	[언]흔·듸 모·라 :오·라.	
	[현]함께 몰아 왔습니다.	
他是漢兒人,	[언]:더·는 漢人·이·니,	
	[현]그 사람은 한인이고	
在遼東城裏住。	[언]遼東·자·새·셔 :사·더·라.	
	[현]요동 성에서 산다고 합니다.	
我沿路來時,	[언]·내 ·길 조·차 올 시·져·릐,	
	[현]내가 길을 따라 올 때	

◇◇◇

시져릐: 시절에, 때.

好生多得他濟。	[언]ᄀᆞ·장 :만·히 ·뎌·의 거·리·치·믈 니·부·라.
	[현]그의 도움을 많이 받았습니다.

◇◇◇

거리치다[동]: 구제하다.

我漢兒言語,	[언]·나·눈 漢兒의 ·마·를,
	[현]나는 한인의 말을
不理會的,	[언]모·ᄅᆞ모·로,
	[현]모르니까
[6b]路上喫的馬疋草料并下處,	[언]길·헤 머·글 거·시·며 물·돌·히 草料ㅣ·며 ·하·츄·들·히,
	[현]길에서 먹을 것이며 말들의 짚과 콩이며 숙소들이
全是這大哥辛苦。	[언]젼·혀 이 형·님·이 :슈·고·ᄒᆞ더니·라.
	[현]전부다 이 형님이 수고했습니다.

◇◇◇

젼혀[부]: 전혀, 완전히, 모두.

76. 我且到下處去再廝見

說的是。	[언]닐·오·미 ·올·타.
	[현]말씀이 옳습니다.
我且到下處去,	[언]·내 안·직 ·하·츄·에 ·가노·라.
	[현]나는 일단 숙소에 갑니다.
再廝見。	[언]다·시 서르 보·져.
	[현]다시 서로 봅시다.
且停些時,	[언]아·직 머·므러·든,
	[현]조금 더 머물어있으면

咱們聊且喫一盃酒，	[언]·우·리 :잠·깐 흔 ·잔 ·먹·져.	
	[현]우리 잠깐 한 잔 먹읍시다.	

◇◇◇

잠깐1[부]: 잠깐, 잠시, 당분간.

不當接風？	[언]마·지 아·니 홀 것·가？
	[현]맞이를 안 할 것입니까？

◇◇◇

마지[명]: 맞이.

不要，	[언]:마·다.
	[현]아닙니다.
今日忙。	[언]오·ᄂ·리 밧브·니,
	[현]오늘이 바쁘니까
明日再廝見，	[언]릭·실 다·시 서르 ·보·와,
	[현]내일 다시 서로 봐서
喫酒也不遲裏。	[언]수울 머·거·도 늣·디 아·니커·니쓰·나.
	[현]술을 먹어도 늦지 않겠습니다.
[7a]這們時，	[언]·이러·면,
	[현]이렇다면
明日就店裏尋你去，	[언]릭·실 店·에 너 ·츠·자 ·가·셔,
	[현]내일 당신 숙소에 찾아가서
一發和那親眷們，	[언]이·믜·셔 아·슴·들조·쳐,
	[현]친척들까지 함께

◇◇◇

-조쳐[조]: -조차, -마저, -도, -까지.

一處喫一兩盃。	[언]	ᄒᆞᆫ·듸·셔 ᄒᆞᆫ:두 ·잔 수을 머·고리·라.
	[현]	한데서 한두 잔 술을 먹겠습니다.

◇◇◇

ᄒᆞᆫ듸[명]: 한데, 한곳.

我送你到外頭去。	[언]	내 너 보내라 밧ᄭᅴ 가마.
	[현]	내가 당신을 배웅하러 밖에 나가겠습니다.
不要你送。	[언]	·네 너 보·내·기 :말·라.
	[현]	배웅하지 마십시오.
你這房裏没人,	[언]	네 이 방·의 :사·ᄅᆞᆷ :업·스·니,
	[현]	당신 이 방에 사람이 없으니
不要去。	[언]	가·디 :말·라.
	[현]	나가지 마십시오.
這們時,	[언]	·이·러·면,
	[현]	이렇다면
你却休恠,	[언]	:네 ·쏘 허·믈 ·마·오·려.
	[현]	당신 허물 마십시오.
小人没甚麽館待。	[언]	小人은 :아·ᄆᆞ·란 이받·논 ·일·도 :업·스·니.
	[현]	소인은 아무런 해줄 일도 없으니까요.

◇◇◇

이받다[동]: 이바지하다, 바라지하다, 손님을 대접하다.

[7b]恠甚麽,	[언]	므·스·글 허·믈ᄒᆞ·료?
	[현]	무엇을 허물하겠습니까?
咱們一家人,	[언]	·우·리 ᄒᆞᆫ 짓 :사·ᄅᆞ·미·며,
	[현]	우리 한 집 사람이며
又不是別人。	[언]	·쏘 ·ᄯᆞᆫ :사·ᄅᆞᆷ 아니어·니ᄯᆞ·나.
	[현]	또 딴 사람도 아닙니다.

77. 兩箇是買馬的客人一箇是牙子

不多時，	[언]아·니 오·라,
	[현]오래지 않아
却到店裏見。	[언]·쏘 :뎜·에 ·가 보·니,
	[현]다시 숙소에 가보니
店主人和三箇客人立地看馬。	[언]店主人·과 세 ·나그·내 :셔:셔 물 ·보더·니.
	[현]여관 주인과 세 나그네가 서서 말을 보고 있습니다.
店主人說，	[언]店主人·이 ·닐·오·디,
	[현]여관 주인이 말하기를
這三箇火伴，	[언]·이 :세 ·버·디,
	[현]이 세 벗이
兩箇是買馬的客人，	[언]:둘·흔 물 살 나·그·내·오,
	[현]둘은 말을 살 나그네이며
一箇是牙子。	[언]ᄒ나·흔 즈름·이러라.
	[현]하나는 중개인입니다.

◇◇◇

즈름[명]: 주릅(흥정을 붙여 주고 보수를 받는 것을 직업으로 하는 사람), 중개인.

[8a]你這馬他們都一發買將山東賣去。	[언]네 ·이 ᄆ·를 ·뎌 :사·ᄅ·미 :다 홈·끠 ·사 山東·짜호·로 ·폴·라 가·져 가·리·니.
	[현]당신의 이 말들을 저 사람들이 함께 사서 산동 땅으로 팔러 간답니다.
便到市上，	[언]져·제 ·가·도,
	[현]시장에 가도

也只一般。	[언]·쪼 흔가지·니.
	[현]마찬가지입니다.
千零不如一頓。	[언]·즈·믄 ·뜬 거·시 흔 무들·기·만 ·곧·디 :몯ᄒ·니,
	[현]천개의 부스러진 것은 한 무들기만 같지 못하니

◇◇◇

즈믄[관]: 천개, 많은 수.
뜬2[관]: 부스러기의, 자질구레한.
무들기[의]: 무더기.

| 倒不如都賣與他。 | [언]도로·혀 ·뎌 :사·ᄅ·믈 :다 ·ᄑ·라 :줌·만 ·ᄀ·ᄐ·니 :업·스·니. |
| | [현]도리어 저 사람들에게 다 팔아 주는 것만 더 나은 게 없습니다. |

◇◇◇

도로혀[부]: 도리어.
ᄀᄐ다[형]: 같다.

| 你旣要賣時, | [언]:네 ᄒ·마 ·ᄑ·로·려 ·ᄒ거·니, |
| | [현]당신이 이미 팔려고 할 것이면 |

◇◇◇

-오려1[어미]: -으려고, -고자.

| 咱們商量。 | [언]·우·리 :헤아리·져. |
| | [현]우리 상의합시다. |

◇◇◇

헤아리다[동]: 짐작하다, 생각하다, 상의하다.

78. 這箇馬如何

這箇青馬多少歲數？	[언]·이 총·이 ᄆ·리 ·나·히 :언·멘·고?
	[현]이 청말은 나이가 얼마입니까?
	◇◇◇
	총이ᄆᆯ[명]: 총이말, 청말.
	나ㅎ[명]: 나이.
你只拿着牙齒看。	[언]:네 ·니 자·바 보·라.
	[현]당신은 이를 잡아 보십시오.
我看了也,	[언]·내 보·과·라,
	[현]내가 봤는데
[8b]上下衢都沒有,	[언]아라웃 고·리 :다 :업·다.
	[현]아래위 치열이 다 없습니다.
	◇◇◇
	골2[명]: 금, 치열.
十分老了。	[언]ᄀ·장 늙·도·다.
	[현]아주 늙습니다.
你敢不理會的馬歲？	[언]:네 ᄆᆯ ·나·흘 모·ᄅ는 ·둣ᄒ·다?
	[현]당신은 말 나이를 모르는 듯합니까?
這箇馬如何？	[언]·이 ᄆ·리 :엇·더ᄒ고?
	[현]이 말이 어떠냐구요?
今春新騸了的十分壯的馬。	[언]옰보·믜 ·새·로 ·션·ᄒ ᄀ·장 :장·실·ᄒ ᄆ·리·라.
	[현]올 봄에 새로 거세한 아주 건장한 말입니다.
	◇◇◇
	옰봄[명]: 올봄.
	션ᄒ다[동]: 선하다, 불까다, 거세하다.
	장실ᄒ다[형]: 건장하다, 건강하다.

這好的歹的，	[언]·이 됴·ᄒ·니 사·오나·오·니,	
	[현]좋은 말, 나쁜 말,	
都一發商量。	[언]:다 ᄒ·ᄃᆡ :혜·아리·쳐.	
	[현]다 함께 상의합시다.	
這兒馬,	[언]·이 아·질·게ᄆᆞᆯ,	
	[현]이 망아지,	
	◇◇◇	
	아질게ᄆᆞᆯ[명]: 망아지.	
騸馬,	[언]악·대ᄆᆞᆯ,	
	[현]거세한 말,	
	◇◇◇	
	악대ᄆᆞᆯ[명]: 악대말, 거세마.	
赤馬,	[언]졀·다ᄆᆞᆯ,	
	[현]절따말,	
	◇◇◇	
	졀다ᄆᆞᆯ[명]: 절따말(몸 전체의 털색이 밤색이거나 불그스름한 말).	
黃馬,	[언]공·골ᄆᆞᆯ,	
	[현]공골말,	
	◇◇◇	
	공골ᄆᆞᆯ[명]: 공골말(몸 전체의 털색이 누렇고, 갈기와 꼬리가 흰 말).	
鷰色馬,	[언]오류·마,	
	[현]오류말,	
	◇◇◇	
	오류마[명]: 오류말(온몸의 털빛이 검푸른 말).	

[9a] 栗色
馬，
　　　　　　[언]구·렁물,
　　　　　　[현]구렁말,
　　　　　　◇◇◇
　　　　　　구렁물[명]: 구렁말(털 빛깔이 밤색인 말).

黑鬃馬，　　[언]가리·운,
　　　　　　[현]가리온,
　　　　　　◇◇◇
　　　　　　가리운[명]: 가리온(몸은 희고 갈기가 검은 말).

白馬，　　　[언]셜·아물,
　　　　　　[현]서라말,
　　　　　　◇◇◇
　　　　　　셜아물[명]: 서라말(흰 바탕에 거뭇한 점이 섞여 있는 말).

黑馬，　　　[언]가·라물,
　　　　　　[현]가라말,
　　　　　　◇◇◇
　　　　　　가라물[명]: 가라말(털빛이 온통 검은 말).

鎖羅青馬，　[언]츄·마물,
　　　　　　[현]추마말,
　　　　　　◇◇◇
　　　　　　츄마물[명]: 추마말(흰 바탕에 흑색, 짙은 갈색, 짙은 적색 따위의 털이 섞여 난 말).

土黃馬，　　[언]·고·라물,
　　　　　　[현]고라말,
　　　　　　◇◇◇
　　　　　　고라물[명]: 고라말(등마루를 따라 검은 털이 난 누런 말).

繡膊馬, [언]쇠ᄂᆞ·래브·튼물,
[현]어깨에 붉은 점이 있는 황백색 말,
◇◇◇
쇠ᄂᆞ래브튼물[명]: 어깨에 붉은 점이 있는 황백색 말.

破臉馬, [언]간·쟈물,
[현]간자말,
◇◇◇
간쟈물[명]: 간자말(이마와 뺨이 흰 말).

五明馬, [언]가·라간·쟈· ᄉᆞ·족·빅,
[현]오명마,
◇◇◇
가라간쟈ᄉᆞ족빅[명]: 오명마(몸의 털 빛깔은 검고 이마와 네발은 흰 말).

桃花馬, [언]도화쟘·불물,
[현]도화마,
◇◇◇
도화쟘불물[명]: 도화마(흰 털에 붉은 반점이 있는 말).

青白馬, [언]·털쳥총·이,
[현]철청총이,
◇◇◇
털쳥총이[명]: 철청총이(푸른색의 털에 흰 털이 조금 섞인 말).

豁鼻馬, [언]·고 ·ᄯᅠᆫ 물,
[현]코쨴말,
◇◇◇
ᄯᅠ다[동]: 째다, 찢다.
고ᄯᅠᆫ물[명]: 코쨴말(달릴 때 숨 쉬기 편하도록 코를 쨴 말).

騍馬,　　　[언]·아물,
　　　　　　[현]암말,
　　　　　　◇◇◇
　　　　　　아물[명]: 암말(말의 암컷).

懷駒馬,　　[언]삿·기 빈 물,
　　　　　　[현]새끼 밴 말,
　　　　　　◇◇◇
　　　　　　빈다[동]: 배다, 잉태하다.
　　　　　　삿기 빈 물[명]: 새끼 밴 말.

環眼馬,　　[언]골·회·눈·이,
　　　　　　[현]고리눈말,
　　　　　　◇◇◇
　　　　　　골회눈이[명]: 고리눈말(고리눈을 가진 말).

劣馬,　　　[언]굴·외·눈 물,
　　　　　　[현]가래는 말,
　　　　　　◇◇◇
　　　　　　굴외눈 물[명]: 가래는 말.

這馬牛行花　[언]·이 ᄆ·리 :쇠·거:름 ·ᄀ·티 즈늑즈느기 :건·눈
塔步,　　　ᄆ·리로·다.
　　　　　　[현]이 말이 소걸음 같이 느릿느릿하게 거는 말입
　　　　　　니다.
　　　　　　◇◇◇
　　　　　　쇠거름[명]: 소걸음(느릿느릿 걷는 걸음).

[9b]又竄行　[언]·쏘 잘 :건·눈 물,
的馬,　　　[현]또 잘 걷는 말,

鈍馬, [언]·쁜 물,
[현]느린 말,
◇◇◇
쁘다2[형]: 뜨다, 느리다, 둔하다.
쁜 물[명]: 느린 말, 뜬 말, 둔한 말.

眼生馬, [언]:놀·라·는 물,
[현]놀라기를 잘하는 말,
◇◇◇
놀라는 물[명]: 놀라기를 잘하는 말.

撒蹶的馬, [언]:뼤·는 물,
[현]비트적거리는 말,
◇◇◇
뼤다[동]: 비트적거리다.

前失的馬, [언]앏 거·티·는 물,
[현]앞발을 저는 말,
◇◇◇
앏[명]: 앞.
거티다2[동]: 절다, 넘어지다, 고꾸라지다.

口硬馬, [언]아·귀 :센 물,
[현]고집이 센 말,
◇◇◇
아귀세다[형]: 억세다, 고집이 세다.

口軟馬。 [언]고·개 므른 물.
[현]온순한 말,
◇◇◇
므르다[형]: 무르다.
고개 므른 물[명]: 온순한 말.

這些馬裏頭,   [언]이 물·들 듕·에,
            [현]이 말들 중에

歹的十箇,   [언]사·오나·오·니·열·히로소·니,
            [현]나쁜 말 열 마리이니

一箇瞎,   [언]ᄒ나·흔 ·눈 :멀·오,
            [현]하나는 눈 멀고

一箇跛,   [언]ᄒ나·흔 흔 ·발 :절·오,
            [현]하나는 한 발이 절고

一箇蹄歪,   [언]ᄒ나·흔 ·굽 기·울·오,
            [현]하나는 발굽 기울이고
            ◇◇◇
            기울다[동]: 기울이다, 기우뚱거리다.

一箇磨硯,   [언]ᄒ나·흔 ·굽 ·ᄀ·리·논 물,
            [현]하나는 발굽이 닳았고
            ◇◇◇
            ᄀ리다[동]: 갈리다, 닳다.

一箇打破脊梁,   [언]ᄒ나·흔 등 :헌 물,
            [현]하나는 등이 헐었고

一箇熟瘸,   [언]ᄒ나·흔 지·페딘 물,
            [현]하나는 다리를 절고
            ◇◇◇
            지페디다[동]: 다리를 절름거리다, 다리를 절다.

[10a]一箇疥,   [언]ᄒ나·흔 비로 오른 물,
            [현]하나는 비루 오른 말인데다가
            ◇◇◇
            비로[명]: 비루(개나 말, 나귀 따위의 피부가 헐고 털이 빠지는 병).
            오ᄅ다[동]: 오르다.

三箇瘦。　　　[언]:세:흔 여·윈 몰.
　　　　　　　[현]셋은 여위었습니다.
只有五箇好　　[언]:다·믄 다·스·시 :됴·흔 무·리로·다.
馬。　　　　　[현]다만 다섯이 좋은 말입니다.

79. 你這馬相滾着要多少價錢

你這馬,　　　[언]네 ·이 무·를,
　　　　　　　[현]당신의 이 말들을
好的歹的,　　[언]:됴·흐·니 사·오나·오·니,
　　　　　　　[현]좋은 말, 나쁜 말
大的小的,　　[언]·크·니 :쟈·그·니,
　　　　　　　[현]큰 말, 작은 말
相滾着,　　　[언]모·도·와,
　　　　　　　[현]모아서
要多少價　　　[언]:언·메나 ·갑·슬 받·고·져 ·ᄒᆞᄂᆞ:다?
錢?　　　　　[현]얼마나 값을 받고자 합니까?
一箇家說了　　[언]ᄒᆞ나·콤 갑·슬 니ᄅᆞ·라.
價錢,　　　　[현]하나씩 값을 말하십시오.
通要一百四十　[언]:대·되 一百 四十 兩 銀·을 바·도리·라.
兩銀子。　　　[현]모두 일백사십 냥 은자를 받겠습니다.
你說這般價　　[언]:네 ·이리곰 ·갑·슬 닐·어 므슴 훌·다?
錢怎麼?　　　[현]당신은 이렇게 값을 말해서 무엇합니까?
[10b]你只說　　[언]네 그저 ·풀 ·갑·슬 니ᄅᆞ·라.
賣的價錢,　　[현]당신은 그저 팔 값을 말하십시오.

沒來由這般 胡討價錢。	[언]·속·졀 :업·시 간:대·로 ·갑·슬 바·도·려 ·ᄒ·노 괴·여. [현]속절없이 마음대로 값을 받으려 하는구나.	
我不是矯商 量的。	[언]·내 너므 :혜·아·리·디 아·니·ᄒ·노·라. [현]나는 너무 계산하지 않습니다.	
你說的是 時,	[언]네 닐·옴·곳 ·올·ᄒ·면, [현]당신이 말이 옳다면	
兩三句話,	[언]:두·서 :마·래·도, [현]두어 말을 해도	
交易便成 了。	[언]흥졍·을 ·즉·재 ᄆ·츨 거·시·니, [현]흥정을 즉시 마칠 것이니	
不要你這般 胡討價錢,	[언]:네 ·이·리 간:대·로 ·갑·슬 바·도·려 :말·라. [현]당신이 이렇게 마음대로 값을 받으려고 하지 마십시오.	
怎麽還你的 是?	[언]:엇·디 너·를 ·주·어·사 ·올·ᄒ·고? [현]어찌 당신한테 주어야 옳겠습니까?	

80. 我是箇牙家

牙子說,	[언]즈르·미 닐·오·딕, [현]중개인 말하는데	
客人們,	[언]나·그·내:네, [현]나그네들,	
[11a]你不要 十分多討,	[언]:네 ᄀ·장 너므 바·도려 :말·라. [현]당신은 가장 너무 받으려고 하지 마십시오.	

你兩箇枉自成不得。	[언]너희:들히 ·속·졀:업·시 일·우·디 :몯ᄒ·리로·다.
	[현]당신 두 사람은 속절없이 이루지 못할 것입니다.
	◇◇◇
	일우다[동]: 이루다.
我是箇牙家,	[언]·나·는 즈르·미·니,
	[현]나는 중개인이니
也不向買主,	[언]·또 살 :님:자·도 :셔·디 아·니ᄒ·며,
	[현]또 살 임자를 세우지 않고
也不向賣主,	[언]·풀 ·님·자·도 :셔·디 아·니·ᄒ·야,
	[현]팔 임자도 세우지 않아
我只依直說。	[언]·내 바른 ·대·로 닐·오리·라.
	[현]내가 바른 대로 말할 것입니다.
你要一百四十兩銀子時,	[언]:네 一百 四十兩 銀·을 바·도·려 ·ᄒ·거시·니,
	[현]당신은 일백사십 냥 은자를 받으려 하는데
這五箇好馬,	[언]·이 다·숫 :됴ᄒᆞᆫ ᄆᆞᆯ·와,
	[현]이 다섯 마리 좋은 말과
十箇歹馬,	[언]·열 사·오·나·온 ᄆᆞᆯ게,
	[현]열 마리 나쁜 말에게
[11b]你筭多少?	[언]:네 :언·메·나·곰 :혜·ᄂᆞᆫ·다?
	[현]당신은 얼마나씩 계산합니까?
這五箇好馬,	[언]·이 다·숫 :됴ᄒᆞᆫ ᄆᆞᆯ게·ᄂᆞᆫ,
	[현]이 다섯 마리 좋은 말에게는
我筭的該六十兩;	[언]내 :혜·요·ᄆᆞᆫ 예:슌 량·이·오,
	[현]내가 계산한 것은 예순 냥이며
	◇◇◇
	예슌[수][관]: 예순.

這十箇歹馬，	[언]·이 ·열 사·오·나·온 물게·는,	
	[현]이 열 마리 나쁜 말에게는	
我筭的該八十兩。	[언]내 혜·요·믄 여·든 량·이·라.	
	[현]내가 계산한 것은 여든 냥입니다.	
似這般價錢，	[언]·이·런 ·갑·새·는,	
	[현]이런 값으로는	
其實賣不得。	[언]진·실·로 ·프·디 :몯ᄒ·리·라.	
	[현]정말로 팔지 못합니다.	
如今老實的價錢，	[언]·이·제 고·디시·근 ·갑·슬,	
	[현]지금 진실한 값을	
	◇◇◇	
	고디식다[형]: 진실하다.	
說與你。	[언]너ᄃᆞ·려 닐·오·마.	
	[현]당신에게 말하겠습니다.	
兩家依着我說，	[언]:둘히 내 :말 조·차,	
	[현]두 사람은 내 말을 쫓아서	
交易了如何？	[언]흥졍:호·딘 :엇·더ᄒ·뇨?	
	[현]흥정하는 것이 어떻습니까?	

81. 我且聽你定的價錢

[12a]我且聽你定的價錢。	[언]·내 안·직 네 일·뎡ᄒᆞᆫ ·갑·슬 드·로·마.	
	[현]내가 일단 당신이 정한 값을 듣겠습니다.	
這五疋好馬，	[언]·이 :됴ᄒᆞᆫ 물 닷 피·레,	
	[현]이 좋은 말 다섯 마리에는	

每一疋八兩	[언]:믜 흔 피·레 은 여·듧 량·곰 ᄒ·면,
銀子，	[현]매 한 마리에는 은 여덟 냥씩 하면
通該四十	[언]:대·되 마·ᄉᆞᆫ 량·이·오.
兩；	[현]모두 마흔 냥입니다.
這十箇歹	[언]·이 ·열 사·오나·온 물게·는,
馬，	[현]이 열 마리 나쁜 말에게는
每一箇六兩	[언]:믜 ᄒᆞ나·히 은 엿 량·시·기·면,
銀子，	[현]매 하나에 은 엿 냥씩 하면
通該六十	[언]:대:되 예:슌 량·이·니.
兩。	[현]모두 예순 냥입니다.
共通一百	[언]모·도·니 一百 兩·이·로소·니,
兩，	[현]모아서 일백 냥이 되니
成了罷。	[언]흥졍 ᄆᆞ·차·도 므던ᄒᆞ·다.
	[현]흥정 마쳐도 괜찮겠습니다.
似你這般定	[언]네 ·이·리 ·일·뎡ᄒᆞᆯ ·갑·시·사,
價錢，	[현]당신이 이렇게 정한 값이야
[12b]就是高	[언]·곧 高麗人 ·짜·히라도,
麗地面裏，	[현]고려 땅에서도
也買不得，	[언]·ᄯᅩ 사·디 :몯ᄒᆞ·리로·다.
	[현]사지 못할 것입니다.
那裏是實要	[언]어·듸 진·실·로 ᄆᆞᆯ 사·고·져 ·ᄒᆞ·ᄂᆞ니·고,
買馬的，	[현]어디 진실로 말 사려고 하는 사람이고
只是胡商量	[언]젼·혀 간:대·로 :혜·아·리ᄂᆞ·다.
的！	[현]전혀 마음대로 계산합니다.
這箇客人，	[언]·이 나·그·내,
	[현]이 나그네,

你說甚麼話！	[언]:네 므·슴 :말 니·ㄹ는·다? [현]당신은 무슨 말을 합니까?
不買時害風那，	[언]사·디 아·니ㅎ·면 ㅂ룸 :쐬·이·라 오·려? [현]사지 않는다면 바람 쐬러 왔겠는가?

◇◇◇

ㅂ룸2[명]: 바람.
쐬이다2[동]: (바람) 쐬다.
-오려2[어미]: -고 싶은 것이랴.

做甚麼來這裏商量？	[언]므스·므·라 예 ·와·셔 :혜·아리리오? [현]무엇하러 여기 와서 상담하겠습니까?

82. 這馬恰纔牙家定來的價錢還虧着我了.

這馬恰纔牙家定來的價錢，	[언]·이 ㅁ·릐 앗·가 즈릅이 ·일·뎡혼 ·갑·시, [현]조금 전에 중개인 정한 이 말들의 값으로는
[13a]還虧着我了。	[언]·다·하 내게 :셟·웨·라. [현]오직 내게 손해입니다.

◇◇◇

셟다[형]: 셟다, (손해를 봐서) 섭섭하다.

你這般的價錢不賣，	[언]:네 ·이·런 갑·새 ·프·디 아·니ㅎ·고, [현]당신이 이런 값으로 팔지 않고
你還要想甚麼？	[언]:네 ·다·하 므·스·글 스랑·ㅎ·는·다? [현]오히려 무엇을 생각하겠습니까?

◇◇◇

스랑ㅎ다1[동]: 생각하다, 고려하다.

你兩家休只管叫喚,	[언]너희 :둘·히 다·하 짓글·히·디 ·말·오.
	[현]당신 두 사람은 오직 성가시게 굴지 마십시오.
	◇◇◇
	짓글히다[동]: 지껄이다, 외치다, 소리 지르다, 다투다, 성가시게 굴다.
買的添些箇,	[언]·사·리 :져·기 더으·고,
	[현]살 사람은 조금 더해주고
	◇◇◇
	사리[명]: 살 사람.
賣的減了些箇。	[언]·폴·리 :져·기 :덜·오.
	[현]팔 사람은 조금 덜어주십시오.
	◇◇◇
	폴리[명]: 팔 사람.
再添五兩,	[언]다·시 닷 량·만 더으·면,
	[현]다시 닷 냥만 더하면
共一百零五兩,	[언]:대·되 一百 兩·이·오 ·뜬·니 닷 량이·로소·니,
	[현]모두 일백 냥이고 우수리 닷 냥이니
	◇◇◇
	뜬3[명]: 우수리, 끝수, 나머지, 정수에 차지 못할 것.
成交了罷!	[언]흥졍 ᄆ·차·도 ·므던·ᄒ·도·소·니.
	[현]흥정 마쳐도 괜찮겠습니다.
	◇◇◇
	ᄆ차도: 마차도, 마쳐도.
天平地平。	[언]하·ᄂ·리 ·편·ᄒ:며 ·따·히 ·편ᄒ ·둣·ᄒ·도·다.
	[현]하늘이 공평하고 땅도 공평한 듯합니다.
	◇◇◇
	하늘[명]: 하늘.
	편ᄒ다[형]: 편하다, 평안하다, 공평하다.

[13b]買主伱 不添價錢，	[언]살 :님:재·야 :네 ·갑:슬 더으·디 ·아·니 ·ᄒ·야·도，	
	[현]살 임자야 당신이 값을 더하지 않으면	
也買不得。	[언]·또 사·디 :몯·ᄒ리며，	
	[현]사지 못할 것이며	
賣主多指望 價錢，	[언]·풀 :님·재 갑슬 ·만·히 ·ᄇ·라·도，	
	[현]팔 임자야 값을 많이 바라보면	
也賣不得。	[언]·또 :ᄑ·디 :몯ᄒ·리·라.	
	[현]또 팔지 못할 것입니다.	
邊頭立地閑 看的人說，	[언]ᄀ·쇄·셔·셔 :놀·며 ·보·ᄂ ᆫ :사·ᄅ미 닐·오·디,	
	[현]옆에 서서 놀면서 보는 사람이 말하는데	
	◇◇◇	
	ᄀ[명]: 가, 변두리, 가장자리, 옆.	
這牙家說的 價錢，	[언]이 즈ᄅ·믜 니ᄅ논 ·갑·시,	
	[현]이 중개인이 말하는 값이	
正是本分的 言語。	[언]:졍·히 고·돈 :마·리로·다.	
	[현]정말로 올바른 말입니다.	
	◇◇◇	
	곧다[형]: 올바르다.	

83. 低銀子不要與我

罷罷,	[언]·두·워 ·두·워.
	[현]두십시오, 두십시오.
咱們只依牙 家的言語成 了罷。	[언]·우·리 그저 즈ᄅ·믜 :말소:물 드러 ᄆ·초·디 므 던ᄒ·다.
	[현]우리 그저 중개인의 말씀을 들어 마쳐도 괜찮 습니다.

[14a]既這般時,	[언]이·믜 ·이·러ᄒ·면,
	[현]이미 이렇다면
價錢邊虧着我。	[언]·갑·시 다·하 내게 :셜웨·라.
	[현]값이 오직 내게 손해입니다.
只是一件低銀子,	[언]오직 ᄒᆞ 가·짓 ᄂᆞᆺ가온 은·으·란,
	[현]다만 한 가지 낮은 은일랑

◇◇◇

ᄂᆞᆺ갑다[형]: 낮다.

不要與我,	[언]:날 주·디 :말오.
	[현]나한테 주지 마십시오.
好銀子與我些。	[언]:됴·ᄒᆞ 은·을 :날 ·다·고·려.
	[현]좋은 은자를 나한테 주십시오.
咳低銀我也没。	[언]·해 ᄂᆞᆺ가·온 은이 나도 :업다.
	[현]아이구! 낮은 은이 나도 없습니다.

◇◇◇

해2[감]: 아이구! 아이참! 허!

我的都是細絲官銀。	[언]내 ·해 ·다 :실 ·가·는 구의나깃 은·이·라.
	[현]내 것은 다 실이 가는 관청에서 난 은입니다.
既是好銀時,	[언]ᄒᆞ마 :됴·ᄒᆞ 은이라 ᄒᆞ·거·니,
	[현]이미 좋은 은자라고 하니
咱先看了銀子,	[언]·우·리 몬져 은 보·고,
	[현]우리 먼저 은자를 보고
寫契。	[언]·글·월 쓰·져.
	[현]글월을 씁시다.

◇◇◇

글월2[명]: 글월, 매매 계약서.

[14b]這們便布俗裏取銀子來,	[언]·이·러·면 ·뵈·쟐·의 은 가·져다·가, [현]이렇다면 베자루의 은자를 가져다가 ◇◇◇ 뵈쟐[명]: 베자루.	
着牙人先看。	[언]즈르·믈 몬져 :뵈·라. [현]중개인에게 먼저 보이십시오.	
你賣主自家看,	[언]너 ·폴·리 손·조 보·라. [현]당신 팔 사람이 직접 보십시오.	
裏頭没有一錠兒低的。	[언]:소·개 훈 :뎡·도 ᄂᆞ·가·오·니 :업스니·라. [현]속에 한 덩이 낮은 것도 없습니다. ◇◇◇ 뎡[의]: 덩이.	
這銀子雖是看了,	[언]이 은·을 비록 보·나, [현]이 은자를 비록 봤으나	
真假我不識。	[언]진·짓 ·치 :거·즛 ·치 ·내 모·로노·니, [현]진짜 것인지 가짜 것인지 내가 모르니 ◇◇◇ 치[의]: 것(어떠한 특성을 가진 물건 또는 대상). 거즛[명]: 거짓.	
你記認着,	[언]·네 ·보·람 두·라. [현]당신이 서명을 두십시오. ◇◇◇ 보람[명]: 서명, 기호.	
久後使不得時,	[언]·후·에 ·쓰·디 :몯·ᄒᆞ면, [현]후에 쓰지 못하면	
我只問牙家换。	[언]·내 그저 즈름ᄃᆞ려 무러 밧·고리·라. [현]내가 그저 중개인에게 물려 바꿀 것입니다. ◇◇◇ 물다[동]: (돈을) 물다, 갚다, 물리다.	

[15a]我有認色了，	[언]·내 ·보·라·믈 ·둣노·라.	
	[현]내가 서명을 두었습니다.	
不揀幾時要換。	[언]:아·모·제·라 :업·시 밧·고리라.	
	[현]아무때라 없이 바꿀 것입니다.	

◇◇◇

아모제[명]: 아무때.

84. 文契着誰寫

文契着誰寫？	[언]·글·워·를 :눌 ·ᄒ·야 쓰·이·료?	
	[현]글월을 누구로 하여금 쓰게 합니까?	
牙家就寫。	[언]즈르·미 ·즉·재 ·쓰라.	
	[현]중개인이 즉시 쓰십시오.	
這契寫時，	[언]·이 ·글·워·를 ·쓰·면,	
	[현]이 글월을 쓰면	
一總寫麼？	[언]흔 ·듸 ·쓸·가?	
	[현]한 곳에 쓸까요?	
分開着寫，	[언]·빼·혀 쓰·고,	
	[현]나눠 쓰고	

◇◇◇

빼혀다[동]: 깨뜨리다, 나누다, 가르다.

休總寫。	[언]모·도·와 ·쓰·디 :말·라.	
	[현]모아서 쓰지 마십시오.	
總寫時，	[언]·한 ·듸 ·쓰·면,	
	[현]한 곳에 쓰면	
怎麼轉賣與人？	[언]:엇·디 옴·겨 ·프·라 ·ᄂᆞᆷ 주·리·오?	
	[현]어찌 옮겨 팔아서 남에게 주겠습니까?	

你各自寫着。	[언]:네 각·각 ·쓰·라.
	[현]당신이 각각 쓰십시오.
你這馬是一箇主兒的那,	[언]네 ·이 므·리 흔 :님·자·가?
	[현]당신이 이 말들이 한 임자인가요?
[15b]是各自的?	[언]·이 ·각·각 ·치·가?
	[현]각각의 것입니까?
這馬是四箇主兒的,	[언]·이 므·리 :네 :님·자·읫 거·시·니,
	[현]이 말들이 네 명 임자의 것이니
各自有數目,	[언]·각·각 제 :수 잇ᄂ·니·라.
	[현]각각 제 수자가 있습니다.
你從頭寫我的馬契。	[언]:네 ·첫 ·그·투·로 내 물 ·프·는 ·글·월 ·쓰·라.
	[현]당신은 첫 번째로 내 말 파는 글월을 쓰십시오.

◇◇◇

끝[명]: 끝.

你的馬是家生的那元買的?	[언]네 므·리 지·븨·셔 :내·니·가 본·디 사·니·가?
	[현]당신의 말은 집에서 난 것인가요? 원래 산 것입니까?
我的是元買的。	[언]내 ·해 본·디 사·니·라.
	[현]내 것은 원래 산 것입니다.
你在那裏住?	[언]:네 어·듸·셔 사·ᄂ·다?
	[현]당신은 어디에 삽니까?
姓甚麽?	[언]:셩·이 므·스·기신·고?
	[현]성은 무엇입니까?
我在遼東城裏住,	[언]·내 遼東·잣 안해·셔 ·사·ᄂ·라.
	[현]나는 요동 성안에서 삽니다.

[16a]姓王，	[언]:성·이 王:개로·니,	
	[현]성은 왕이라고 하니	
寫着王某着。	[언]王 :아·뫼·라 ·ᄒᆞ·야 ·쓰·라.	
	[현]왕 아무개라고 쓰십시오.	

◇◇◇

아뫼[대]: 아무개.

85. 我寫了這一簡契了我讀伱聽

我寫了這一簡契了，	[언]·내 ·이 혼 글·월 ·쓰·과라.
	[현]내가 이 글월 하나 썼습니다.

◇◇◇

-과라[어미]: -었다, -노라, -았(었)노라.

我讀伱聽。	[언]·내 닐·고·마 ·네 드르·라.
	[현]내가 읽고 당신이 들으십시오.
遼東城裏住人王某，	[언]遼東·자·새·셔 :사·는 :사·룸 王 ·아·뫼,
	[현]요동 성안에서 사는 사람 왕 아무개가
今爲要錢使用，	[언]·이·제 :돈 ·쓰·고·져 ·ᄒᆞ·야,
	[현]이제 돈을 쓰고자 하여
遂將自己元買到，	[언]·트·록 내 본·디 :사·온,
	[현]마침내 자기가 원래 사온

◇◇◇

트록[부]: 드디어, 마침내, 결국, 끝내.

赤色騸馬一疋年五歲，	[언]졀·다악·대물 혼 피리 ·쉬 다·ᄉᆞᆺ :서·리·오,
	[현]거세한 절따말 한 마리, 곧 다섯 살이고

◇◇◇

쉬[부]: 쉬이, 곧.

左腿上有印記，	[언]왼 :뒷다리 우·희 ·인 마즌 ·보·라·미 잇ᄂ·니,	
	[현]왼쪽 뒷다리 위에 인이 찍힌 기호가 있는데	
[16b]憑京城牙家羊市角頭街北住坐張三，	[언]:셔·울 즈름·ᄒ·ᄂ 羊市 져제 거·릿 ·븍·녁·의·셔 :사·ᄂ 張三·을 의빙ᄒ·야,	
	[현]북경 중개인이 하는 양시장 거리의 북쪽에 살고 있는 장삼(張三)에 의거하여	
作中人，	[언]듕신 사·마,	
	[현]중개인으로 삼아	
	◇◇◇	
	듕신[명]: 중인, 주릅, 중개인.	
賣與山東濟南府客人李五，	[언]山東濟南府·엣 나·그·내 李五·의게 ·ᄑ라·주·워,	
	[현]산동 제남부 나그네 이오(李五)에게 팔아 주어	
永遠爲主。	[언]니·르·리 :님·자 도의·여.	
	[현]이른바 임자가 되겠습니다.	
	◇◇◇	
	니르다[동]: 이르다, 말하다, 도착하다.	
兩言議定，	[언]:두 ·녁 ·말·로 ·의·뎡·ᄒ·야,	
	[현]두 쪽 말로 상의해서	
	◇◇◇	
	의뎡ᄒ다[동]: 상의하다.	
時值價錢，	[언]시·딕갑·ᄉ·로,	
	[현]시가로	
	◇◇◇	
	시딕[명]: 시가, 시세.	
白銀十二兩。	[언]·시·푼은 ·열:두 량·애 ·ᄒ·야,	
	[현]십성 은자 열두 냥에 하고	
	◇◇◇	
	시푼[명]: 십성(순도 10할).	

第四章 京城買賣

其銀立契之日,	[언]그 은·을 글·월혼 나·래,
	[현]그 은자를 글월을 쓴 날에
一幷交足,	[언]홈·쯰 :주·믈 츠·게 ᄒ·고,
	[현]함께 주기 충분히 하고

◇◇◇

홈쯰[부]: 함께.
츠다3[동]: 차다(滿).
츠게[부]: 족히, 충분히.

外沒欠少。	[언]·쪼·로 ·쩌·디·기 업·게 :홀디·니.
	[현]따로 모자라는 일이 없게 할 것입니다.

◇◇◇

쪼로[부]: 따로.
쩌디다2[동]: 모자라다, 차이 나다.

[17a]如馬好歹,	[언]ᄒ다·가 ᄆ·릭 :됴·홈 구·주므·란,
	[현]만일 말의 좋고 나쁨은

◇◇◇

궂다[형]: 나쁘다.

買主自見。	[언]살 :님·재 ·제 보고,
	[현]살 임자가 스스로 보고
如馬來歷不明,	[언]·ᄒ다·가 ᄆ·릭 來歷·이 不明혼 ·일라는,
	[현]만일 말의 내력이 분명하지 않은 일은
賣主一面承當。	[언]·포·는 :님재 혼은·자 맛드리니.
	[현]팔 임자가 혼자 담당할 것입니다.

◇◇◇

혼은자[부][명]: 혼자.
맛ᄃ다[동]: 맡다, 담당하다.

成交已後,	[언]흥·졍 ᄆ촌 후·에,
	[현]흥정이 마친 후에

各不許番	[언]·각·각 므르기를 듣디 :마·져.	
悔。	[현]각각 무를 수 없습니다.	
如先悔的,	[언]·ᄒ다·가 몬져 므르리란,	
	[현]만일 먼저 무르자고 하는 사람은	
罰官銀五	[언]구의나·깃 은 닷 량을 벌로 내여,	
兩,	[현]관청에서 난 은 닷 냥을 벌금으로 내여	
與不悔之	[언]므르져 아·니 ·ᄒᄂ ·사ᄅᆷ ·주·워,	
人,	[현]무르자고 하지 않는 사람에게 주어	
使用無詞。	[언]·쁘게 ᄒ·야·도 ·잡:말 몯ᄒ·리·니.	
	[현]쓰게 해도 잡말을 못할 것입니다.	
恐後無憑,	[언]·ᄒ다가 후에 미·들 ·고·디 :업·슬·가 ᄒ·야,	
	[현]만일 후에 믿을 곳이 없을까 하여	
[17b]故立	[언]·부·러 ·이 문긔 ᄆᆡᇰ·ᄀ·라 ·쁘져.	
此文契爲用	[현]일부러 이 문서를 만들어 쓰고자 합니다.	
者。	◇◇◇	
	문긔[명]: 문서, 매매, 계약서.	
某年月日,	[언]·아·모 ·희 ·아·모 ·ᄃᆞᆯ :아·모 ·날,	
	[현]모년 모월 모일	
立契人王某	[언]·글·월 ᄆᆡᇰ·ᄀᆞᆫ :사ᄅᆷ 王 아·뫼 일·홈 두고,	
押,	[현]글월을 만든 사람 왕 아무개 이름을 쓰고	
牙人張某	[언]즈름 張 :아·뫼 일·홈 ·두엇·다.	
押。	[현]중개인 장 아무개 이름을 썼습니다.	
其餘的馬	[언]그 나ᄆᆞᆫ ᄆᆞᆯ 글·월도,	
契,	[현]그 남은 말들의 글월도	
	◇◇◇	
	−은2[어미]: −은.	

都寫了也。　　[언]:다 써·다.
　　　　　　　[현]다 썼습니다.

86. 咱們筭了牙稅錢着

咱們筭了牙　　[언]·우리 즈름·쌉 글·월 벗긊갑·들 혜·져.
稅錢着。　　　[현]우리 중개료와 글월 작성료를 계산합시다.
　　　　　　　◇◇◇
　　　　　　　즈름쌉[명]: 즈름값, 중개료.
　　　　　　　벗기다[동]: (문서나 증서를) 베끼다, 작성하다.
　　　　　　　글월 벗긊갑: 세전, 대서료, 글월 작성료, 매매 문서를 작성할 값.

舊例買主管　　[언]舊例에·는 살 님:재 ·글·월 벗·긊 ·갑슬 ᄀᆞᅀ:말
稅,　　　　　·오,
　　　　　　　[현]전례에는 살 임자가 글월 작성료를 부담하고
　　　　　　　◇◇◇
　　　　　　　구례[명]: 전례, 선례.

賣主管牙　　　[언]풀 :님·재 즈릆 ·갑슬 ᄀᆞᅀ마·ᄂᆞ·니.
錢。　　　　　[현]팔 임자는 중개료를 부담합니다.

[18a]你各自　　[언]:네 ·각·각 즈름 ·갑·과 ·글·윓 ·갑·들 :혜·라.
筭將牙稅錢　　[현]당신들이 각각 중개료와 글월 작성료를 계산하
來。　　　　　십시오.

我這一百零　　[언]·우·리 ·이 一百 ·쁜 닷 량·애,
五兩,　　　　[현]우리 이 일백 냥과 우수리 닷 냥에

該多少牙稅　　[언]牙錢 稅錢·이 :언·메·나 ᄒᆞ·뇨?
錢?　　　　　[현]중개료와 글월 작성료가 얼마나 합니까?

你自筭。	[언]:네 :혜·라.	
	[현]당신들이 계산하십시오.	
一兩該三分，	[언]흔 량·애 :세 ·푼·식·이·오,	
	[현]한 냥에 서 푼씩이고	
十兩該三錢，	[언]·열 량·애 :세 :돈 ·시·기·면,	
	[현]열 냥에 서 돈씩이면	
一百零五兩，	[언]一百 ·뜬 닷 량·애,	
	[현]일백 냥과 우수리 닷 냥에	
牙稅錢該三兩一錢五分。	[언]牙錢稅錢·애 :석 ·량 흔 :돈 ·닷 :분·이 ·드노소·니.	
	[현]중개료와 글월 작성료에 석 냥 한 돈 닷 푼이 듭니다.	
牙稅錢都筭了。	[언]牙錢稅錢·을 :다 ·혜·어·다.	
	[현]중개료와 글월 작성료를 다 계산했습니다.	

87. 我這馬契幾時稅了

我這馬契，	[언]·우·리 ·이 몰 :글·워·를,	
	[현]우리 이 말의 글월은	
[18b]幾時稅了？	[언]어·느 ·제 벗·기려·뇨?	
	[현]언제 작성료를 냅니까?	
這的有甚麽難。	[언]·이·거시 므·슴 어·려:운 ·고·디 잇ᄂ·뇨?	
	[현]이것은 무슨 어려운 게 있습니까?	
你着一箇火伴，	[언]:네 흔 :벋·ᄒ·야,	
	[현]당신은 벗 한 명을 시켜	
跟我去來，	[언]:날 ·조·차 ·가,	
	[현]나를 쫓아	

到那裏便了。	[언]뎨 가·면 ·곤 ·그·제어·니쯔·나? [현]저기 가면 곧 그렇지 않은가?

◇◇◇

그제어니쯔나: 그렇지 않은가?

更不時,	[언]·쏘 그·리 :몯ㅎ거·든, [현]또 그렇게 못하면
你都只這裏等候着,	[언]너:희 ·다 그저 예·셔 기·들·우·라. [현]당신들이 모두 그저 여기에서 기다리십시오.
我去稅了,	[언]·내 ·가 벗·겨, [현]내가 가서 내서
送將來與你。	[언]보·내·여 너 ·주·마. [현]당신에게 보내 주겠습니다.

88. 這箇馬元來有病

我不曾好生看,	[언]:내 일·즉 ᄀ·장 보·디 아·니·ㅎ·니, [현]내가 일찍 잘 보지 않아서
這箇馬元來有病。	[언]·이 ᄆ·리 본·딕 :병·이 잇·고·나. [현]이 말이 원래 병이 있구나.
[19a]那鼻子裏流鼻,	[언]·뎌 고·해 고 흐르ᄂ·니, [현]저 코에 콧물이 흐르니

◇◇◇

고ㅎ[명]: 코.
고1[명]: 콧물.

是癬馬,	[언]고 :내·눈 ᄆ·리·로고·나. [현]콧물이 나는 말이구나.

我怎麼敢買將去?	[언]·내 :엇·디 ·사 가·져 가·리·오? [현]내가 어찌 사 가지고 가겠습니까?
不爭將去時,	[언]므더·니 너·겨 가·져 가·면, [현]대수롭지 않게 여기고 가져가면 ◇◇◇ 므더니[부]: 무던히, 대수롭지 않게.
連其餘的馬,	[언]다른 물조·차, [현]다른 말조차
都染的壞了。	[언]:다 던:셤·ᄒ여 ·히·야디·리로·다. [현]다 전염되어 해어지겠습니다. ◇◇◇ 던셤ᄒ다[동]: 전염하다.
這們的伱要番悔?	[언]·이·러·면 :네 므르·고·져 ·ᄒ·노괴·여? [현]이렇다면 당신은 무르고자 하는 것입니까?
我委實不要。	[언]·내 진·실·로 아·니 :ᄒ·리·라. [현]나는 정말 안 하겠습니다.
伱旣不要時,	[언]:네 ᄒ·마 :마·다ᄒ·면, [현]당신이 이미 싫다고 하면 ◇◇◇ 마다ᄒ다[동]: 싫다고 하다.
契上明白寫着,	[언]·글·워·릐 명·빅·이 ·썻ᄂ·니, [현]글월에 명백히 써 있는데
[19b]如馬好歹,	[언]ᄒ다·가 ᄆ·리 :됴·홈 구·주·므·란, [현]만일 말의 좋고 나쁨은
買主自見,	[언]살 ·님·재 :제 보·고, [현]살 임자가 스스로 보고

先悔的罰銀五兩。	[언]몬져 므르져 ·ᄒᆞ느니·란 은 닷 량 ·벌·ᄒᆞ·져 ᄒᆞ·얏느·니.
	[현]먼저 무르자고 하는 사람은 관청에서 난 은 닷 냥을 벌금으로 내자고 했습니다.
官憑印信,	[언]구의옌 ·인·을 믿·고,
	[현]관청에서는 인으로 믿고
私憑要約。	[언]아·ᄅᆞ·매·ᄂᆞᆫ 긔·약·을 미·들 거·시:니.
	[현]사적인 일은 계약을 믿을 것입니다.
	◇◇◇
	아름[명]: 아람치, 사적, 사유.
你罰下銀五兩,	[언]:네 은 닷 량·을 ·벌·로 내·여,
	[현]당신은 은 닷 냥을 벌금으로 내서
與他賣主,	[언]:뎌 ᄑᆞ·ᄂᆞᆫ :님·자 주·고,
	[현]저 파는 임자에게 주고
悔將去便是,	[언]믈·러 가면 ·곧 그:러어·니ᄯᅩ·나?
	[현]무르고 가면 곧 그렇지 않은가?
不須惱<惱-囟+田>懆。	[언]구·틔·야 ·노·ᄒᆞ·야 말·라.
	[현]구태여 성내지 마십시오.
	◇◇◇
	노ᄒᆞ다2[동]: 노하다, 성내다.
這們時,	[언]·이·러·면,
	[현]이렇다면
你拿出這箇馬契來,	[언]:네 ·이 ᄆᆞᆯ ·글·월 :내·여다·가,
	[현]당신은 이 말 글월을 내어다가
[20a]問他們,	[언]·뎌 :사·ᄅᆞᆷ ᄃᆞ·려 무·러,
	[현]저 사람들에게 물어서

元定價錢內中，	[언]·처·섬·의 :뎡·흔 갑·새·셔,	
	[현]처음 정한 값에서	
除了五兩銀子，	[언]닷 량 은·을 더·러 :내:여,	
	[현]닷 냥 은자를 덜어내어	
做番悔錢，	[언]므르는 갑:새 :혜·오,	
	[현]무르는 값으로 계산하고,	
扯了文契着。	[언]·글·월 ·믜·혀 ㅂ·리라.	
	[현]글월을 찢어 버리십시오.	

◇◇◇

믜혀ㅂ리다[동]: 찢어 버리다.

這箇馬悔了，	[언]·이 ·물 믈·러·다.	
	[현]이 말을 물렀습니다.	
該着八兩銀價錢。	[언]은 여·듧 량 ·갑·시 ·들어·든.	
	[현]은자 여덟 냥 값이 들었습니다.	
你要過的牙錢，	[언]네 바·다 잇눈 즈릆· 갑·도,	
	[현]당신이 받은 중개료도	
通該着一錢二分，	[언]모·도·와 흔 :돈 :두 ·푼·이로소·니,	
	[현]합해서 한 돈 두 푼이니	
你却迴將來。	[언]·쏘 믈·러 ·오·라.	
	[현]함께 물러 주십시오.	
那們時迴與你。	[언]그·러·면 도로 ·내여 너 :주·마.	
	[현]그러면 도로 내어서 당신에게 주겠습니다.	
[20b]你都這裏等候着, 我税契去。	[언]네 :다 예·셔 ·기·들우라.	
	[현]당신들은 모두 여기서 기다리십시오.	
	[언]·우·리 ·글·월 벗·기·라 ·가·노·라.	
	[현]우리 글월 작성료를 내러 갑니다.	

要甚麼等你？	[언]므·스므·려 ·너 기·들·우·료?	
	[현]무엇하러 당신을 기다리겠습니까?	
我赶着馬,	[언]우리 물 모·라,	
	[현]우리는 말을 몰아	
下處兌付草料去。	[언]·햐·츄·에 草料 쟝·망ᄒ·라 ·가·노·라.	
	[현]숙소에 먹이를 준비하러 갑니다.	

◇◇◇
쟝망ᄒ다[동]: 장만하다, 준비하다.

你税了契時,	[언]:네 ·글·월 벗·겨·든,	
	[현]당신이 글월 작성료를 내면	
到明日,	[언]릭·실,	
	[현]내일	
我下處送來。	[언]·우·리 햐·츄·로 보·내여라.	
	[현]우리 숙소로 보내주십시오.	
相別散了。	[언]서르 ·여·희여 나·니·라.	
	[현]서로 헤어져 갑시다.	

◇◇◇
여희다[동]: 여의다, 헤어지다, 이별하다.

89. 我買些羊到涿州地面賣去

你這人蔘布疋,	[언]네 ·이 人蔘·과 ·븟필·돌·훌,	
	[현]당신의 이 인삼과 베들을	

◇◇◇
뵈[명]: 베.

不曾發落,	[언]일·즉 디·쳐 아·니ᄒ·야 잇ᄂ·녀,	
	[현]아직 처치하지 않았는데	

[21a]還有些時住裏。	[언]당시·예 :져·그·나 이시·면 머·믈·로고나.
	[현]도리어 잠시나마 시간이 있어서 머물겠네요.
	◇◇◇
	당시예[부]: 아직, 도리어, 오히려.
我別沒甚買賣,	[언]·내 ·별·히 :아·ᄆ·란 홍졍 :업·스·니,
	[현]내가 특별히 아무런 장사가 없으니
比及你賣布的其間,	[언]:네 ·뵈 ·풀 ·굴·와 그 ᄉ·이·예,
	[현]당신이 베 팔 걸 견주는 그 사이애
	◇◇◇
	굴오다[동]: 가루다, 비교하다, 맞서 견주다.
我買些羊,	[언]·내 양 ·사,
	[현]나는 양을 사서
到涿州地面賣去。	[언]涿州ᄯ·해 ·가 ·풀·라 ·가.
	[현]탁주(涿州) 땅에 팔러 갑니다.
走一遭迴來,	[언]혼 디·위 둔·녀:오·리·라,
	[현]한 번 다녀와서
咱們商量別買貨物如何?	[언]·우·리 ·다·티 살 홍졍ᄀᅀ·믈 :의·논·호·디 :엇더ᄒ·니·오?
	[현]우리 별도로 살 물품을 상의하는 게 어떻습니까?
	◇◇◇
	다티[부]: 별로, 별도로.
	홍졍ᄀᅀ[명]: 홍졍 감, 상품, 물건.
這們時也好。	[언]·이·러·면 ·ᄯᅩ :됴·토·다.
	[현]이렇다면 좋습니다.
你買羊時,	[언]:네 양 ·사거·든,
	[현]당신이 양을 산다면

[21b]咱們一處去來,	[언]·우·리 훈·딕 가·져.	
	[현]우리 함께 갑시다.	
我也閑看價錢去。	[언]나·도 :놀·며 ·갑 보·라 가·져.	
	[현]나도 놀면서 값을 보러 갑시다.	
到街上立地其間,	[언]거·리·예 ·가 ·셔·실 스·이·예,	
	[현]거리에 나가 서 있는 사이에	
一箇客人赶着一群羊過來。	[언]훈 나·그내 훈 물 양 모·라 :디·나·가·더·니.	
	[현]한 나그네가 한 무리의 양을 몰아 지나갑니다.	
	◇◇◇	
	물[의]: 무리, 무더기.	

90. 你這羊賣麽

大哥,	[언]·큰형·님,	
	[현]큰형님,	
你這羊賣麽?	[언]네 ·이 양·을 ·폴·다?	
	[현]당신은 이 양들을 팝니까?	
可知賣裏。	[언]그·리어·니 ·폴·리·라.	
	[현]그렇습니다. 팔 것입니다.	
你要買時,	[언]너·옷 사·고·져커·든,	
	[현]당신이 사려고 한다면	
咱們商量。	[언]·우·리 :의논ᄒ·져.	
	[현]우리 상의합시다.	
這箇羝羊,	[언]이 수양,	
	[현]이 숫양,	
	◇◇◇	
	수양[명]: 숫양.	

臊胡羊,	[언]아질게양,
	[현]양의 새끼,
	◇◇◇
	아질게양[명]: 양의 새끼.
羯羊,	[언]악·대양,
	[현]거세한 양,
	◇◇◇
	악대양[명]: 불깐 양, 거세한 양.
[22a]殺㹠羔兒,	[언]·염·쇠 삿·기,
	[현]염소 새끼,
母殺㹠,	[언]·암·염:쇼,
	[현]암염소,
	◇◇◇
	염쇼[명]: 염소.
共通要多少價錢?	[언]모도·와 :언·머·만 갑·새 ·폴·오져 ·ᄒ·ᄂ·다?
	[현]합해서 얼마 값에 팔고자 합니까?
我通要三兩銀子。	[언]·내 :대·되 :석·량 은을 바·도리·라.
	[현]나는 전부 석 냥 은자를 받겠습니다.
量這些羊,	[언]:혜·어·든 ·이·맛·감 양·의,
	[현]계산해 보면 이만큼 양으로
討這般大價錢。	[언]·이런 ·큰 ·갑슬 바·도·려커시·니,
	[현]이런 큰 값을 받으려고 한다면
好縣羊却賣多少?	[언]:됴·흔 털 :긴 양·으:란 ·쏘 :언·메·예 ·폴·고?
	[현]좋은 털이 긴 양일랑 또 얼마에 팔겠습니까?

討的是虛，	[언]쐬·오ᄂ·닌 :거·즛 :이·리·오,
	[현]에누리한 것은 거짓이고
	◇◇◇
	쐬오다[동]: 쐬하다, 에누리하다.
還的是實。	[언]가·프리·사 진·짓 ·갑·시·니,
	[현]갚은 일이야 진짜 값이니
你與多少？	[언]:네 :언·메·나 폴·다?
	[현]당신은 얼마나 주겠습니까?
你這們胡討價錢，	[언]:네 ·이·리 간:대·로 ·갑·슬 ·바·도려커·든,
	[현]당신이 이렇게 마음대로 값을 받으려고 하면
[22b]我還你多少的是？	[언]·내 너·를 :언·메·나 ·주·워·사올·홀·고?
	[현]내가 당신한테 얼마나 줘야 옳겠습니까?
你說的是。	[언]네 닐·움·도 올·타.
	[현]당신 말씀도 옳습니다.
這們便，	[언]·이·러·면,
	[현]이렇다면
我減了五錢着。	[언]·내 닷 :돈·만 더·로마.
	[현]내가 닷 돈만 덜겠습니다.
你來，	[언]이·바,
	[현]여보시오,
你休減了五錢。	[언]:네 닷 :돈 ·덜·어·라 :말·오.
	[현]당신은 닷 돈을 덜지 마십시오.
你說老實價錢，	[언]:네 고·디시·근 ·갑·슬 니르·면,
	[현]당신은 진실한 값을 말하면
只一句兒話還你。	[언]그저 ᄒ :마·래 너·를 가·포마.
	[현]그저 한 마디로 당신에게 지불하겠습니다.

我與你二兩銀，	[언]	·내 너·를 :두 ·량 은·만 ·주·리·니,
	[현]	내가 당신에게 두 냥 은자만 줄 것이니
肯時便賣，	[언]	:즐·기거든 ·곧 ·풀·오,
	[현]	좋다면 곧 팔고
你不肯時赶將去罷。	[언]	:네 ·말·어·든 모·라 가·져 ·가·도 므던ᄒ·다.
	[현]	당신이 말면 몰아 가져가도 괜찮습니다.
[23a]休要只說二兩，	[언]	:다·문 :두 ·량·만 니ᄅ·디 :말오,
	[현]	다만 두 냥만 말하지 말고
你再添五錢，	[언]	:네 ·ᄯᅩ 닷 ·돈·만 더·ᄒ·야·든,
	[현]	당신이 또 닷 돈만 더하면
賣與你。	[언]	네게 ·ᄑᆞ·로마.
	[현]	내가 팔겠습니다.
添不得。	[언]	더 주·디 :몯·ᄒ·리로·다.
	[현]	더 주지 못하겠습니다.
肯時肯，	[언]	·즐·기거·든 ·즐·기고,
	[현]	좋으면 좋고
不肯時罷。	[언]	·슬·커·든 마·로딕·여.
	[현]	싫으면 그만해요.

◇◇◇

-오딕[어미]: -으되.

我是快性的，	[언]	·나·는 :셩 샌른 :사·ᄅᆞ·미·니,
	[현]	나는 성격이 빠른 사람이니

◇◇◇

셩2[명]: 성격, 성품.

샌ᄅᆞ다[형]: (성격이) 빠르다.

揀好銀子來，	[언]	·됴·흔 은·으·로 굴·히·여 가·져 ·오·라.
	[현]	좋은 은자를 가려서 가져오십시오.

臨晚也,	[언]:나·죵·애 다드·라,	
	[현]날이 늦음에	

◇◇◇

나죵애: 날이 늦음에.
다드라다[동]: 다다르다, 이르다.

我濫賤賣與 你。	[언]·내 네:손·딕 디·우 ·프·라 ·주·마. [현]내가 당신에게 싸게 팔아 주겠습니다.	

◇◇◇

-손딕2[조]: -에게, -한테.
디우다[동]: (값을) 싸게 하다, 갂다.

91. 一發買緞子將去

火伴,	[언]:버다, [현]친구요,	
你再下處好 去坐的着,	[언]:네 쏘 ·햐·츄·에 :됴·히 ·가 안·자이시·라. [현]당신은 또 숙소에 잘 가 앉아있으십시오.	
[23b]我赶着 羊,	[언]·내 양 모·라, [현]내가 양을 몰아	
到涿州賣了 便迴來。	[언]涿州 가 ·폴·오 ·즉·재 ·도·라·오·리·라. [현]탁주에 가서 팔고 즉시 돌아오겠습니다.	
我恰尋思 來,	[언]내 앗·가 싱각:호·니, [현]내가 아까 생각해보니	
這幾箇羊 也,	[언]·이 아:니 여러 양·도, [현]이 몇 마리 양들도	

當走一遭；	[언]흔 디·위 마·가 든·닐 거시·니,	
	[현]한 번 따져 다닐 것이니	
	◇◇◇	
	막다[동]: 따지다, 대조하다.	
既要去時，	[언]호·마 :가·려 호거·니,	
	[현]이왕 가려고 한다면	
我有些餘剩的銀子，	[언]내게 나·믄 은·이 이시·니,	
	[현]나에게 남은 은이 있으니	
閑放着怎麼，	[언]힘히미 ·두·워 므·슴 호·료?	
	[현]한가히 둬서 무엇하겠습니까?	
	◇◇◇	
	힘히미[부]: 심심히, 한가히.	
一發買緞（叚）子將去？	[언]이믜셔 :비·단 ·사 가지·고 가·쟈.	
	[현]함께 비단 사가지고 갑시다.	
[24a]咱們鋪裏商量去來。	[언]·우·리 ·푸·에 :혜·아·리·라 가·져.	
	[현]우리 상의하러 가게에 갑시다.	
賣緞（叚）子的大哥，	[언]:비·단 ·프·는 ·큰형·님,	
	[현]비단 파는 큰형님,	
伱那天青智背，	[언]네 그 텬쳥비·쳇 ·흉·븨흔 :비·단·과,	
	[현]당신의 그 하늘색의 흉배 비단과	
	◇◇◇	
	텬쳥빛[명]: 천청색, 한늘빛.	
	흉븨[명]: 흉배(가슴과 등을 아울러 이르는 말).	

柳靑膝欄, [언]:류쳥비·쳇 무릅도·리·로 문흔 :비·단,
[현]유록색의 스란 무늬를 한 비단,
◇◇◇
류쳥빛[명]: 유청색, 유록색.
무릅도리[명]: 슬란, 스란(치맛단에 금박을 박아 선을 두른 것).

鴨綠界地雲, [언]·야투·루비·쳇 ·벽드·르헤 운문·ㅎ·욘 :비·단,
[현]압록색의 벽돌 구름무늬를 짜넣은 비단,
◇◇◇
야투루빛[명]: 압록색, 짙은 녹색.
벽드르ㅎ[명]: 벽돌.
운문ㅎ다[동]: 운문하다, 구름문을 짜넣다.

鸚哥綠寶相花, [언]:연·초·록 ·비체 ·보·샹화문·ㅎ·욘 :비·단,
[현]연초록색의 보상화 무늬를 짜넣은 비단,
◇◇◇
보샹화문[명]: 보상화 무늬.

黑綠天花嵌八寶, [언]·연·야투·루비·체 텬화·의 팔·보 ·끼흔 문·앳 :비·단,
[현]연 압록색의 천화 팔보를 상감한 비단,
◇◇◇
텬화[명]: 천화.
끼다[동]: 끼다, 끼우다, 상감하다.

草綠蜂赶梅, [언]·초·록비·체 :버·리 미화 버·브·러 잇·는 문·읫 :비·단,
[현]초록색 벌이 매화를 좇는 무늬 비단,
◇◇◇
미화[명]: 매화.

栢枝綠四季花,	[언]디·튼 ·초·록·비·체 :ᄉ·계·화문흔 ·비단, [현]짙은 초록색 사계화를 무늬로 짜넣은 비단, ◇◇◇ 딭다[형]: 짙다. ᄉ계화[명]: 사계화.
[24b]葱白骨朶雲,	[언]·옥·식비·체 :굴·근 ᄠᅦ·구·룸문·흔·온 :비·단, [현]옥색빛의 굵은 떼구름을 무늬로 짜넣은 비단, ◇◇◇ 옥식빛[명]: 옥색빛. ᄠᅦ[명]: 떼, 무리. ᄠᅦ구룸[명]: 떼구름.
桃紅雲肩,	[언]도홍비·체 엇·게·예 ·구·룸문흔·고 년 ·된 :쇼·화문흔 :비·단, [현]어깨에 도홍색 구름을 짜넣은 곳에 작은 꽃을 무늬로 짜넣은 비단, ◇◇◇ 엇게[명]: 어깨. 듸[명]: 곳. 쇼화[명]: 소화, 작은 꽃.
大紅織金,	[언]·다홍비·체 ·금 ·드·려 ·ᄧᅵᆫ :비·단, [현]다홍색의 금실을 드려서 짠 비단,
銀紅西蕃蓮,	[언]은홍비·체 효·근 련·곳 문흔 :비·단, [현]은홍색의 작은 연꽃을 무늬로 짜넣은 비단, ◇◇◇ 련곳[명]: 연꽃.

肉紅纏枝牡丹,	[언]·육홍비·쳬 너·츨·모·란문흔 :버·단,	
	[현]분홍색의 덩굴 모란꽃을 무늬로 짜넣은 비단,	
	◇◇◇	
	육홍빛[명]: 육홍빛, 분홍색.	
	너츨[명]: 넌출, 덩굴, 넝쿨.	
閃黃葦管花,	[언]:연류:황비체 ·븐곳문흔 :비·단,	
	[현]연유황색의 붓꽃을 무늬로 짜넣은 비단,	
	◇◇◇	
	연류황빛[명]: 연유황색, 연한 유황색.	
	븐곳[명]: 붓꽃.	
鵝黃四雲,	[언]디·튼 류·황비·쳬 :ᄉ운문흔 :비·단,	
	[현]짙은 유황색 네 개의 구름을 무늬로 짜넣은 비단,	
	◇◇◇	
	ᄉ운[명]: 사운, 네 개의 구름.	
柳黃穿花鳳,	[언]노·른비·쳬 쳔화:봉문·ᄒ·욘 :비·단,	
	[현]노란색의 봉어 꽃에 드나드는 무늬를 짜넣은 비단,	
	◇◇◇	
	노른빛[명]: 노란빛, 노란색.	
	쳔화봉[명]: 봉이 꽃에 드나들다.	
麝香褐膝襴,	[언]:샤·향비·쳇 ·스란문 :비(·비)·단,	
	[현]검은 갈색의 스란 무늬를 한 비단,	
	◇◇◇	
	샤향빛[명]: 사향빛, 검은 갈색.	
艾褐玉塼堦,	[언]·뿍비·쳬 ·벽·드·ᄅ르문 :비·단,	
	[현]쑥빛의 벽돌을 무늬로 짜넣은 비단,	
	◇◇◇	
	뿍빛[명]: 쑥빛.	

密褐光素,   [언]노른 ·차·할 믠:비·단,
          [현]노란 다갈색의 민무늬 비단,
          ◇◇◇
          차할[명]: 갈색, 다갈색.

[25a]鷹背褐   [언]:매둥비·쳇 ·차·할 :히·마문 :비·단,
海馬,   [현]매 등의 빛깔에 다갈색 해마를 무늬로 짜넣은 비단,
          ◇◇◇
          매둥빛[명]: 매의 등과 같은 빛깔.
          히마[명]: 해마.

茶褐暗花,   [언]:감·찰 ·스·믠문 :비·단,
          [현]다갈색에 스민 무늬를 짜넣은 비단,
          ◇◇◇
          감찰[명]: 고동색, 다갈색.
          스믜다[동]: 스미다, 드러나지 않다.
          스민문[명]: 스민 무늬(드러나지 않은 꽃무늬, 직물의 바탕에 명암이나 실의 굵기 또는 성기고 밴 정도에 따라 은은하게 나타나 보이는 꽃무늬).

這們的紵絲和紗羅都有麼?   [언]·이·런 :비·단·과 사·와 로·왜 :다 잇ᄂᆞ·녀?
          [현]이런 비단과 사(紗), 나(羅)가 다 있습니까?
          ◇◇◇
          사[명]: 사(紗), 생견으로 짠 비단.
          로[명]: 나(羅), 얇고 성기게 짠 비단.

92. 客人你要南京的那杭州的那蘇州的那

客人你要南京的那杭州的那蘇州的那?	[언]나·그·내·여 :네 南京·치·를 과·ᄒ·ᄂ·녀 杭州·치·를 과·ᄒ·ᄂ·녀 蘇州·치·를 과·ᄒ·ᄂ·녀? [현]나그네, 당신은 남경(南京) 것을 원합니까? 항주(杭州) 것을 원합니까? 소주(蘇州) 것을 원합니까? ◇◇◇ 과ᄒ다[동]: 요구하다, 바라다, 원하다.
大哥,	[언]·큰형·님, [현]큰형님,
南京的顔色好又光細,	[언]남경·치·는 ·므·리 :됴·코 ·쏘 ·빗·나·고 ·ᄀ·ᄂᆯ 어·니·와, [현]남경 것은 물감이 좋고 또 빛나고 가늘지만 ◇◇◇ 믈[명]: 물감, 물색. 빗나다[동]: 빛나다. -어니와[어미]: -거니와(예스러운 표현으로 앞절의 사실을 인정하면서 관련된 다른 사실을 이어주는 연결 어미).
只是不耐穿;	[언]·다·믄 오·래 닙·디 ·몯·ᄒ 거·시·오. [현]다만 오래 입지 못할 것입니다.
[25b]杭州的經緯相等;	[언]杭州·치·는 ·ᄂᆞᆯ·씨 ᄒᆞᆫ가·지·오. [현]항주 것은 날실와 씨실이 같습니다. ◇◇◇ ᄂᆞᆯ[명]: 날, 날실. 씨[명]: 씨, 씨실.

蘇州的十分	[언]蘇州·치·는 ᄀ·장 :엷·고,
澆薄,	[현]소주 것은 가장 얇고
	◇◇◇
	엷다[형]: 얇다.
又有粉飾不	[언]:또 푼·ᄌ 머겻·고 굳·디 아·니ᄒ·니·라.
牢壯。	[현]또 풀을 먹였고 단단하지 않습니다.
	◇◇◇
	푼ᄌ[명]: 풀, 분.
你有好綾子	[언]:네 :됴·흔 ·고·로 잇ᄂ·녀?
麼?	[현]당신은 좋은 무늬 비단이 있습니까?
你要甚麼綾	[언]:네 므·슴 고·로·를 과·ᄒ·ᄂ·다?
子?	[현]당신은 무슨 무늬 비단을 원합니까?
我要官綾	[언]·내 구의나·깃 고·로·를 과·ᄒ·노·라.
子。	[현]나는 관청에서 난 무늬 비단을 원합니다.
那嘉興綾子	[언]·뎌 嘉興·의·셔 난 고·로·는 :됴·티 아·니
不好。	ᄒ·니·라.
	[현]저기 가흥(嘉興)에서 난 무늬 비단은 좋지 않
	습니다.
客官你要絹	[언]나·그·내·여 :네 :깁 과홀·다?
子麼?	[현]나그네, 당신은 깁 비단을 원합니까?
我有好山東	[언]내게 :됴·흔 山東셔 난 ·큰 구의나·깃 :깁·과,
大官絹,	[현]내게는 좋은 산동(山東)에서 난 관청의 깁 비
	단과
[26a]謙涼	[언]얼믠 :깁·과,
絹,	[현]성기게 짠 깁 비단과
	◇◇◇
	얼믜다[형]: 성기다, 느슨하다.

易州絹,	[언]易州·셔 난 조·븐 :깁·과,
	[현]역주(易州)에서 난 좁은 깁 비단과
倭絹,	[언]:예 :깁·과,
	[현]일본 깁 비단,
	◇◇◇
	예[명]: 왜, 일본.
蘇州絹,	[언]蘇州ㅅ :깁·과,
	[현]소주 깁 비단,
水光絹,	[언]제·므·레 미·론 ·흰 :깁·과,
	[현]제물에 흰 깁 비단과
	◇◇◇
	제믈[명]: 제물.
	밀다[형]: 밀다(가늘고 긴 것이 촘촘이 나있는 모양).
白絲絹。	[언]·힌 싱:깁·과 잇·다.
	[현]흰 생사 깁 비단이 있습니다.
	◇◇◇
	히다[형]: 희다.
	싱깁[명]: 생사로 짠 비단.
我只要大官絹白絲絹蘇州絹水光絹。	[언]·내 :다·믄 大官絹·과 白絲絹·과 蘇州·絹과 水光絹·과·을 ·과·ᄒ·노라.
	[현]내가 다만 대관(大官) 깁 비단과 흰 생사 깁 비단, 소주 깁 비단, 제물에 흰 깁 비단을 원합니다.
其餘的都不要。	[언]그 나·믄·니·는 :다 ·마·다.
	[현]그 나머지는 원하지 않습니다.
你有好絲麼,	[언]:네 :됴·흔 :실 인ᄂ·녀?
	[현]당신 가게에는 좋은 실이 있습니까?

我多要些.	[언]·내 :마·니 ㅎ·고·져 ·ㅎ·노·라.
	[현]내가 많이 사려고 합니다.
要甚麼絲?	[언]므·슴 시·를 과·ㅎ·ᄂ·다?
	[현]무슨 실을 원합니까?
[26b]我要白湖州絲, 花抅絲。	[언]·내 ·힌 ᄀ·장 :ᄀ·ᄂ 湖州셔 ·난 :실·와,
	[현]나는 하얗고 가장 가는 호주(湖州)에서 난 실과
	[언]:굵·고 ·걷(곤) 댜ᄅ ː실·과를 ㅎ·고·져 ·ㅎ·노·라.
	[현]굵고 겉 짧은 실을 사고자 합니다.

◇◇◇

걷[명]: 겉(表).
댜ᄅ다[형]: 짧다.

那定州絲不要。	[언]그 定州셔 난 :실·란 :마·다.
	[현]정주(定州)에서 난 실은 원하지 않습니다.

93. 只要深靑織金胷背緞子

這緞(段) 疋綾絹紗羅 等項,	[언]·이 :비·단·과 고·로·와 :깁·과 사·와 로·둘·햇 것·들·홀,
	[현]이 비단과 무늬 있는 비단, 깁 비단, 사와 나 것들을
你都看了,	[언]:네 :다 ·보·와·니,
	[현]당신이 다 보았는데
你端的要買甚麼緞(段)子?	[언]:네 :정·히 므·슴 :비·단 ㅎ고·져 ·ㅎ·ᄂ·다?
	[현]당신이 정말로 무슨 비단을 사려고 합니까?
別箇不要,	[언]녀느 거·슨 :마·다,
	[현]다른 것은 말고

| 只要深青織
金胷背緞
（叚）子。 | [언]:다·믄 디·튼 ·야·쳥 직금·흉·븨흔 :비·단
ㅎ·고·져 ·ㅎ·노·니.
[현]다만 짙은 청흑색 금실로 짠 흉배 비단을 사려
고 합니다. |

◇◇◇

직금[명]: 금실로 무늬를 넣어서 천을 짜는 일.

| 我老實對你
說， | [언]·내 고·디·시·기 너두·러 닐으·마.
[현]나는 진실하게 당신에게 말하겠습니다. |

◇◇◇

고디시기[부]: 진실하게.

[27a]不是我 自穿的，	[언]·내 니부·려 ·ㅎ·는 :주·리 아·니·라, [현]내가 입으려고 하는 것이 아니라
要拿去別處 轉賣，	[언]다른 ·듸 가·져·가 옴·겨 ·프·라, [현]다른 곳에 가져가서 옮겨 팔아서
尋些利錢 的。	[언]니:쳔 ·얻·고·져 ·ㅎ·노·니, [현]이익을 얻으려고 하니
你老實討價 錢。	[언]:네 고·디·시·기 ·갑·슬 바·다·라. [현]당신은 진실하게 값을 받으십시오.
這織金胷背 要七兩。	[언]·이 ·직금·흉·븨:예 닐·굽 량을 바·도리·라. [현]이 직금 흉배에 일곱 냥을 받겠습니다.
你休這般胡 討，	[언]:네 ·이·리 간:대·로 바·도·려 ㅎ디 :말라, [현]당신은 이렇게 마음대로 받으려고 하지 마십시오.
倒悮了你買 賣。	[언]도리·혀 네 ·훙졍 머:믈·울 거·시·라. [현]도리어 당신의 홍정을 머물게 할 것입니다.

◇◇◇

도리혀[부]: 도리어.
머믈우다[동]: 머물게 하다, 지체하게 하다.

我不是利家,	[언]·내 훙졍바·치 아·니라·도, [현]나는 상인이 아니라도 ◇◇◇ 훙졍바치[명]: 상인, 장사꾼.	
這緞(段)子價錢, 我都知道。	[언]·이 :비·댠·갑슬, [현]이 비단 값은 [언]·내 :다 :아·노·라. [현]내가 다 알고 있습니다.	
[27b]這織金胷背是蘇州來的草緞(段)子,	[언]·이 ·직금·흉·븨 :비·단·는 蘇州·셔 온 사·오나·온 :비·다·니·로소·니, [현]이 직금 흉배 비단은 소주에서 온 나쁜 비단인데	
你討七兩時,	[언]:네 닐·굽 ·량·을 바·도·려 ·ᄒ·거·시니, [현]당신은 일곱 냥을 받으려고 할 거라면	
這南京來的,	[언]·이 南京·의셔 온, [현]이 남경에서 온	
清水織金絨緞(段)子,	[언]푼·즛·긔 :업·슨 ·직금흔 ·ᄀᆞ·ᄂᆞ :됴·흔 :비(·비)·단·의·란, [현]풀기 없는 직금한 가늘고 좋은 비단은 ◇◇◇ 푼즛긔[명]: 풀기.	
却賣多少?	[언]·ᄯᅩ :언·메·예 폴·다? [현]또 얼마나 팔 것입니까?	
不須多說。	[언]구·틔·여 :말 ·한 :양 :말·라. [현]굳이 말 한 양 마십시오. ◇◇◇ 구틔여[부]: 구태여, 대단하게, 감히, 반드시, 굳이.	

第四章　京城買賣

你旣知道價錢,	[언]:네 ᄒ·마 ·갑·슬 :알·어·니,
	[현]당신은 이미 값을 알고 있으니
你與多少?	[언]:네 :언·머·를 줄·다?
	[현]얼마를 줄 것입니까?
這織金胷背,	[언]·이 ·직금·흉븨 :비·단·을,
	[현]이 직금 흉배 비단은
[28a]與你五兩是實實的價錢。	[언]:너·를 ·닷 량·만 주·미·사 ·이 진·짓 비·디·니.
	[현]당신에게 닷 냥만 주는 것이야말로 진짜 값입니다.
	◇◇◇
	빋[명]: 값, 가격.
你肯時我買,	[언]:네 ·즐·기·거든 ·내 사·고,
	[현]당신이 좋다면 내가 사고
不肯時我別處商量去。	[언]·즐·기·디 아·니커·든 ·내 다른 ·듸 :의·론ᄒ·라 :가·리라.
	[현]좋지 않다면 내가 다른 곳에 상의하러 가겠습니다.
你旣知道價錢,	[언]:네 ᄒ·마 ·갑·슬 :알·어·니,
	[현]당신은 이미 값을 알고 있으니
要甚麽多說!	[언]므스므·라 :말 한 :양 ᄒ:ᄂ·뇨?
	[현]무엇을 말한 척합니까?
揀好銀子來,	[언]:됴·ᄒ 은 골·히여 가져오·라.
	[현]좋은 은자를 골라서 가져오십시오.
賣與你。	[언]네:손·듸 ·프·로·마.
	[현]당신에게 팔겠습니다.
這緞(段)子買了也。	[언]·이 :비·단 사·다.
	[현]이 비단을 샀습니다.

94. 這箇柳青絟絲有多少尺頭

咱們再商量,	[언]·우·리 ·쏘 ·의·론ᄒ·져.	
	[현]우리 또 상의합시다.	
這箇柳青絟絲,	[언]·이 :류·쳥 :비단·이,	
	[현]이 유록색 비단이	
[28b]有多少尺頭?	[언]·자·히 :언·머·고?	
	[현]몇 자가 됩니까?	
勾做一箇襖子麼?	[언]흔 ·옷 ᄌ·래 지·슬가?	
	[현]옷 하나 충분히 지을까요?	
	◇◇◇	
	ᄌ래[부]: 자라게, 충분히.	
	짓다3[동]: (옷을) 짓다.	
你說甚麼話?	[언]:네 므·슴 ·마·를 니ᄅ·는·다?	
	[현]당신은 무슨 말을 합니까?	
満七托（托）有餘,	[언]ᄀ득ᄒ 닐·굽 :발 남즉ᄒ:니,	
	[현]가득한 일곱 발 남짓하니	
	◇◇◇	
	ᄀ득ᄒ다[형]: 가득하다.	
官尺裏二丈八,	[언]구읫 ·자·호·로·는 ·스므 여·듧 ·자·히·오,	
	[현]관청 자로는 스물여덟 자이고	
裁衣尺裏二丈五。	[언]바·ᄂ·질 ·자·호·로·는 ·스·믈 대 ·자·히·니,	
	[현]바느질 자로는 스물다섯 자이니	
	◇◇◇	
	바ᄂ질[명]: 바느질.	

你一般身材,	[언]너희 ·ᄒ가·짓 ·몸얼구·레·는,
	[현]당신처럼 몸의 모양으로는
	◇◇◇
	몸얼굴[명]: 몸의 모양, 외모, 체격.
做襖子時,	[언]·옷 지·스·면,
	[현]옷 지으면
細褶兒也儘勾了。	[언]·ᄀᆞ·는 주·룸·도 :유·여ᄒᆞ·고,
	[현]가는 주름도 유여가 있고
若做直身襖子,	[언]·ᄒᆞ·다·가 ·딕녕·옷·곳 지·스·면,
	[현]만일 직령옷만 지으면
	◇◇◇
	딕녕[명]: 직령.
	-곳[조]: 곧(예스러운 표현으로 앞말을 강조하는 뜻을 나타내는 보조사), -만.
[29a]也有剩的。	[언]나·믈 ·주·리 이시·리·라.
	[현]남을 것입니다.
你打開,	[언]:네 펴·라.
	[현]당신은 펴십시오.
我托看。	[언]·내·발·마 :보·마.
	[현]내가 밟아보겠습니다.
	◇◇◇
	발마보다[동]: 밟아보다.
那裏滿七托!	[언]어·듸 닐·굽 :발 ·ᄎᆞ·뇨?
	[현]어디 일곱 발이 찹니까?
	◇◇◇
	닐굽[수][관]: 일곱.

剛剛的七托少些。	[언]계·우 닐·굽 :발 낟브·다.
	[현]겨우 일곱 발이 모자랍니다.
	◇◇◇
	계우[부]: 겨우.
你身材大的人,	[언]네 ·몸 ·큰 :사ᄅ·ᄆᆫ,
	[현]당신 몸이 큰 사람은
一托比別人爭多。	[언]ᄒᆞ :발·도 ·ᄂᆞᆷ·과 견·조·면 ·어·머·리 너·므리·라.
	[현]한 발도 남들과 비교하면 많이 넘습니다.
	◇◇◇
	어머리[부]: 많이, 크게.
這緞(叚)子地頭是那裏的?	[언]이 :비(·비)·단·이 미·틔 ·치·가 어·듸 ·치·고?
	[현]이 비단이 본토 것입니까? 어디 것입니까?
	◇◇◇
	밑[명]: 원산지, 본토, 생산지.
你說是我識貨物,	[언]:네 닐·오·듸 ·내 貨物 :아ᄂᆞ·라 :호·듸,
	[현]당신이 말하기를 자기는 물품을 잘 안다고 했는데
却又不識。	[언]·쏘 모·ᄅᆞᄂᆞ·다?
	[현]또 모릅니까?
[29b]這緞(叚)子是南京的,	[언]이 :비·단 南京 ·치·오,
	[현]이 비단은 남경 것이고
不是外路的。	[언]:외·방 치 아·니·니.
	[현]외방 것이 아닙니다.
你仔細看,	[언]:네 ·ᄌᆞ·셔·히 보·라.
	[현]당신이 자세히 보십시오.
	◇◇◇
	ᄌᆞ셔히[부]: 자세히.

第四章 京城買賣

沒些箇粉飾,	[언]:잠·깐·도 푼·줏:긔 :업·고, [현]풀기가 조금도 없고

◇◇◇
잠깐2[부]: 잠깐, 적이, 조금.

好淸水緞（段）子。	[언]:됴·흔 淸水段子ㅣ·라. [현]좋은 제물의 비단이랍니다.
要多少價錢?	[언]·갑·슬 언·메·나 바·둘·다? [현]값을 얼마나 받겠습니까?

◇◇◇
-올다[어미]: -ㄹ 것이냐, -겠느냐.

這緞（段）子價錢,	[언]:이 :비(·비)·단 ·갑·슬, [현]이 비단 값을
誰不知道,	[언]·뉘 모·ㄹ·료? [현]누가 모르겠습니까?
要甚麼討價錢?	[언]므·스므·려 ·갑·슬 쇠·오리·오? [현]무엇하러 값을 에누리합니까?
若討時討五兩,	[언]바·돌디·면 닷 량·을 바·도·련마·른, [현]받을 것이면 닷 냥을 받겠지만

◇◇◇
-올디면[어미]: -옳다면, -을 것이면(동작 주체의 의도를 나타낸다).

老實價錢四兩,	[언]고·든 ·갑·슨 :넉 량·이이니, [현]진실한 값은 넉 냥이니
拿銀子來便是。	[언]은·을 가·져 오·면 ·곧 그:제·라. [현]은을 가져 오면 곧 그뿐입니다.
[30a]這緞（段）子也買了。	[언]:이 :비·단도 ·사·다. [현]이 비단도 샀습니다.

95. 你這鞍子

你這鞍子,   [언]네 기·ㄹ·매,
[현]당신의 이 안장,
◇◇◇
기ㄹ매[명]: 길마(짐을 싣거나 수레를 끌기 위하여 소나 말 따위의 등에 얹는 기구), 안장(말, 나귀 따위의 등에 얹어서 사람이 타기에 편리하도록 만든 도구).

轡頭,   [언]굴·에,
[현]굴레,
◇◇◇
굴에[명]: 굴레(말이나 소 따위를 부리기 위하여 머리와 목에서 고삐에 걸쳐 얽어매는 줄).

鞦,   [언]고들·개,
[현]고들개,
◇◇◇
고들개[명]: 고들개(말굴레의 턱 밑으로 돌아가는 가죽. 흔히 방울을 단다).

攀胸,   [언]·가·슴거·리,
[현]가슴걸이,
◇◇◇
가슴거리[명]: 가슴걸이.

鞊,	[언]·둘·애,
	[현]말다래,
	◇◇◇
	둘애[명]: 말다래(말을 탄 사람의 옷에 흙이 튀지 아니하도록 가죽 같은 것을 말의 안장 양쪽에 늘어 뜨려 놓은 기구).
鞍橋子,	[언]기ㄹ·맛·가·지,
	[현]안장가지,
	◇◇◇
	기ㄹ맛가지[명]: 길마가지, 안장가지.
鴈翅板,	[언]두으·리,
	[현]날개판,
	◇◇◇
	두으리[명]: 둥주리(말 등에 얹고 그 안에 들어앉아 말을 타고 가는 데 썼다), 날개판(기둥의 강도를 높이기 위하여 기둥의 양옆에 설치한 판).
鐙鞊皮,	[언]:등피,
	[현]등자의 가죽 끈,
	◇◇◇
	둥피[명]: 둥절피(등자를 잡아매는 부드러운 가죽 끈), 등자의 가죽 끈.
肚帶,	[언]오·랑,
	[현]뱃대끈,
	◇◇◇
	오랑[명]: 뱃대끈(마소의 안장이나 길마를 얹을 때에 배에 걸쳐서 졸라매는 줄).

接絡, [언]·셕,
[현]고삐,
◇◇◇
셕[명]: 고삐(말이나 소를 몰거나 부리려고 재갈이나 코뚜레, 굴레에 잡아매는 줄).

籠頭, [언]·바굴·에,
[현]재갈에 맨 가죽 끈,
◇◇◇
바굴에[명]: 재갈에 맨 가죽 끈.

包糞, [언]믿마·기,
[현]밀치,
◇◇◇
믿마기[명]: 밀치(말이나 당나귀의 안장이나 소의 길마에 걸고 꼬리 밑에 거는, 좁다란 나무 막대기).

編繮, [언]다·흔·셕,
[현]고삐줄,
◇◇◇
다흔셕[명]: 땋아서 만든 고삐줄.

繮繩, [언]쥬리·울,
[현]후릿고삐,
◇◇◇
쥬리울[명]: 후릿고삐(말이나 소를 후려 몰기 위하여 길게 단 고삐).

虺頰, [언]·ᄌ·가·미,
[현]턱자가미,
◇◇◇
ᄌ가미[명]: 턱자가미(말의 턱에 붙이는 금속제 장식).

閘口,   [언]마·함,
            [현]재갈,
汗替,   [언]·쏨어·치,
            [현]땀언치,
            ◇◇◇
            쏨어치[명]: 땀언치, 언치(말이나 소의 안장이나 길
            마 밑에 깔아 그 등을 덮어 주는 방석이나 담요).
皮替,   [언]갓어·치,
            [현]가죽 언치,
            ◇◇◇
            갓어치[명]: 갖언치, 가죽 언치.
替子,   [언]·핟어·치,
            [현]핫언치를
            ◇◇◇
            핟어치[명]: 핫언치(솜을 두어 만든 언치).
都買了。   [언]:다 ·사·다.
            [현]다 샀습니다.

96. 再買一張弓去

再買一張弓   [언]:쏘 활 흔 댱 사·라 가·져.
去。   [현]또 활 한 장 사러 갑시다.
[30b]到賣弓 [언]활 ·폴 지·븨 ·가 무·로·디,
的房子裏問   [현]활 팔 집에 가서 물으되
道,
有賣的好弓   [언]·폴 :됴·흔 활 잇느·녀?
麼?   [현]좋은 활 팔 게 있습니까?

可知有，	[언]잇닷 :마리·사 니르·려.
	[현]있고말고요.
沒時做甚麼買賣裏！	[언]·업·스·면 므·슴 흥졍ᄒ·리·오?
	[현]없으면 무슨 장사를 합니까?
你將這一張黃樺弓上弦着，	[언]:네 ·이 누·른 :봇 니·펀 활 ᄒᆞᆫ 댱 가·져다·가 시·울 연즈·라.
	[현]당신의 이 누른 벚나무 껍질이 입힌 활 한 장 가져다가 활시위를 얹으십시오.

◇◇◇

봇[명]: 벚나무 껍질.
시울[명]: 시위(활대에 걸어서 켕기는 줄. 화살을 여기에 걸어서 잡아당기었다가 놓으면 화살이 날아간다), 활시위.
엱다[동]: (활시위를) 얹다, 매다.

我試扯，	[언]·내 ·혀 보·져.
	[현]내가 당겨 봅시다.
氣力有時，	[언]힘 잇거·든,
	[현]힘이 있으면
我買。	[언]·내 :사·리·라.
	[현]내가 사겠습니다.
新上了的弓，	[언]ᄀᆞᆺ 언즌 화·를,
	[현]갓 얹은 활인데
慢慢的扯。	[언]날회여 혀·라.
	[현]천천히 당기십시오.
是好弓時，	[언]·이 :됴·ᄒᆞᆫ 화·리·면,
	[현]이것이 좋은 활이라면

[31a]怕甚麼扯!	[언]므·슴 혀·기·를 져흘고?	
	[현]무슨 당기는 것을 두려워합니까?	

◇◇◇

져흐다[동]: 저어하다, 두려워하다.

這弓弝裏軟, [언]·이 화·리 :쥘·동·이 므르·니,
[현]이 활이 줌통이 무르니

◇◇◇

쥘동[명]: 줌통(활의 한가운데 손으로 쥐는 부분).

難扯, [언]혀·디 어·렵·다.
[현]당기기 어렵습니다.

沒迴性。 [언]·돌·셩·이 :업·다.
[현]탄력이 없습니다.

◇◇◇

돌셩[명]: 탄성, 탄력.

這弓你却是胡包彈。 [언]·이 화·를 :네 ·쏘 간:대·로 :흐·나·므·라ᄂ·다.
[현]이 활을 당신이 마음대로 헐뜯어 나무랍니다.

◇◇◇

흐나므라다[동]: 헐뜯어 나무라다. 마구 타박하다.

這的弓你還嫌甚麼? [언]·이런 화·를 :네 다·하 므·스·글 나·므·라는·다?
[현]이런 활을 당신이 또 무엇을 나무랍니까?

由他說。 [언]제 ᄆᆞᅀᆞᆷ 조·초 니ᄅ·나 :마·나,
[현]당신의 마음을 따라 나무라거나 말거나

包彈的是買主。 [언]:흐·나·므·라ᄂ·니·사 살 :님·재·라.
[현]헐뜯어 나무라는 사람이야 살 사람이랍니다.

這一張弓爲甚麼不樺了? [언]·이 ᄒᆞᆫ 댱 화·를 :엇·디 ·봇 아·니 니·폇ᄂ·뇨?
[현]이 활은 어찌 벗나무 껍질이 안 입혔습니까?

你不理會的。	[언]:네 모·ᄅᄂ·다.
	[현]당신은 모르는구나.
[31b]這弓最好,	[언]·이 화·리 ᄀ·장 :됴·ᄒ·니,
	[현]이 활이 아주 좋고
上等弓,	[언]上等·엣 화·리·니,
	[현]상등급 된 활이니
若樺了時,	[언]·ᄒ·다·가 ·봇 니·피·면,
	[현]만일 벚나무 껍질이 입히면
買的人不信。	[언]살 :사·ᄅ·미 믿·디 아·니홀 거·실·ᄉᆡ,
	[현]살 사람이 믿지 않을 것이기에
教人看了面子上的角背子上鋪的劤,	[언]:사·ᄅ·ᄆ·로 ·ᄒ·야 面·에 올·인 ·ᄲᅥᆯ·와 ·둥우·희 ᄉᆡ·론 ·힘 :뵈오,
	[현]사람으로 하여금 정면에 올린 뿔과 뒷면에 붙인 힘줄을 보이게 하고
	◇◇◇
	ᄲᅥᆯ[명]: 뿔.
	ᄉᆡ다3[동]: 깔다, 붙이다, 부착하다.
	힘[명]: 힘줄.
商量了價錢然後,	[언]·갑·슬 :의·론혼 :후·에,
	[현]값을 상의한 후에
樺了也不遲裏。	[언]·봇 니·펴·도 더·듸·디 아·니커·니ᄯᅩ·나.
	[현]벚나무 껍질을 입혀도 뒤늦지 않습니다.
這弓卸下,	[언]·이 활 브·리우·라.
	[현]이 활을 부리십시오.
	◇◇◇
	브리우다[동]: (짐을) 내리다, (활을) 부리다, 활시위를 벗기다.

弝子小些箇,	[언]오·닉 :쟉·고,	
	[현]오늬가 작고	

◇◇◇

오늬[명]: 오늬(활살의 머리를 활시위에 끼도록 에워 낸 부분).

弰兒短。	[언]고·재 뎌ᄅ·다.	
	[현]활고자가 짧습니다.	

◇◇◇

고재[명]: 활고자(활의 양 끝 머리. 어느 한 곳에 시위를 메게 된 부분이다).

뎌ᄅ다[형]: 짧다.

[32a] 弓也買了也。	[언]활·도 ·사·다.
	[현]활도 샀습니다.
有賣的弓弦時將來,	[언]·폴 활시·울 잇거·든 가·져 ·오·라.
	[현]활시위 팔 게 있으면 가져오십시오.
我一發買一條,	[언]·내 이·믜·셔 ᄒ나 ·사,
	[현]내가 함께 사서
就這裏上了這弓着。	[언]드·듸·여 예·셔 화·를 지·후리·라.
	[현]드디어 여기서 활을 만들겠습니다.

◇◇◇

짛다[동]: 짓다, 만들다.

弦有,	[언]시·울 잇·다.
	[현]시위가 있습니다.
你自揀着買。	[언]:네 굴·히·여 사·라.
	[현]당신이 골라서 사십시오.
這的忒細,	[언]·이·는 너므 ·ᄀ·ᄂᆞᆯ·오,
	[현]이것은 너무 가늘고

這的却又麤侅，	[언]·이·논 ·쏘 :굴·고 :둗·박ᄒ·다.
	[현]이것은 또 굵고 투박합니다.
	◇◇◇
	둗박ᄒ다[형]: 둔박하다, 투박하다.
似這一等兒着中，	[언]·이 ᄒᆞᆫ가·짓 ·치·ᅀᅡ 맛·다.
	[현]이 한가지 것이야 적당합니다.
	◇◇◇
	맛다[형]: 알맞다, 적당하다, 적중하다.
恰好。	[언]·ᄒᆞ·ᄆᆞ·시 됴·타.
	[현]마침 좋습니다.
	◇◇◇
	ᄒᆞᄆᆞ시[부]: 마침, 바로, 딱.
這弓和弦，	[언]·이 활·와 시·울·와,
	[현]이 활과 시위를
[32b]都買了也。	[언]:다 ·사·다.
	[현]다 샀습니다.
再買幾隻箭。	[언]·쏘 여·러 :낫 ·살 사·져.
	[현]또 화살 몇 개 삽시다.
這鈚子，	[언]·이 ·셔보·조,
	[현]이 비자(鈚子)화살,
	◇◇◇
	셔보조[명]: 살촉이 얇고 넓으며 길이가 긴 화살.
虎爪，	[언]거리살,
	[현]호조(虎爪)화살,
	◇◇◇
	거리살[명]: 호랑이 발톱 모양으로 살촉이 넷으로 갈라지게 만든 화살, 주로 꿩이나 토끼를 잡는 데 쓴다.

鹿角樸頭,　　[언]鹿角·오·로 밍·근 고도·리,
　　　　　　[현]사슴뿔로 만든 고두리살,
　　　　　　◇◇◇
　　　　　　고도리[명]: 고두리, 고두리살(작은 새를 잡는 데
　　　　　　쓰는 화살. 철사나 대 따위로 고리처럼 테를 만들어
　　　　　　화살촉 대신으로 살 끝에 가로 끼운 것이다).

響樸頭,　　　[언]:울·고도·리,
　　　　　　[현]우는 고두리살,
　　　　　　◇◇◇
　　　　　　울고도리[명]: 우는 고두리살(작은 새를 잡는 데
　　　　　　쓰는 화살. 철사나 대 따위로 고리처럼 테를 만들어
　　　　　　화살촉 대신으로 살 끝에 가로 끼운 것이다).

艾葉,　　　　[언]未詳,
　　　　　　[현]애엽(艾葉)화살,
　　　　　　◇◇◇
　　　　　　애엽[명]: 쑥잎 모양.

柳葉,　　　　[언]:류·엽·젼,
　　　　　　[현]유엽(柳葉)화살,
　　　　　　◇◇◇
　　　　　　류엽[명]: 유엽(버들잎 모양)

迷針箭,　　　[언]未詳,
　　　　　　[현]미침(迷針)화살,
　　　　　　◇◇◇
　　　　　　미침[명]: 가늘고 긴 모양.

這箭簳是竹　　[언]·이 샷·대·눈 ·대·오,
子的,　　　　[현]이 화살대는 대나무고
　　　　　　◇◇◇
　　　　　　샷대[명]: 살대, 화살대.

這的是木頭的。	[언]·이·는 남·기로·다.
	[현]이것은 나무입니다.
	◇◇◇
	남기[명]: 나무.
再買這弓箭撒袋。	[언]·쏘 화·살 녀흘 궁딕동·개 사·져.
	[현]또 화살을 넣는 궁대와 동개를 삽시다.
	◇◇◇
	궁딕동개[명]: 궁대와 동개(활과 화살을 꽂아 넣어 등에 지도록 만든 물건. 흔히 가죽으로 만드는데, 활은 반만 들어가고 화살은 아랫부분만 들어가도록 만든다).

97. 再買些椀子什物

諸般的都買了也。	[언]여·러 가·짓 거·슬 ·다 ·사·다.
	[현]여러 가지 것을 다 샀습니다.
再買些椀子什物,	[언]·쏘 사발·와 그·릇벼·들 사·져.
	[현]또 사발과 그릇들을 삽시다.
	◇◇◇
	-벼[접미]: -붙이, -들.
[33a]鍋兒,	[언]가·마,
	[현]가마,
鑼鍋,	[언]노고,
	[현]노구,
	◇◇◇
	노고[명]: 노구.

荷葉鍋,		[언]너르찐 가·마,
		[현]벌어진 가마,
		◇◇◇
		너르찌다[동]: 벌어지다.
兩耳鍋,		[언]:두 ·녀·긔 자·블 ·귀 잇는 발·아딘 가·마,
		[현]두 쪽 잡을 귀가 있는 바라진 가마,
		◇◇◇
		발아디다[형]: 바라지다(그릇 따위가 속은 얕고 위가 넓어서 바드름하다).
瓷楪子,		[언]·츠·긔사뎝·시,
		[현]자기 접시,
		◇◇◇
		츠긔사뎝시[명]: 자기 접시.
木楪子,		[언]나모뎝·시,
		[현]나무 접시,
漆楪子,		[언]옷·칠·흔 뎝·시,
		[현]옻칠한 접시,
		◇◇◇
		옷칠ᄒ다[동]: 옻칠하다.
這紅漆匙,	[언]·이 블근 ·칠흔 ·술,
		[현]이 붉게 칠한 숟가락,
黑漆匙,		[언]거·믄 ·칠흔 술,
		[현]검게 칠한 숟가락,
銅匙,		[언]·놋·술,
		[현]놋숟가락,
		◇◇◇
		솟술[명]: 놋숟가락.

紅漆筯，	[언]블·근 ·칠흔 ·져,
	[현]붉게 칠한 젓가락,
	◇◇◇
	져[명]: 젓가락.
三脚，	[언]아·리·쇠,
	[현]삼발이,
	◇◇◇
	아리쇠[명]: 삼발이.
甑兒，	[언]시·르,
	[현]시루,
	◇◇◇
	시르[명]: 시루.
這盤子，	[언]·이 반,
	[현]이 쟁반은
	◇◇◇
	반[명]: 쟁반.
是大盤子，	[언]·이 ·큰 반,
	[현]큰 쟁반이고,
小盤子，	[언]:져·근 반,
	[현]작은 쟁반,
漆椀。	[언]·칠흔 사·발.
	[현]칠한 사발,
這漆器家火，	[언]·이 ·칠흔 그·륫 연장·돌,
	[현]이 칠한 그릇과 도구들
[33b]一半兒是通布裹的，	[언]:바·논 :대·되 ·뵈로 ·뿌니·오,
	[현]반은 모두 베로 싸맨 것이고,
	◇◇◇
	뿌다[동]: 싸다, 싸매다, 포장하다.

一半兒是膠漆的。	[언]	:반·눈 ·플 ·드·리·고 ·칠흔 거시·라.
	[현]	반은 아교풀을 들여 칠한 것입니다.
再有些薄薄的生活,	[언]	·쏘 사오나·온 :셩·녕 잇·다.
	[현]	또 질이 낮은 수공예품이 있습니다.

◇◇◇

사오납다[형]: 좋지 않다, 나쁘다, 사납다, 질이 낮다.

셩녕[명]: 수공예품, 물품.

其餘的都是布裏的,	[언]	그 나·므니·는 :다 ·뵈 ·빠 잇·ᄂ·니,
	[현]	그 나머지는 모두 베로 싸매 있으니

◇◇◇

빠다[동]: 싸다.

是主顧生活。	[언]	·이·는 마·초·온 ·셩·녕·이·오.
	[현]	이는 주문에 맞춘 수공예품입니다.

◇◇◇

마초다[동]: 맞추다.

其餘的都是市賣的。	[언]	그 나·므·니·는 :다 ·져·제 ·ᄑ·ᄂ·니로·다.
	[현]	그 나머지는 모두 시장에서 파는 것입니다.

98. 今日備辦了些箇茶飯

今日備辦了些箇茶飯,	[언]	오·늘 ·차반 여·투·워,
	[현]	오늘 차와 밥을 준비해서

◇◇◇

여투다[동]: 준비하다.

請咱們衆親眷閑坐的。	[언]·우·리 모·든 아·숨·들 ·청·ᄒ·야 안·자·셔 :말ᄒ·져. [현]우리 모든 친척들을 초청하여 앉아서 이야기를 나눕시다.	
[34a]公公,	[언]·하·나·비, [현]할아버지,	
婆婆,	[언]·할·미, [현]할머니,	
父親,	[언]아·비, [현]아버지,	
母親,	[언]어·미, [현]어머니,	
伯伯,	[언]아·비 동싱 ᄆᆞᆮ형, [현]백부님,	
叔叔,	[언]아·비 동싱 아ᅀᆞ, [현]숙부님,	
哥哥,	[언]동싱 형, [현]친형,	
兄弟,	[언]동싱 아ᅀᆞ, [현]친동생,	
姐姐,	[언]동싱 ᄆᆞᆮ누의, [현]친맏누이,	
妹子,	[언]동싱 아ᅀᆞ 누의, [현]친누이동생,	
外甥,	[언]누아게 난 아ᄃᆞᆯ, [현]생질,	

姪兒,	[언]동싱 형뎨의 난 아들,	
	[현]친조카,	
姪女,	[언]동싱 형·뎨·게 난 아·츤·쏠,	
	[현]친조카딸,	
	◇◇◇	
	아츤쏠[명]: 조카딸.	
舅舅,	[언]·어·믜 ·오·라·비,	
	[현]외삼촌,	
女壻,	[언]사·회,	
	[현]사위,	
妗子;	[언]·어믜 ·오라·븨 :겨·집,	
	[현]외숙모,	
又嬸母,	[언]아ᄉ 아자·븨 :겨·집,	
	[현]숙모,	
姨姨,	[언]·어·믜 :겨·집 동싱,	
	[현]이모,	
姑姑,	[언]아·븨 동싱 누의,	
	[현]고모,	
姑夫,	[언]아븨 동싱 누의 남진,	
	[현]고모부,	
姨夫,	[언]·어·믜 ·겨·집 동싱·의 남진,	
	[현]이모부,	
[34b]姐夫,	[언]몯 누의 남진,	
	[현]매형,	
妹夫,	[언]아ᄉ 누의 남진,	
	[현]매제,	

外甥女婿；	[언]·뜬·릴 사·회,	
	[현]생질서,	
叔伯哥哥兄弟，	[언]동·셩 :ᄉ·촌 형·뎨,	
	[현]동성 사촌 형제,	
姑舅哥哥兄弟，	[언]아·븨 누의 어·믜 ·오라·비게·셔 난 형·뎨,	
	[현]고종사촌 형제,	
房親哥哥兄弟，	[언]륙·촌 형·뎨,	
	[현]육촌 형제,	
兩姨哥哥兄弟；	[언]·어·믜 :겨·집 동ᄉᆡᆼ·의게·셔 난 형·뎨;	
	[현]이종사촌 형제,	
親家公，	[언]사·돈·짓 아·비,	
	[현]바깥사돈,	
	◇◇◇	
	사돈짓 아비[명]: 바깥사돈(딸의 시아버지나 며느리의 친정아버지를 양쪽 사돈집에서 서로 이르거나 부르는 말).	
親家母，	[언]사·돈·짓 ·어·미,	
	[현]안사돈,	
	◇◇◇	
	사돈짓 어미[명]: 안사돈(딸의 시어머니나 며느리의 친정어머니를 양편 사돈집에서 서로 이르거나 부르는 말).	
親家伯伯，	[언]사·돈·짓 아자·비,	
	[현]바깥사돈의 큰아버지,	
	◇◇◇	
	사돈짓 아자비[명]: 바깥사돈의 큰아버지.	

親家舅舅，	[언]사·돈짓 ·어·믜 ·오·라·비,
	[현]안사돈의 오라비,
	◇◇◇
	사돈짓 어믜 오라비[명]: 안사돈의 오라비.
親家姨姨；	[언]사·돈·짓 아·즈미,
	[현]안사돈의 여동생,
	◇◇◇
	사돈짓 아즈마[명]: 안사돈의 여동생.
使喚的奴婢，	[언]·브·리·는 :죵·돌,
	[현]부리는 하인들을
	◇◇◇
	브리다2[동]: 부리다(使), 쓰다, 사용하다.
	죵[명]: 하인들.
[35a]都請將來。	[언]:다 ·쳥·ᄒ·야 ·오·라.
	[현]모두 청해 오십시오.
攔門盞兒都把了，	[언]ᄀᆞ·와 문 ·들·어·든 슌빅 훈 ·잔곰 ·받ᄌᆞ·오·라.
	[현]갓 와서 문에 들어온 분은 순배를 한 잔씩 받들어 올리십시오.
	◇◇◇
	슌빅[명]: 순배.
	받줍다[동]: 받들어 올리다. 받들어 바치다.
請家裏坐的。	[언]·쳥·ᄒ·뇌 지븨 ·드러 안ᄌᆞ쇼셔.
	[현]어서 집에 들어와 앉으십시오.
今日些小淡薄禮，	[언]오·늘 :잠·깐 :담·박훈 :이·레,
	[현]오늘 보잘것없는 일에
	◇◇◇
	담박ᄒ다[형]: 담박하다, 보잘것없다.

虛請親眷，	[언]·쇽졀 :업·시 아·솜·돌 ·쳥·ᄒ·야，	
	[현]속절없이 친척들을 초청하여	
酒也醉不得，	[언]수울·도 ·취티 ·몯ᄒ며，	
	[현]술도 취하지 못하며	
	◇◇◇	
	취ᄒ다[동]: 취하다.	
茶飯也飽不得，	[언]·차·반·도 ·빈브르·디 :몯·ᄒ·샤이·다，	
	[현]차와 밥도 배부르게 못 드려서	
休恠。	[언]허·믈 :마·ᄅ쇼·셔.	
	[현]허물 마십시오.	
休這般說。	[언]·이·리 니ᄅ·시·디 :마·ᄅ쇼·셔.	
	[현]이렇게 말씀하지 마십시오.	
不當，	[언]·당·티 :몯·ᄒ·야이·다.	
	[현]감당하지 못합니다.	
	◇◇◇	
	당ᄒ다[동]: 당하다, 감당하다.	
教你一日辛苦。	[언]너·를 ·ᄒ·야 홀·롤 :내·내 :슈·고ᄒ·게 ᄒ·과·이·다.	
	[현]당신으로 하여금 하루 내내 고생하게 했습니다.	
	◇◇◇	
	홀[명]: 하루.	
[35b]我們酒也醉了，	[언]·우·리·는 수울·도 :취ᄒ·며，	
	[현]우리는 술도 취했고	
茶飯也飽了。	[언]·차·반·도 ·빈브르·과이·다.	
	[현]차와 밥도 배부르게 먹었습니다.	
你休恠，	[언]:네 허·믈 :마·ᄅ쇼·셔.	
	[현]당신은 허물 마십시오.	

99. 如今正是臘月

如今正是臘月,	[언]·이·제·는 :졍·히 :섯·ᄃ리·니,
	[현]이제는 마침 섣달이니
	◇◇◇
	섯ᄃᆞᆯ[명]: 섣달.
天氣寒冷,	[언]하·ᄂᆞᆯ·도 ·칩·다.
	[현]하늘도 춥습니다.
	◇◇◇
	칩다[형]: 춥다.
拾來的糞將來,	[언]주·서 온 ᄆᆞᆯᄯᅩᆼ 가·져다·가,
	[현]주워온 말똥을 가져다가
	◇◇◇
	줏다[동]: 줍다.
	주서오다[동]: 주워오다.
	ᄆᆞᆯᄯᅩᆼ[명]: 말똥.
熰着些火,	[언]·블 무희·워,
	[현]불을 피워
	◇◇◇
	무희다[동]: (불을) 피우다, 때다.
熱手脚。	[언]·손·발 데·워지·라.
	[현]손발을 따뜻하게 하고 싶습니다.
	◇◇◇
	데우다[동]: 덥히다, 따뜻하게 하다.
糞拾在筥子裏頭,	[언]ᄆᆞᆯᄯᅩᆼ·이 주·서 광조·리 안·해 다·마 잇ᄂᆞ·니,
	[현]말똥을 주워서 광주리 안에 담아있으니

收進來,	[언]거·두·워 ·드·려오·고,	
	[현]거둬 들여오고	
休教別人將去了。	[언]다른 :사·룸 가·져 가·게 :말·라.	
	[현]다른 사람들이 가져가게 하지 마십시오.	
這車子,	[언]·이 술·위,	
	[현]이 수레,	
[36a]折了車網子,	[언]술·윗 바·횟 밧돌·이 ·히·여·디·도·다.	
	[현]바퀴 바깥 둘레가 못쓰게 되었습니다.	

◇◇◇

바회[명]: 바퀴.

밧돌이[명]: 바깥 둘레.

히여디다[동]: 해어지다, 못쓰게 되다, 망가지다.

輻條將來,	[언]·살·들 가·져·오·라.	
	[현]살들을 가져오십시오.	
可惜了。	[언]앗가:올·셔.	
	[현]아깝습니다.	

◇◇◇

앗갑다[형]: 아깝다.

咱們後頭不修理那?	[언]·우·리 ·후·에 아니 슈·리ㅎ·려?	
	[현]우리 나중에 수리하지 않습니까?	
車軸,	[언]술·윗·통,	
	[현]굴대,	

◇◇◇

술윗통[명]: 굴대(수레바퀴의 한가운데에 뚫린 구멍에 끼우는 긴 나무 막대나 쇠막대), 차축.

車釧,　　　[언]술·윗·통·앳 구뭇 :부·리 돌·이·로 바·가 잇는
　　　　　·쇠,
　　　　　[현]굴대 구멍 가장자리 둘레에 박아있는 철,
　　　　　◇◇◇
　　　　　구뭇[명]: 구멍.
　　　　　부리[명]: 테두리, 가장자리.
　　　　　돌이[명]: 둘레.
　　　　　박다[동]: 부착하다, 붙이다.
　　　　　쇠[명]: 철.

車鐗,　　　[언]술·윗·통 구·무 ·안·히 달·티 아·니·케 ·기
　　　　　조·치·로 바·가 잇는 ·쇠,
　　　　　[현]굴대 구멍 안에 닳지 않게 세로 박아있는 철,
　　　　　◇◇◇
　　　　　닳다[동]: 갈리다, 낡아지다.
　　　　　기조치[명]: 세로.

車頭,　　　[언]술·윗 앎 괴·오·는 나모,
　　　　　[현]수레 앞을 괴는 나무,
　　　　　◇◇◇
　　　　　괴다[동]: 괴다, 고이다, 받치다.

車梯,　　　[언]술·위 :뒤 괴·오·는 나모,
　　　　　[현]수레 뒤를 괴는 나무,

車廂,　　　[언]술·윗 :두 ·녁 란간,
　　　　　[현]수레 두 쪽 난간,
　　　　　◇◇◇
　　　　　란간[명]: 난간.

車轅,　　　　　[언]술·윗 느릇,
　　　　　　　[현]수레 끌채,
　　　　　　　◇◇◇
　　　　　　　느릇[명]: 나롯(수레의 양쪽에 달린 긴 채), 끌채
　　　　　　　(수레의 양쪽에 대는 긴 채. 앞에 멍에목을 가로 댄
　　　　　　　다).

繩索都好。　　[언]:바·들 다 ·됴·ᄒ·야 잇·다.
　　　　　　　[현]밧줄들은 다 좋습니다.
　　　　　　　◇◇◇
　　　　　　　바[명]: 밧줄.

樓子車,　　　　[언]집 혼 술·위,
　　　　　　　[현]집을 만든 수레,

庫車,　　　　　[언]자·븐 ·것 넌는 술·위,
　　　　　　　[현]잡물 넣는 수레,
　　　　　　　◇◇◇
　　　　　　　자븐것2[명]: 연장이나 기구 등 잡다한 물건.

驢騾大車,　　　[언]나귀 노·새 메·우·ᄂ ·큰 ·술·위,
　　　　　　　[현]나귀나 노새가 끄는 큰 수레,
　　　　　　　◇◇◇
　　　　　　　메우다[동]: (멍에를) 메우다.

[36b]坐車　　　[언]투·ᄂ 술·위,
兒,　　　　　　[현]타는 수레,

都好生房子　　[언]:다 :됴·히 지·븨 ·드·려 노·하 두·고,
裏放着,　　　　[현]모두 집에 잘 들여 놓아 두고

休教雨雪濕　　[언]:눈·비·예 젓·게 :말·라.
了。　　　　　　[현]눈과 비에 젖지 않게 하십시오.

100. 咱們遠垜子放着射

似這般冷時，	[언]·이·리 ·치·우·니, [현]이렇게 추우니
咱們遠垜子放着射，	[언]·우·리 :먼 :솔 노·하 두·고 ·쏘·아, [현]우리 멀리 살받이를 놓아두고 활을 쏘아

◇◇◇
솔[명]: 살받이(과녁의 앞뒤 좌우에 화살이 떨어지는 자리).

賭一箇羊。	[언]흔 양 :던·져. [현]양 한 마리 내기합시다.

◇◇◇
던지다[동]: 걸다, 내기하다.

咱們六箇人，	[언]·우·리 여·슷 :사·ᄅ·미, [현]우리 여섯 사람이
三挷兒箭，	[언]:세 :젼동 ·살·로, [현]세 전동의 화살로
勾射了。	[언]:유·여·히 ·쏘·리로·다. [현]충분히 쏠 것입니다.
那邊先射過來。	[언]뎌녀·기 몬져 ·쏘·라. [현]그쪽이 먼저 쏘십시오.
人叫喚大了!	[언]:사·ᄅ·미 짓글·휴·믈 ·크·게 ·ᄒ·ᄂ·다. [현]사람이 지껄이는 소리 크게 합니다.
[37a]纔射的歪了，	[언]앗·가 ·쏘·믈 기·우·로 ·ᄒ·야·다. [현]아까 쏘는 것을 기울게 했습니다.

◇◇◇
기우로[부]: 기울게, 비스듬하게.

高些箇射，	[언]놉ᄌᆞ시 ·쏘·고,
	[현]높직이 쏘고
	◇◇◇
	놉ᄌᆞ시[부]: 높직이.
休小了！	[언]·뻐·디·게 :말·라.
	[현]떨어지지 마십시오.
	◇◇◇
	뻐디다3[동]: 떨어지다, 또는 (정도나 높이 따위 가) 낮게 하다.
低射時，	[언]ᄂᆞᆺ가·이 ·쏘·면,
	[현]낮게 쏘면
	◇◇◇
	ᄂᆞᆺ가이[부]: 낮게.
竄到了！	[언]근드·거 ·가·ᄂᆞ니·라.
	[현]근덕이며 갑니다.
	◇◇◇
	근드기다[동]: 근덕이다, 근덕거리다.
誰贏誰輸？	[언]·뉘 이·긔·며 ·뉘 :몯 이·긔니·오?
	[현]누가 이기며 누가 못 이긴 사람인가요?
	◇◇◇
	이긔다[동]: 이기다, 승리하다.
由他。	[언]더·뎌두·고·셔.
	[현]맡겨둡시다.
	◇◇◇
	더뎌두다[동]: 버려두다, 맡겨두다.
你看，	[언]:네 보·라.
	[현]당신이 보십시오.

早裏。	[언]일·엇·다.	
	[현]일렀습니다.	
	◇◇◇	
	일다[형]: 이르다.	
一會兒,	[언]ᄒᆞ 디·위,	
	[현]한 번	
再添一枝箭時,	[언]·쏘 ·살 ᄒᆞ나·만 더으·면,	
	[현]화살 하나만 더하면	
咱們満了。	[언]·우·리 ·ᄎᆞ·리로·다.	
	[현]우리가 찰 것입니다.	
我贏了。	[언]·내 이·긔와·다.	
	[현]내가 이겼습니다.	
輸了的,	[언]몯 이·긔·니·ᄂᆞᆫ,	
	[현]못 이긴 사람은	
做筵席着!	[언]이바·디 ᄒᆞ·라.	
	[현]잔치를 하십시오.	
	◇◇◇	
	이바디[명]: 이바지, 잔치, 연회.	

101. 咱們做漢兒茶飯着

[37b]咱們做漢兒茶飯着。	[언]漢兒·의 ·차·반 ᄒᆞ·져.	
	[현]우리 한인의 차와 밥을 만듭시다.	
頭一道團攛湯,	[언]·첫 ᄒᆞ :도·ᄂᆞᆫ 團攛湯 製法未詳,	
	[현]첫째는 단찬탕(團攛湯 제법 미상),	

第二道鮮魚　　[언]:둘·재·는 싱션·탕,
湯,　　　　　[현]둘째는 생선탕,
　　　　　　　◇◇◇
　　　　　　　싱션탕[명]: 생선탕.
第三道雞兒　　[언]:셋·재·는 ·돍·탕,
湯,　　　　　[현]셋째는 닭탕,
　　　　　　　◇◇◇
　　　　　　　돍탕[명]: 닭탕.
第四道五軟　　[언]第四道五軟三下鍋 製法未詳,
三下鍋,　　　[현]넷째는 오연삼하고(五軟三下鍋 제법 미상),
第五道乾按　　[언]다·숫·재·는 ᄆᆞ른 안·쥬,
酒,　　　　　[현]다섯째는 마른 안주,
　　　　　　　◇◇◇
　　　　　　　ᄆᆞ르다[동]: 마르다.
　　　　　　　안쥬[명]: 안주.
第六道灌　　　[언]여·숫·재·는 ·납·폐:권ᄒᆞ·니,
肺,　　　　　[현]여섯째는 관폐(灌肺),
　　　　　　　◇◇◇
　　　　　　　납폐권ᄒᆞ니[명]: 관폐(灌肺), 짐승의 허파에 밀가루, 녹두가루, 생강, 깨 따위를 반죽한 것을 채워서 삶은 음식.
蒸餠,　　　　[언]증·편,
　　　　　　　[현]증병,
　　　　　　　◇◇◇
　　　　　　　증편[명]: 증병.

脫脫麻食,	[언]투투·멋,
	[현]투투멋(脫脫麻食),
	◇◇◇
	투투멋[명]: 수제비와 비슷한 음식.
第七道粉湯,	[언]닐·굽·재·눈 ·스·면,
	[현]일곱째는 물국수,
	◇◇◇
	스면[명]: 물국수.
饅頭,	[언]·상화.
	[현]만두입니다.
	◇◇◇
	상화[명]: 만두.
打散。	[언]·각·산홀 거·시·라.
	[현]각각 흩어질 것입니다.
	◇◇◇
	각산ᄒ다[동]: 풀다, 흩뜨리다, 각각 흩어지다.

102. 咱們點看這果子

[38a]咱們點看這果子菜蔬,	[언]·우·리 ·이 :과·실·와 :치소·를 :뎜·고ᄒ·야 보·져.
	[현]우리 이 과일과 채소를 점검해 봅시다.
	◇◇◇
	뎜고ᄒ다[동]: 점고하다, 점검하다.
	치소[명]: 채소.
整齊麼不整齊?	[언]:졍·제ᄒ·가 :졍·제·티 아니ᄒ가?
	[현]가지런한지 가지런하지 않은지?

這藕菜, [언]·이 녇근,
 [현]이 연근,
 ◇◇◇
 녇근[명]: 연근.

黄瓜, [언]:외,
 [현]오이,
 ◇◇◇
 외[명]: 오이.

茄子, [언]가지,
 [현]가지,

生葱, [언]·파,
 [현]파,

薤, [언]·부·치,
 [현]부추,
 ◇◇◇
 부치[명]: 부추.

蒜, [언]마·놀,
 [현]마늘,
 ◇◇◇
 마늘[명]: 마늘.

蘿蔔, [언]댓무수,
 [현]무우,

冬瓜, [언]동화,
 [현]동과,
 ◇◇◇
 동화[명]: 동아, 동과.

葫蘆, [언]·박,
 [현]박,

芥子,　　　　[언]계·ᄌ,
　　　　　　 [현]겨자,
　　　　　　 ◇◇◇
　　　　　　 계ᄌ[명]: 겨자.
蔓菁,　　　　[언]쉿무수,
　　　　　　 [현]순무,
　　　　　　 ◇◇◇
　　　　　　 쉿무수[명]: 순무.
赤根,　　　　[언]시·근:치,
　　　　　　 [현]시금치,
　　　　　　 ◇◇◇
　　　　　　 시근치[명]: 시금치.
海帶;　　　　[언]다ᄉ·마.
　　　　　　 [현]다시마가 있습니다.
　　　　　　 ◇◇◇
　　　　　　 다ᄉ마[명]: 다시마.
這按酒,　　　[언]이 안·쥬·는,
　　　　　　 [현]이 안주는
煎魚,　　　　[언]믓고·기 :젼ᄒ·니,
　　　　　　 [현]물고기 구이,
　　　　　　 ◇◇◇
　　　　　　 믓고기[명]: 물고기.
　　　　　　 젼ᄒ다[동]: 지지다.
羊雙腸,　　　[언]양·의 ·챵·ᄌ,
　　　　　　 [현]양의 창자,
　　　　　　 ◇◇◇
　　　　　　 챵ᄌ[명]: 창자.

頭,　　　　[언]머·리,
　　　　　　[현]머리,
蹄,　　　　[언]·발,
　　　　　　[현]발,
肚兒,　　　[언]:양,
　　　　　　[현]위,
睛,　　　　[언]눈망·울,
　　　　　　[현]눈망울,
脆骨,　　　[언]삭삭ᄒᆞᆫ ·쎳·근,
　　　　　　[현]연골,
　　　　　　◇◇◇
　　　　　　삭삭ᄒᆞ다[형]: 무르다, 부드럽다, 말랑말랑하다.
　　　　　　쎳근[명]: 뼈끝, 뼈의 끝, 연골, 물렁뼈.
[38b]耳朶;　[언]·귀.
　　　　　　[현]귀가 있습니다.
這果子,　　[언]·이 :과·시:른,
　　　　　　[현]이 과일은
棗兒,　　　[언]:대·초,
　　　　　　[현]대추,
　　　　　　◇◇◇
　　　　　　대초[명]: 대추.
乾柿,　　　[언]ᄆᆞᄅᆞᆫ :감,
　　　　　　[현]곶감,
　　　　　　◇◇◇
　　　　　　ᄆᆞᄅᆞᆫ 감[명]: 곶감.

核桃, [언]당츄·ᄌ,
[현]호두,
◇◇◇
당츄ᄌ[명]: 호두.

乾葡萄, [언]ᄆᆞ른 보도,
[현]건포도,
◇◇◇
ᄆᆞ른 보도[명]: 건포도.

龍眼, [언]룡·안,
[현]용안,
◇◇◇
룡안[명]: 용안.

荔支, [언]:례·지,
[현]여지,
◇◇◇
례지[명]: 여지.

杏子, [언]슬고,
[현]살구,
◇◇◇
슬고[명]: 살구.

西瓜, [언]:슈·박,
[현]수박,
◇◇◇
슈박[명]: 수박.

甜瓜, [언]·춤외,
[현]참외,
◇◇◇
춤외[명]: 참외.

柑子，　　　　[언]감·ᄌ,
　　　　　　　[현]감귤,
　　　　　　　◇◇◇
　　　　　　　감ᄌ[명]: 감자(柑子), 감귤.
石榴，　　　　[언]·셕류,
　　　　　　　[현]석류,
　　　　　　　◇◇◇
　　　　　　　셕류[명]: 석류.
梨兒，　　　　[언]비,
　　　　　　　[현]배,
　　　　　　　◇◇◇
　　　　　　　비[명]: 배.
李子，　　　　[언]외·엿,
　　　　　　　[현]자두,
　　　　　　　◇◇◇
　　　　　　　외엿[명]: 자두.
松子，　　　　[언]:잣,
　　　　　　　[현]잣,
粆糖，　　　　[언]사탕,
　　　　　　　[현]사탕,
蜜栗子。　　　[언]·ᄭ·레 조·린 :밤.
　　　　　　　[현]꿀에 절인 밤이 있습니다.
　　　　　　　◇◇◇
　　　　　　　쑬[명]: 꿀.
這肉都煮熟　　[언]·이 고·기 다 술·마 닉거·다.
了，　　　　　[현]이 고기 다 삶아 익었습니다.
　　　　　　　◇◇◇
　　　　　　　솖다[동]: 삶다.

|領項骨, [언]목:쎠,
[현]목뼈,
◇◇◇
쎠[명]: 뼈.
背皮, [언]·븨피,
[현]등껍질,
◇◇◇
븨피[명]: 배피, 등껍질.
肋扇, [언]녑·발·치,
[현]갈비,
前膊, [언]앏엇·게,
[현]앞 어깨,
◇◇◇
앏엇게[명]: 앞 어깨.
[39a]後腿, [언]·뒷다리,
[현]뒷다리,
胷子, [언]흉·ᄌ.
[현]가슴이 있습니다.
◇◇◇
흉ᄌ[명]: 흉자, 가슴.
却怎麽不見 [언]·쏘 :엇·디 흔 :뒷다리 :업·스·뇨?
一箇後腿? [현]또 어찌 뒷다리가 하나 없습니까?
饅頭餡兒裏 [언]상홧 소·해 ·쁘·다.
使了。 [현]만두 소로 썼습니다.
◇◇◇
소ᄒ[명]: 소(餡兒).

103. 湯水茶飯都完備了

湯水茶飯,	[언]:탕·쇠·와 ·차반·이,
	[현]국물과 음식이
	◇◇◇
	탕쇠[명]: 탕수, 국물.
都完備了。	[언]:다 ᄀᆞ거·다.
	[현]다 갖췄습니다.
	◇◇◇
	ᄀᆞ다[동]: 갖다, 갖추다, 완비되다.
日頭落了,	[언]·히 ·디ᄂᆞ·다.
	[현]해가 졌습니다.
	◇◇◇
	디다3[동]: (해가) 지다.
	-ᄂᆞ다[어미]: -ㄴ다, -는다.
疾忙攛肉時散着。	[언]쌜·리 :대·육 받ᄌᆞ·와·든 각·산홀 거·시·라.
	[현]빨리 고기를 먹었으면 각자 해산합시다.
	◇◇◇
	대육[명]: 고기.
咱們今日筵席,	[언]·우·리 오·ᄂᆞᆯ 이바·디:예,
	[현]우리 오늘 잔치에
喫了多少酒?	[언]:언·멋 수·를 머거·뇨?
	[현]술을 얼마나 마셨습니까?
喫了二兩銀的酒。	[언]은 :두 ·량읫 수·를 머·거·다.
	[현]은 두 냥의 술을 마셨습니다.

[39b]咱們	[언]·우·리 :대·되 여라·믄 :사ᄅ·미,
通是十數箇人,	[현]우리 모두 십여 명이
怎麼喫二兩銀的酒?	[언]:엇·디 :두 ·량 은·읫 수·를 머·그·뇨?
	[현]어찌 두 냥 은자의 술을 마셨답니까?
也不只十數箇人喫,	[언]·쏘 여라·믄 :사ᄅ·미 머·글 :ᄲᅮ·니 아·니·라,
	[현]또 십여 명만 마실 뿐 아니라
	◇◇◇
	ᄲᅮᆫ[의]: 뿐.
下頭伴當們偏不喫?	[언]아·랫 ·번·당·은 ·독·벼·리 아·니 머·그·려?
	[현]아래 하인들이라고 유난히 마시지 않았습니까?
	◇◇◇
	번당[명]: 하인.
這筵席散了。	[언]·이 이바·디 ·각·산·ᄒ·야·다.
	[현]이 잔치는 각각 흩어졌습니다.

104. 我有些腦痛頭眩

我有些腦痛頭眩,	[언]·내 :져·기 뒤고·리 앏·프·며 머·리·도 ·어·즐·ᄒ·예·라.
	[현]내가 머리가 조금 아프고 어지럽습니다.
	◇◇◇
	뒤골[명]: 대갈, 머리통.
	앏프다[형]: 아프다.

請太醫來診　　[언]의원 ·쳥·ᄒᆞ야다·가 ·믹 자·펴 ·보·아지·라.
候脉息,　　　[현]태의를 청하다가 맥 잡혀 보고 싶습니다.
　　　　　　　◇◇◇
　　　　　　　의원[명]: 태의, 의사.
　　　　　　　믹[명]: 맥.
　　　　　　　잡히다[동]: 잡게 하다, 소지하게 하다, (맥을) 잡히다. 진맥하게 하다.

看甚麽病。　　[언]므·슴 :병·고 보라.
　　　　　　　[현]무슨 병인지 보십시오.

太醫說,　　　[언]의원:이 닐·오·딕,
　　　　　　　[현]태의가 말하기를

[40a]伱脉息　[언]네 ·믹·이 부ᄒᆞ·락 팀ᄒᆞ·락 ·ᄒᆞ·ᄂᆞ·다.
浮沉,　　　　[현]당신 맥이 올랐다 내렸다 합니다.
　　　　　　　◇◇◇
　　　　　　　부ᄒᆞ다[동]: 부(浮)하다, (맥이) 오르다.
　　　　　　　팀ᄒᆞ다[동]: 침(沉)하다, (맥이) 내리다.

伱敢傷着冷　　[언]:네 :링·므·레 샹ᄒᆞ ·듯ᄒᆞ·다.
物來?　　　　[현]당신은 찬 음식을 먹고 탈난 것 같습니다.
　　　　　　　◇◇◇
　　　　　　　링믈[명]: 냉물, 찬 것, 찬 음식.
　　　　　　　샹ᄒᆞ다2[동]: 상하다, 탈나다.

我昨日冷酒　　[언]·내 어·제 ·츤 수·울 ·만·히 머·고·라.
多喫了。　　　[현]나는 어제 찬 술을 많이 마셨습니다.

那般時,　　　[언]그·러·면,
　　　　　　　[현]그렇다면

消化不得,　　[언]·스·디 아·니·ᄒᆞ·여·셔,
　　　　　　　[현]소화가 안 돼서,
　　　　　　　◇◇◇
　　　　　　　스다[동]: 쓰다, 소화하다.

因此上,	[언]·이·런 젼·ᄎ·로,	
	[현]이런 까닭으로	
腦痛頭眩,	[언]딕고·리 앒프·고 머·리 ·어·즐ᄒ·고,	
	[현]머리가 아프고 어지럽고	
不思飮食。	[언]:음·식 ᄉ랑 아·니·ᄒ·오니·라.	
	[현]음식 생각이 나지 않습니다.	
我這藥裏頭,	[언]·내 ·이 ·약 듕·에,	
	[현]내가 이 약 중에	
與你些剋化的藥餌,	[언]너·를 쇼·화홀 ·약·을 :주·리·니,	
	[현]당신에게 소화할 약을 줄테니	
喫了便敎無事。	[언]머·그·면 곧 :ᄒ·야곰 :일·업·스리·라.	
	[현]먹으면 곧 일이 없게 될 것입니다.	
[40b]消痞丸,	[언]藥名,	
	[현]소비환(消痞丸),	
木香分氣丸,	[언]藥名,	
	[현]목향분기환(木香分氣丸),	
神芎丸,	[언]藥名,	
	[현]신궁환(神芎丸),	
檳榔丸,	[언]藥名,	
	[현]빈랑환(檳榔丸),	
這幾等藥裏頭,	[언]·이 여·러 :등 ·약 듕·에,	
	[현]이 여러 가지 약들 중에	
堪服治飮食停滯。	[언]·음·식 머·믄 것 고·틸 거슬 머·검·즉ᄒ·니.	
	[현]음식을 머문 것을 고칠 수 있는 약입니다.	

◇◇◇

머믈다[동]: 머물다, 머무르다, 묵다.
머검즉ᄒ다[형]: 먹음직하다.

只喫一服檳	[언]오·직 檳榔丸 흔 ·복·만 머·글 거·시·니,
榔丸,	[현]오직 빈랑환 한 복을 먹을 것이니
食後喫,	[언]食後·에 머·구·디,
	[현]식후에 먹으되
每服三十	[언]:민 흔 ·복·애 셜·흔 환·식 ᄒ·야,
丸,	[현]매 한 복에 서른 환씩 해서
生薑湯送	[언]ᄉᆡᆼ앙 달·힌 ·므·레 ᄂ·리우·라.
下。	[현]생강 달인 물에 넘기게 하십시오.

◇◇◇

ᄉᆡᆼ앙[명]: 생강.

달히다[동]: 달이다.

ᄂ리우다[동]: 내려가게 하다, 넘기게 하다.

喫了時,	[언]머·그·면,
	[현]먹으면
便動臟腑,	[언]장·뷔 ·동·ᄒ·야,
	[현]내장이 움직이어서

◇◇◇

장부[명]: 오장 육부, 내장.

동ᄒ다[동]: 동하다, 움직이다.

[41a]動一兩	[언]ᄒᆞ:두 번 :동ᄒ면,
次時,	[현]한두 번 움직이면
便思量飯	[언]·곧 ·밥 먹·고·져 ᄒ·야 ᄉᆞ랑ᄒ·리·라.
喫。	[현]곧 밥을 먹고 싶어할 것입니다.
先喫些薄粥	[언]몬져 믈·근 ·쥭 머·거 :보긔훈,
補一補,	[현]먼저 묽은 죽 먹어 원기를 도운

◇◇◇

보긔ᄒ다[동]: 보기하다, 원기를 돕다.

然後喫茶飯。	[언]	:후·에 :음·식 머·그·라.
	[현]	후에 차와 밥을 드십시오.
明日太醫來問,	[언]	이·튿·날 의원·이 ·와 무·로·딕,
	[현]	이튿날 태의가 와서 묻기를
你好些箇麼?	[언]	·네 :져·그·나 :됴·커·녀?
	[현]	당신은 조금 좋아졌습니까?
今日早晨,	[언]	오·늘 아·츠·미,
	[현]	오늘 아침에
纔喫些粥,	[언]	ス ·쥭 머구·니,
	[현]	아까 죽 먹었으니
較好些了。	[언]	:져·기 :됴·ᄒ·애·라.
	[현]	조금 좋아졌습니다.
明日病痊疴了時,	[언]	릭·실 :병·이 :다 :됴·커·든,
	[현]	내일 병이 다 좋으면
太醫上重重的酬謝。	[언]	의원·믜 :만·히 은·혜 갑고 :샤·례:호·리이·다.
	[현]	의원께 은혜 많이 갚고 사례하겠습니다.

第五章   爲人之道

105. 咱們每年每月每日快活

[41b]咱們每年每月每日快活， [언]·우·리 히마다 둘마다 날마다 ·즐·기·고,
[현]우리는 해마다 달마다 날마다 즐기고

春夏秋冬一日也不要撒了。 [언]春夏秋冬·애 ᄒᆞ라·도 더·디·디 :마·져.
[현]춘하추동에 하루라도 방치하지 맙시다.
◇◇◇
ᄒᆞᄅᆞ[명]: 하루.

咱人今日死的， [언]·우·리 :사·라·미 오·늘 주·글 ·동,
[현]우리 사람은 오늘 죽을 둥
◇◇◇
둥[의]: 둥, '-은/는/을 둥 만/마는/말 둥' 구성으로 쓰여 무슨 일을 하는 듯도 하고 하지 않는 듯도 함을 나타내는 말.

明日死的， [언]ᄂᆡ·실 주·글 ·동,
[현]내일 죽을 둥

不理會得。 [언]모·ᄅᆞ·논 거·시·니.
[현]모를 것입니다.

安樂時不快活時， [언]편안ᄒᆞᆫ 저·긔 ·즐·기·디 아·니ᄒᆞ·면,
[현]편안한 적에 즐기지 않으면

眞箇呆人。 [언]진짓 어·린 :사·ᄅᆞ·미어·닛·ᄃᆞᆫ.
[현]정말로 어리석은 사람입니다.
◇◇◇
어리다[형]: 어리석다, 우둔하다.

死的後頭,	[언]주·근 :후·에·는,	
	[현]죽은 후에는	
不揀甚麽,	[언]:아·모 것·도 굴·히·디 :몯·ᄒ·야,	
	[현]아무것도 가리지 못하고	
[42a]都做不	[언]:다 :쥬·변 :몯·홀 거·시·니.	
得主張。	[현]다 마음대로 하지 못할 것입니다.	

◇◇◇

쥬변ᄒ다[동]: 자유로이 하다, 마음대로 하다.

好行的馬,	[언]:됴·히 ·걷·던 물·도,	
	[현]잘 걷던 말도	
別人騎了,	[언]다ᄅ·니 ·ᄐ·며,	
	[현]다른 사람들이 타며,	
好襖子,	[언]:됴ᄒ ·옷·도,	
	[현]좋은 옷도	
別人穿了,	[언]다ᄅ·니 니·브·며,	
	[현]다른 사람이 입으며,	
好媳婦,	[언]:됴·ᄒ :겨·집·도,	
	[현]좋은 부인도	
別人取了。	[언]다ᄅ·니 :얻·ᄂ·니.	
	[현]다른 사람이 얻어갑니다.	
活時節,	[언]사·라신 저·긔,	
	[현]살아 있을 적에	
着甚麽來由	[언]므·슴 젼·ᄎ·로 ·쓰·디 아·니ᄒ·료?	
不受用!	[현]무슨 이유로 쓰지 않습니까?	

106. 從小來好教道的成人時

大槩人的孩兒,	[언]:대·개흔·디 :사·ᄅ·미 ·ᄌ·식·이,
	[현]대개 사람의 자식이
	◇◇◇
	대개흔디[부]: 대저, 대개, 무릇.
從小來,	[언]져·믄 적브·터,
	[현]젊었을 적부터
好教道的成人時,	[언]:됴·히 ᄀᄅ·쳐 :사·ᄅᆷ 도의·면,
	[현]잘 가르쳐 사람이 되면
官人前面行着,	[언]·관원 앏·픠 ᄃ니다·가,
	[현]벼슬아치 앞에 다니다가
	◇◇◇
	관원[명]: 관리, 벼슬아치.
[42b]他有福分時,	[언]져·옷 ·복·과 ·분곳 이시면,
	[현]저 사람이 복과 운이 있으면
官人也做了。	[언]관원·도 도의·리·라.
	[현]벼슬아치도 될 것입니다.
若教道他,	[언]·ᄒ·다·가 저·를 ᄀᄅ·쳐·도,
	[현]만일 저 사람을 가르쳐도
不立身成不得人,	[언]·립신 :몯ᄒ·고 :사·ᄅᆷ 도의·디 :몯ᄒ·면,
	[현]입신하지 못하고 사람이 되지 못하면
	◇◇◇
	립신[명]: 입신.
也是他的命也。	[언]그·도 ·제 :명·이어·니ᄯ·나?
	[현]그도 제 운명이지 않겠는가?

咱們盡了爲	[언]·우·리·는 ·부·모 도의여 잇는 ᄆᆞᄉᆞ물 :다 ᄒᆞ야,
父母的心,	[현]우리는 부모가 되는 마음을 다 해서
不曾落後。	[언]ᄂᆞ믜게 ·뻐디·디 ·말 거·시·라.
	[현]남에게 뒤떨어지지 않게 할 것입니다.

◇◇◇

ᄂᆞ믜게: 남에게.

你這小孩	[언]네 이 아·히둘히
兒,	[현]당신 이 아이들이
若成人時,	[언]ᄒᆞ·다가 :사·ᄅᆞᆷ·곳 도의면,
	[현]만일 사람만 되면
[43a]三條路	[언]:세 가·룻길혜 가온·ᄃᆡ ·ᄃᆞ·닐 거시·라.
兒中間裏行	[현]세 갈림길에서 가운데를 다닐 것입니다.
着。	

◇◇◇

가온ᄃᆡ[명]: 가운데, 중앙.

가룻길ㅎ[명]: 갈림길.

| 別人東西休 | [언]다른 :사·ᄅᆞ·미 거·슬 ᄉᆞ랑·티 ·말·며, |
| 愛, | [현]다른 사람의 것을 탐내지 말고 |

◇◇◇

ᄉᆞ랑ᄒᆞ다2[동]: 탐내다.

| 別人折針也 | [언]ᄂᆞ·믜 것·근 바·놀도 가·지·디 :말·며, |
| 休拿, | [현]남의 꺾인 바늘이라도 갖지 말며 |

◇◇◇

젓ㄱ다[동]: 꺾다, 꺾이다.

바놀[명]: 바늘.

| 別人是非休 | [언]ᄂᆞ·믜 ·올·ᄒᆞ·니 :외·니 니ᄅᆞ·디 :말·라. |
| 說。 | [현]남이 옳으니 그르니 말하지 마십시오. |

若依着這般　　[언]·이다·이 :용·심·ᄒ·야 ᄃᆞ·니·면,
用心行時,　　[현]이대로 마음을 써서 다니면
　　　　　　　◇◇◇
　　　　　　　이다이[부]: 이대로.
　　　　　　　용심ᄒᆞ다[동]: 마음을 쓰다, 심혈을 기울이다.
不揀幾時,　　[언]:아·모제·라 :업·시,
　　　　　　　[현]아무때라도
成得人了。　　[언]:사·ᄅᆞᆷ ·도의·리라.
　　　　　　　[현]사람이 될 것입니다.

107. 老實常在脫空常敗

常言道,　　　[언]샹·녯 :말·ᄉᆞ·매 닐·오·딘,
　　　　　　　[현]상례 말씀에 말하기를
老實常在,　　[언]고·디시·그니·ᄂᆞᆫ 댱샹 잇·고,
　　　　　　　[현]진실한 사람은 항상 있고
脫空常敗;　　[언]섭섭ᄒᆞ·니·ᄂᆞᆫ 댱샹 ·패·ᄒᆞ·다 ·ᄒᆞ·ᄂᆞ니·라.
　　　　　　　[현]부실한 사람은 항상 실패한다고 합니다.
　　　　　　　◇◇◇
　　　　　　　섭섭ᄒᆞ다[형]: 부실하다.
　　　　　　　패ᄒᆞ다[동]: 실패하다.
休做賊說　　　[언]도즉ᄒᆞ·기·와 :거·즈:말 니ᄅᆞ·기 ·말며,
謊,　　　　　[현]도둑질하지 말고 거짓말하지 말며
　　　　　　　◇◇◇
　　　　　　　도즉ᄒᆞ기[명]: 도둑질.

第五章 爲人之道

[43b] 休姦猾
懶惰。
[언] 간·곡ᄒ·고 아·니완츨ᄒ·고 게으르·기·돌 :말·라.
[현] 간사하지 말고 나쁜 마음을 먹지 말고 게으름을 피우지 마십시오.

◇◇◇

간곡ᄒ다[형]: 간곡하다, 간사하다.
아니완츨ᄒ다[형]: 악하다, 나쁘다, 사납다.

官人們前面,
[언] 과원 앏·픠,
[현] 벼슬아치 앞에

出不得氣力行時,
[언] ·힘:내 ᄡᅥ 듣·니·디 아·니ᄒ·면,
[현] 힘내 다니지 않으면

一日也做不得人。
[언] ·ᄒᆞᄅ·도 :사·ᄅᆞᆷ 도의·디 :몯ᄒ·리·라.
[현] 하루라도 사람이 되지 못할 것입니다.

火伴中間,
[언] :버·듸 ᄉᆞ·ᅀᅵ·예,
[현] 벗들 사이에

自家能處休說,
[언] 내 ·어·딘 ·곧 니ᄅᆞ·디 :말·며,
[현] 내 어진 것을 말하지 말고

◇◇◇

어질다[형]: 어질다.

休自誇;
[언] 내 ·몸 쟈·랑 :말·며,
[현] 내 몸 자랑하지 말며

◇◇◇

쟈랑[명]: 자랑.

別人落處休笑。
[언] ᄂᆞ·미 딘 ·곧 :웃·디 :말·라.
[현] 남의 뒤진 것을 웃지 마십시오.

舩是從水裏出,
[언] ·ᄇᆡ·ᄂᆞᆫ ·므·레 셔조·차 ·니·고,
[현] 배는 물에서 다니고

◇◇◇

니다2[동]: 다니다.

旱地裏行不得，	[언]무·틔·눈 둔·니·디 :몯·ᄒ·야,
	[현]육지로는 다니지 못해서
	◇◇◇
	뭍[명]: 육지.
[44a]須要車子載着；	[언]모·로·매 술·위·로 시·르·며,
	[현]반드시 수레로 실어야 하며
車子水裏去時，	[언]술·위·눈 ·므·레 가·면,
	[현]수레는 물에 가면
水裏行不得，	[언]·므·레 둔·니·디 :몯·ᄒ·야,
	[현]다니지 못하니까
須用舩裏載着。	[언]모·로·매 ·비·로·ᄉㅏ :싣·ᄂ니라.
	[현]반드시 배로야 싣습니다.
一箇手打時響不得，	[언]흔 ·소·늘 ·티·면 소·리 나·디 아·니ᄒ·고,
	[현]한 손으로 치면 소리 나지 않고
	◇◇◇
	소릭[명]: 소리.
一箇脚行時去不得。	[언]흔 ·발·로 거·르·면 가·디 :몯·ᄒ·ᄂ니·라.
	[현]한 발로 걸으면 가지 못합니다.
咱們人厮將就厮附帶行時好。	[언]·우·리 :사·ᄅ·미 서르 :둘·우·며 서르 더·브 사·라 둔·니·면 :됴·커·니ᄯ·나?
	[현]우리 사람이 서로 감싸주며 서로 함께 살아가면 좋지 않습니까?
	◇◇◇
	더브살다[동]: 더불어 살다, 함께 살다.
又這火伴們，	[언]·또 ·이 :벋·들·히,
	[현]또 이 벗들이

[44b]好的歹的,	[언]	:됴·ᄒ·니 구·즈·니,
	[현]	좋은 점과 나쁜 점을
都廝扶助着行。	[언]	:다 서르 잡드·러 돈·니·며,
	[현]	모두 서로 잡고 다니며
人有好處揚說着,	[언]	:사·ᄅ·미 :됴·ᄒ ·곧 잇거·든 ·펴 내여 니ᄅ며,
	[현]	사람이 좋은 점이 있으면 펴내어 말하고
人有歹處掩藏着。	[언]	:사·ᄅ·미 사·오나·온 ·고·디 잇거든 ᄢ·려 갈·믈·디니라.
	[현]	사람이 나쁜 점이 있으면 싸 감출 것입니다.

◇◇◇

ᄢ리다[동]: 꾸리다, 가리다, 싸다.
갊다[동]: 감추다, 가리다.

常言道,	[언]	샹·녯 :말·ᄉ·매 닐·오·디,
	[현]	상례 말씀에 말하기를
隱惡揚善。	[언]	사·오나·온 :일·란 그·싀·고 :됴·ᄒ :일·란 ·펴 ·낼 거·시·라 ·ᄒ·ᄂ·니·라.
	[현]	사나운 일을 감추고, 좋은 일을 펴 낼 것이라고 한답니다.

◇◇◇

그싀다[동]: 꺼리다, 숨기다, 감추다.

若是隱人的德,	[언]	·ᄒ·다·가 :사·ᄅ·미 :어·딘 :일·란 그·싀·고,
	[현]	만일 사람이 어진 일을 감추고,
揚人的非,	[언]	사·오나·온 :일·란 ·펴 내·요·미,
	[현]	사나운 일을 펴내는 것이
最是歹勾當。	[언]	ᄀ·장 사·오나·온 :이·리·라.
	[현]	가장 나쁜 일이랍니다.

108. 咱們做奴婢的人

咱們做奴婢的人,	[언]·우리 :죵 도의여 잇ᄂᆞᆫ :사ᄅᆞ·ᄆᆞᆫ,	
	[현]우리 종 되어 있는 사람은	
[45a]跟着官人們行時,	[언]노·연·네 조·차 ᄃᆞᆫ·닐 ·제,	
	[현]윗사람을 좇아 다닐 적에	

◇◇◇

노연[명]: 관원, 윗사람.

這裏那裏下馬處,	[언]여·긔 뎌·긔 ᄆᆞᆯ ᄂᆞ·린 ·ᄃᆡ,
	[현]여기 저기 말 내리는 곳에
將官人的馬牽着,	[언]노·여·늬 ᄆᆞ·ᄅᆞᆯ 잇·거다·가,
	[현]윗사람의 말을 이끌어다가

◇◇◇

잇그다[동]: 이끌다.

好生絟着。	[언]:됴·히 ᄆᆡ·오,
	[현]잘 매어두고
肥馬涼着,	[언]·ᄉᆞᆯ·진 ᄆᆞᆯ·란 :서·늘·케 ᄒᆞ·고,
	[현]살찐 말은 시원하게 하고
瘦馬鞍子摘了,	[언]여·윈 ᄆᆞᆯ·란 기·르·마 밧·기·고,
	[현]여윈 말은 안장을 벗기고
絆了脚,	[언]·발 지·달 ᄡᅩ·고,
	[현]발을 지달로 잡아매고,
草地裏撒了,	[언]기·슨 짜·해 노·하,
	[현]풀이 많이 난 땅에 놓아

◇◇◇

깃다[동]: 깃다, 논밭에 잡풀이 많이 나다.

教喫草。	[언]:ᄒᆞ·야·곰 ·플 먹게 ᄒ·고,
	[현]풀을 먹게 하고
布帳子疾忙	[언]·뵈 :댱·을 ᄲᆞ·리 ·티·고,
打起着,	[현]베로 만든 장막을 빨리 치고
	◇◇◇
	뵈댱[명]: 베로 만든 장막.
鋪陳整頓	[언]싈애 그ᄌᆞ니 ·실·오,
着,	[현]깔개를 가지런히 깔고
	◇◇◇
	싈애[명]: 깔개, 자리.
	그ᄌᆞ니[부]: 가지런히.
[45b]房子裏	[언]방·의 올·마 ·들·오,
搬入去着。	[현]방에 옮겨 가고
鞍子轡頭,	[언]기·ᄅ·마·와 굴에·란,
	[현]안장과 굴레는
自己睡臥房	[언]내 ·자·는 방·의 노·코,
子裏放着,	[현]자기가 자는 방에 놓고
上頭着披氈	[언]우·희 :안·롱·으·로 둡·고,
盖着。	[현]위에 안롱으로 덮고
	◇◇◇
	안롱[명]: 안롱(수레나 가마 따위를 덮는 우비의
	하나, 두꺼운 유지로 만들다), 피전.
那的之後,	[언]그·리 ᄒᆞ :후·에,
	[현]그렇게 한 후에
鑼鍋安了	[언]노고 안·치·고,
着,	[현]노구를 앉히고

疾忙茶飯做着。	[언]쌸·리 ·차·반 밍·글·오,	
	[현]빨리 차와 밥을 만들고	
肉熟了,	[언]고·기 닉거·든,	
	[현]고기가 익으면	
撈出來。	[언]건·뎌 :내·오,	
	[현]건져 내고	
	◇◇◇	
	건디다[동]: 건지다.	
茶飯喫了時,	[언]·차·반 머·거·든,	
	[현]차와 밥을 먹으면	
椀子家具收拾了。	[언]사발·와 그·릇·벼·를 간슈ᄒ·고,	
	[현]사발과 그릇들을 수습하고	
	◇◇◇	
	간슈ᄒ다[동]: 간수하다, 돌보다, 서릊다, 수습하다, 정리하다.	
[46a]官人們睡了時,	[언]노·연·들·히 ·자·거·든,	
	[현]윗사람들이 자면	
教一箇火伴伺候着。	[언]ᄒᆞᆫ 동·모 ·ᄒ·야 ·보솔·펴 ·듸·후ᄒ·게 ᄒ·라.	
	[현]한 벗으로 하여금 보살펴 대후하게 하십시오.	
	◇◇◇	
	동모[명]: 동무, 벗, 동료.	
	듸후ᄒ다[동]: 대후하다(웃어른의 명령을 기다리다).	
若這般謹慎行時,	[언]:만·이·례 ·이·리 :조·심·ᄒ·야 둔·니·면,	
	[현]만일 이렇게 조심해서 다니면	
便是在下人,	[언]·곧 ·이 아·랫 :사·ᄅᆞ·미,	
	[현]곧 아랫사람이	

第五章　爲人之道　313

扶侍官長的　　[언]노·연 섬기·는 :이·리어·니ᄯᆞ·냐?
道理。　　　　[현]윗사람을 섬기는 일이지 않겠는가?
　　　　　　　◇◇◇
　　　　　　　섬기다[동]: 섬기다.

109. 咱們結相識行時

咱們結相識　　[언]·우·리 :벋 지·서 든·룔·디·면,
行時，　　　　[현]우리 벗 지어 다닌다면
　　　　　　　◇◇◇
　　　　　　　든료다[동]: 다니다.
休說你歹我　　[언]너 사·오나·오·니 나 ·어·디로·니 니르디 말며,
好。　　　　　[현]당신이 나쁘고 내가 좋다는 말을 하지 말고
　　　　　　　◇◇◇
　　　　　　　어딜다[형]: 어질다.
朋友的面　　　[언]:벋·븨·의 ᄂᆞᆽ갓,
皮，　　　　　[현]벗배의 얼굴을
　　　　　　　◇◇◇
　　　　　　　벋븨[명]: 벗배.
　　　　　　　ᄂᆞᆽ갓[명]: 낯가죽, 면피, 얼굴.
休敎羞了。　　[언]븟·그리·게 :말·라.
　　　　　　　[현]부끄럽게 하지 마십시오.
　　　　　　　◇◇◇
　　　　　　　붓그리게[부]: 부끄럽게.
[46b]親熱和　　[언]스랑ᄒᆞ·고 화동·ᄒᆞ·야 든·니·면,
順行時，　　　[현]서로 사랑하고 화동해서 다니면
　　　　　　　◇◇◇
　　　　　　　화동ᄒᆞ다[동]: 화동하다, 화목하게 어울리다, 화합하다.

便是一箇父母生的弟兄一般,	[언]·곧 ᄒᆞᆫ ·부·모·의·게 난 형·뎨·와 ᄒᆞ가·지·니, [현]곧 한 부모에게서 난 형제와 한가지니	
相待相顧昐着行。	[언]서르 :디·졉ᄒᆞ·며 서르 ·보·ᄉᆞᆯ·펴 ᄃᆞ·니·라. [현]서로 대접하며 서로 보살펴 다니십시오. ◇◇◇ 디졉ᄒᆞ다[동]: 대접하다.	
朋友們,	[언]·벋·들·히, [현]벗들이	
若困中没盤纏時,	[언]·ᄒᆞ·다·가 어·려·온 제 ·쁠 ·것 :업·슨 저·긔, [현]만일 어려운 적, 쓸 것 없을 적에	
自己錢物休愛惜,	[언]내 :쳔 앗·기·디 :말·오, [현]내 돈을 아끼지 말고	
接濟朋友們使着。	[언]·벋·들·ᄒᆞᆯ ·주·워 ·쓰·게 ᄒᆞ·라. [현]벗들에게 줘 쓰게 하십시오.	
朋友若不幸,	[언]:버·디 ·ᄒᆞ·다·가 :됴티 몯·ᄒᆞ·야, [현]벗이 만일 좋지 못하여	
遭着官司口舌時,	[언]구위죵·과 :구·셔·렛 ·이·글 맛·나 잇거든, [현]소송과 말다툼, 액운을 만나면 ◇◇◇ 구위죵[명]: 송사, 소송. 구셜[명]: 구설, 말다툼, 시비, 입싸움. 익[명]: 액, 액운. 맛나다[동]: 만나다.	
[47a]衆朋友們,	[언]모·든 ·벋·들·히, [현]모든 벗들이	
向前救濟着。	[언]나ᅀᅡ가 :구·졔ᄒᆞ·라. [현]나아가 구제하십시오.	

若不救時,	[언]·ᄒᆞ·다·가 :구·티 아·니ᄒᆞ·면,	
	[현]만일 구제하지 않으면	
傍人要唾	[언]겨·팃 :사·롬·이 ·춤 ·받·고 ·ᄭᅮ·지·즈리·라.	
罵。	[현]곁의 사람이 침을 뱉고 꾸짖을 것입니다.	

◇◇◇

춤[명]: 침.
받다[동]: 뱉다.
ᄭᅮ짖다[동]: 꾸짖다.

有些病疾	[언]:병·ᄒᆞ·야 잇거·든,	
時,	[현]병이 들었다면	
休迴避,	[언]:에·도·디 :말·오,	
	[현]애돌지 말고	

◇◇◇

에돌다[동]: 애돌다, 회피하다.

請太醫下藥	[언]의원 ·쳥·ᄒᆞ·야 ·약 ·뻐 ·보ᄉᆞᆯ펴 고·티·며,	
看治着,	[현]태의를 청하여 약을 써서 보살펴 고쳐주며	
早起晚夕,	[언]아츰 나조·히,	
	[현]아침 저녁에	

◇◇◇

나조ㅎ[명]: 저녁, 해질녘.

休離了,	[언]ᄠᅥ나·디 :말·오,	
	[현]떠나지 말고	
煎湯煮水,	[언]:탕 달·히·며 ·믈 더·이며,	
	[현]탕약을 달이며 물을 덥게 하고	

◇◇◇

탕[명]: 탕약.

問候着。	[언]:병·증 무·르·라.	
	[현]병증을 물어보십시오.	

[47b]若這般相看時，	[언]·이·러트·시 서르 간슈ㅎ·면, [현]이렇듯이 서로 돌봐주면 ◇◇◇ 이러트시[부]: 이렇듯이.	
便有十分病也減了五分。	[언]·곧 ·열 ·분·만흔 :병·이라도 닷 :분·이·나 :덜·리·라. [현]곧 열 분만한 병이라도 닷 분이나 덜어질 것입니다.	
朋友有些病疾，	[언]:버·디 :병·ㅎ야 잇거·든, [현]벗이 병이 들었는데	
你不照覷他，	[언]:네 ·보·숣·피·디 아·니ㅎ·면, [현]당신이 보살피지 않으면	
那病人想着沒朋友的情分，	[언]·뎌 :병ㅎ·니 녀·교·딕 :버·딘 ·뜨·디 :업세·라 ·ㅎ·야, [현]저 병든 사람이 여기되 벗인 뜻이 없으리라 생각해서 ◇◇◇ 녀기다[동]: 여기다.	
悽惶時，	[언]슬허·ㅎ·면, [현]슬퍼하면	
縱有五分病，	[언]비록 :오 분·만흔 :병·이라·도, [현]비록 오 분만한 병이라도	
添做十分了。	[언]닷 :분맛 ·병·이라·도 더어 ·열 ·분·이 도의·여 가느·니·라. [현]닷 분만의 병이 더해서 열 분이 되어 갈 것입니다. ◇◇◇ -맛[조]: -만의(정도).	

110. 做男兒行時

咱們世上人,	[언]·우·리 :셰·샹·앳 :사ᄅᆞ미, [현]우리 세상의 사람은
做男兒行時,	[언]남·지 ᄃᆞ외·여 ᄃᆞ·닐·딘·댄, [현]남자가 되어 다닐진대는

◇◇◇

남ᄌᆞ[명]: 남자.
남지: 남자가.
ᄃᆞ외다[동]: 되다.
-ㄹ딘대[어미]: -ㄹ진대(예스러운 표현으로 앞 절의 일을 인정하면서, 그것을 뒤 절 일의 조건이나 이유, 근거로 삼음을 나타내는 연결 어미. 장중한 어감을 띰).
-ㄹ딘댄[어미]: -ㄹ진대는(어미 '-ㄹ진대'에 보조사 '는'이 결합한 말. '-ㄹ진대'를 강조), -ㄹ진댄.

[48a]自巳祖上的名聲,	[언]내 ·조·샹 명셩·을, [현]자기 조상의 명성을

◇◇◇

조샹[명]: 조상.
명셩[명]: 명성.

休壞了,	[언]·ᄒᆞ·여ᄇᆞ·리·디 :말·오, [현]헐어버리지 말고

◇◇◇

ᄒᆞ여ᄇᆞ리다[동]: 헐어버리다, 못쓰게 하다.

凡事要謹慎行時，	[언]믈읫 :이·룰 조·심·ᄒ·야 돈·니·면,
	[현]대체로 일을 조심하여 행하면
卓立的男子。	[언]·어:딘 남·직어·니ᄯ냐?
	[현]어진 남자이지 않겠는가?
父母的名聲，	[언]·부·못 명셩·을,
	[현]부모 명성을
辱磨了時，	[언]:더·러·이·면,
	[현]더럽히면
別人唾罵也。	[언]ᄂ·미 ·춤 ·받·고 구지·즈리·라.
	[현]남들이 침을 뱉고 꾸짖을 것입니다.
父母在生時，	[언]·부·뫼 사·라 :겨·신 저·긔,
	[현]부모가 살아 계신 적에
	◇◇◇
	겨시다[동]: 계시다.
家法名聲好來，	[언]家法·엣 ·법·령·과 명셩·이 :됴·ᄒ·며,
	[현]가법에 법령과 명성이 좋으며
田產家計有來，	[언]뎐·디 가:산·도 이시·며,
	[현]논밭과 재산도 있으며
	◇◇◇
	뎐디[명]: 논밭.
	가산[명]: 가산, 재산.
[48b]孳畜頭口有來，	[언]기ᄅ·논 효근 즘싱·과 :굴·근 즘싱도 이시며,
	[현]기르는 작은 짐승과 큰 짐승도 있으며
	◇◇◇
	기ᄅ다[동]: 기르다.
	즘싱[명]: 짐승.
	굵다[형]: 굵다, 크다.

人口奴婢有來。	[언]더·브·럿·는 :사·ᄅ·미·며 :종·들·도 잇다·가.	
	[현]부리는 사람, 노비들도 있습니다.	
爺孃亡沒之後,	[언]·부·뫼 :업·스·신 :후·에,	
	[현]부모가 돌아가신 후에	

落後下的孩兒們, 　[언]:훗·ᄌ·식·들·히,
　　　　　　　　[현]후손들이

◇◇◇

훗ᄌ식[명]: 훗자식, 후손.

不務營生。　　　[언]사·롤:일 일우·기 ·힘·쓰·디 아·니ᄒ·고,
　　　　　　　　[현]생업 이루기에 힘쓰지 않고

◇◇◇

사롤일[명]: 살아갈 일, 생업.

教些幫閑的潑男女狐朋狗黨,
　　　　　　　　[언]노·릇ᄒ·며 흥쑹·여 :놀·며 보·피·ᄒ·는 남진 :겨·집·들·ᄒ·야 여ᄉ ·벋 지·스·며 가·히·와 ·물 지·서,
　　　　　　　　[현]놀이하고 흥청거리며 방탕하게 구는 남자, 여자들과 나쁜 무리를 지어

◇◇◇

노릇ᄒ다[동]: 놀이하다, 희롱하다.
흥쑹이다[동]: 흥청이다, 흥청거리다.
보피ᄒ다[동]: 방탕하게 굴다, 야만스럽고 못되게 굴다. 무지막지하게 굴다.
여ᄉ[명]: 여우.
짓다4[동]: (무리를) 짓다, 결당하다.

每日穿茶房	[언]:미·실 차 ·프·는 지·븨 빼나·들며 술 ·프·는 져
入酒肆妓女	제·와 ·녀·기·의 지·븨 드러·가,
人家,	[현]매일 차파는 집에 께나들며 술집과 기생집에
	들어가서
	◇◇◇
	빼나들다[동]: 께나들다, 줄곧 드나들다.
	녀기[명]: 기녀.
胡使錢。	[언]간:대·로 ·천 쓰·거·든.
	[현]마음대로 돈을 씁니다.
[49a]衆親眷	[언]모·든 아·숨·과 이·욷·짓 늘·그·니·들·히 말·여
街坊老的們	닐·오·딕,
勸說,	[현]모든 친척과 이웃집 노인들이 말려 말하기를
	◇◇◇
	말이다[동]: 말리다.
伱爲甚麼省	[언]:네 :엇·디 ·씨드·라 숣·피·디 :몯·ᄒᆞ는·다
不得,	·ᄒᆞ·야·든,
	[현]당신은 어찌 깨달아 살피지 못하고
	◇◇◇
	씨듣다[동]: 깨닫다.
	숣피다[동]: 살피다.
執迷着心?	[언]므ᅀᅳ·믈 어리·워 가·지고·셔?
	[현]마음을 어리석게 가지고 있습니까?
	◇◇◇
	어리우다[동]: 어리석게 하다, 미혹하다.
迴言道,	[언]:딕·답·ᄒᆞ·요·딕,
	[현]대답하기를
使時使了我	[언]·뻐·도 내 쳔 ·쓰·며,
的錢,	[현]써도 내 돈 쓰며

第五章 爲人之道

壞時壞了我的家私,	[언]·ᄒ·야ᄇ·려·도 내 짓 거슬 ·ᄒ·야ᄇ·리ᄂ·니, [현]헐어버려도 내 집 것을 헐어버리니
干你甚麼事?	[언]네게 므스 :이·리 ·브·ᄐ·뇨? [현]당신에게 무슨 일이 관계됩니까? ◇◇◇ 븥다[동]: 붙다, 속하다, 관계되다, 딸리다.
因此上,	[언]·이·러ᄒᆞᆯ·ᄉᆡ, [현]이러기에
衆人再不曾勸他,	[언]·모·든 :사·ᄅᆞ·미 노의·여 말·이·디 아·니ᄒᆞ·니, [현]모든 사람이 다시 말리지 않으니 ◇◇◇ 노의여[부]: 다시, 전혀.
[49b]隨着他胡使錢。	[언]제 ᄆᆞᅀᆞᆷ·으·로 :쳔 간:대·로 ·쑤·디. [현]제 마음대로 돈을 함부로 씁니다. ◇◇◇ 쑤다[동]: 쓰다, 사용하다.
每日十數箇幇閑的家裏,	[언]:ᄆᆡ·실 여라·믄 노·릇바·치 자·븨, [현]매일 십여 명 왈짜패 집의 ◇◇◇ 노릇바치[명]: 왈짜패.
媳婦孩兒,	[언]:겨·집·과 아히·의, [현]여자와 아이들의
喫的穿的,	[언]머·글 ·것 니·블 거·시, [현]먹을 것, 입을 것의
都是這呆廝的錢。	[언]:다 ·이 어·린 ·노·믜 :쳔·이·라. [현]다 이 어리석은 놈의 돈입니다.

騎的馬三十 兩一疋好竄 <馬*竄>行 馬， 鞍子是時樣 減銀事件的 好鞍轡，	[언]·튼·논 ᄆ·론 은 셜·흔 량 쏜 ᄒᆞ 피·리 ᄀᆞ:장 :건 ·ᄂᆞᆫ ᄆᆞ·리·오, [현]타는 말은 은자 서른 냥으로 비싸고 제일 잘 달 리는 말이고 [언]·기·르마ᄂᆞᆫ 시·톄·옛 은 ·입·ᄉᆞᄒᆞ·욘 ·ᄉᆞ겨·넷 :됴·ᄒᆞᆫ ·기·르마 굴·에·돌·히, [현]안장은 유행의 장식품으로 은 새겨 넣은 안장 과 굴레들인데

◇◇◇

시톄[명]: 시체(時體: 그 시대의 풍습과 유행).
입ᄉᆞᄒᆞ다[동]: 입사하다, 새겨 넣다, 껴 넣다, 상감
하다.
-욘[어미]: -ㄴ, "ㅣ"모음이나 "ᄒᆞ" 뒤에 쓰인다.
ᄉᆞ견[명]: 장식품.

[50a]通使 四十兩銀。	[언]:대·되 마·ᄉᆞᆫ 량 은 ·뻐 잇·고. [현]모두 은자 마흔 냥을 쓴 것입니다.

◇◇◇

마ᄉᆞᆫ[수][관]: 마흔.

111. 穿衣服時

穿衣服時，	[언]·옷 니·블·딘·댄, [현]옷 입을진대는
按四時穿衣 服，	[언]:ᄉᆞ·졀 조·초 ·옷 니·브·딕, [현]사계절을 따라 옷을 입으되

◇◇◇

ᄉᆞ절[명]: 사절, 사계절.

第五章 爲人之道

每日脫套換套。	[언]날마다 훈 ·볼 밧·고 훈 ·볼 ᄀ·라닙ᄂ·니.
	[현]날마다 한 벌 벗고 한 벌 갈아입습니다.
	◇◇◇
	볼[의]: 벌, 부.
	밧다[동]: 벗다.
春間好青羅曳撒,	[언]보·믹·는 :됴·흔 ·야·쳥 로 이·삭·딕·녕·에,
	[현]봄에는 좋은 청흑색 비단 직령에
	◇◇◇
	이삭딕녕[명]: 직령의 한 가지.
白羅大搭胡,	[언]·힌 로 ·큰 더그·레·예,
	[현]흰 비단 큰 더그레에
	◇◇◇
	더그레[명]: 몽골어 'Degelei'에서 차용된 말이다. 깃과 소매가 없거나 소매가 아주 짧은 겉옷. 중국에서 들어온 것으로, 조선 시대에는 배자(褙子), 반비의(半臂衣), 답호(褡護)라고도 했다.
柳綠羅細褶兒。	[언]폰:류·쳥 로 ·ᄀ·는 주·룸 텬·릭·이·오.
	[현]유록색 비단 가는 주름 철릭입니다.
	◇◇◇
	폰류쳥[명]: 유록색.
	주룸[명]: 주름.
	텬릭[명]: 철릭(무관의 공복).
到夏間,	[언]녀·름 다ᄃᆞᆯ거·든,
	[현]여름이 되면
好極細的毛施布布衫,	[언]ᄀ·장 ·ᄀ·는 모시·뵈 젹삼·애,
	[현]아주 가는 모시베 적삼에
	◇◇◇
	젹삼[명]: 적삼.

上頭繡銀條　　[언]우·희·는 제:실·로 :슈·질노흔 ·힌 믠紗 더그·레,
紗搭胡,　　　[현]위에는 제실로 수놓은 흰 민 비단 더그레,
　　　　　　　◇◇◇
　　　　　　　제실[명]: 제물의 실, 천과 같은 흰 빛깔의 실.
　　　　　　　슈질놓다[동]: 수놓다, 자수하다.
　　　　　　　믠-[접두]: 민-.

[50b]鴨綠紗　　[언]·야·투·로 사 ·딕·령·이·오,
直身。　　　　[현]압록색 비단 직령이고

到秋間是羅　　[언]ᄀ·슬·히 다ᄃᆞ거·든 로 ·오·시·오,
衣裳。　　　　[현]가을이 되면 비단 옷이고

到冬間,　　　[언]겨·스·리 다ᄃᆞ거·든,
　　　　　　　[현]겨울이 되면
　　　　　　　◇◇◇
　　　　　　　겨슬[명]: 겨울.

界地紵絲襖　　[언]·벽드·르문·엣 :비·단 ·핟·옷·과,
子,　　　　　[현]벽돌 무늬 비단 솜옷과
　　　　　　　◇◇◇
　　　　　　　핟옷[명]: 핫옷, 솜옷.

綠紬襖子,　　[언]·초·록 면듀 ·핟·옷·과,
　　　　　　　[현]초록색 명주 솜옷과
　　　　　　　◇◇◇
　　　　　　　면듀[명]: 명주.

織金膝欄襖　　[언]금·으·로 ·ᄧᅡ ·시·란흔 ·핟·옷·과,
子,　　　　　[현]금실로 짠 스란 무늬를 한 솜옷과
　　　　　　　◇◇◇
　　　　　　　시란[명]: 스란.
　　　　　　　ᄧᅡ다[동]: 짜다, 직조하다.

茶褐水波浪	[언]:감·차·할 ·믈·셜 바·탕·애 :ᄉ·화문흔 :비·단
地兒四花襖	·핟·옷·과,
子,	

[현]다갈색 물결 바탕에 꽃 네 개를 무늬로 짜넣은 비단 솜옷과

◇◇◇

감차할[명]: 다갈색, 고동색.

믈셜[명]: 물결.

| 靑六雲襖 | [언]·야·쳥비·체 ·구·름 여슷·곰문 둔 :비(·비)·단 |
| 子, | ·핟·옷·과, |

[현]청흑색 구름 여섯 개씩 무늬로 짜넣은 비단 솜옷과

茜紅氈緞	[언]곡도숑 ·믈 ·드·린 블·근비·체 털조·쳐 ·드·려
（叚）藍綾	·ᄧᅩᆫ :비·단·과 ·람 고로·와·로 ·히·욘 고의·예,
子袴兒,	

[현]꼭두서니 물들인 붉은색 털까지 들여 짠 비단과 남색 무늬 있는 비단으로 만든 고의에

◇◇◇

곡도숑[명]: 꼭두서니.

람[명]: 남색.

고의[명]: 남자의 바지.

| [51a]白絹汗 | [언]븩 :깁 :한·삼·과, |
| 衫, | [현]백색 깁 비단 한삼과 |

| 銀褐紵絲板 | [언]부희여흔 비·쳇 :비·단 너·븐 주·룸 텬·릭·과, |
| 摺兒, | [현]부연색 비단 넓은 주름 철릭과 |

◇◇◇

부희여ᄒᆞ다[형]: 부옇다.

短襖子， [언]뎌른 ·핟·져·구·리·와,
 [현]짧은 솜옷 저고리와
 ◇◇◇
 져구리[명]: 저고리.

黑綠紵絲比 [언]:희·무·로 :비·단 비·게·와 ·ㅎ·야,
甲， [현]흑록색 비단 비갑옷을 하여
 ◇◇◇
 희무로[명]: 흑록색.
 비게[명]: 비갑(옷의 이름, 소매가 없으며 앞섶이 여며지지 않고 두 쪽이나 나란히 맞닿은 철릭의 일종이다).

這般按四時 [언]이·러트·시 :스·절 조·초 ·옷·돌 닙·더·라.
穿衣裳。 [현]이렇게 사계절을 따라 옷들을 입습니다.

112. 繫腰時

繫腰時， [언]·씌·도,
 [현]허리띠도
 ◇◇◇
 씌[명]: 허리띠.

也按四季。 [언]·쏘 :스·절 조·초 ᄒ·요·딕,
 [현]또 사계절을 따라 하되

春裏繫金絛 [언]보·믹·눈 ·금·토환 ·씌·오,
環； [현]봄에는 금으로 된 띠고리가 달리고 금실을 섞어 꼬아 만든 띠를 쓰고
 ◇◇◇
 금토환[명]: 금으로 된 띠고리가 달리고 금실을 섞어 꼬아 만든 띠.

夏裏繫玉鉤子,	[언]녀르·메·는 ·옥·으·로 ·씃 그·테 ·갈갈이 ᄒ니 씌요·디,
	[현]여름에는 끝 부분에 옥으로 만든 고리를 단 허리띠를 띠되
	◇◇◇
	갈갈이[명]: 갈고리, 띠고리.
	씌다[동]: 띠다.
[51b]最低的是菜玉,	[언]ᄀ·장 사·오·나·와·사 :치·옥·이·오,
	[현]제일 나쁜 것이라야 채옥이고
	◇◇◇
	치옥[명]: 채옥(빛깔이 채색인 옥).
最高的是羊脂玉;	[언]ᄀ·장 노·프니·는 양지·옥·이·오,
	[현]제일 좋은 것은 양지옥이고
秋裏繫減金鉤子,	[언]ᄀ·슬·히·는 금·으·로 ·입·사·히·욘 구·ᄌ·씌 씌ᄂ·니,
	[현]가을에는 금으로 상감한 갈고리 띠를 띠는데
	◇◇◇
	구ᄌ2[명]: 구자, 띠고리, 갈고리.
尋常的不用,	[언]샹·햇 거·슨 ·쓰·디 아·니·코,
	[현]보통의 것은 쓰지 않고
	◇◇◇
	샹해[명]: 보통.
都是玲瓏花樣的;	[언]:다 설·픽·에 곳 사·굔 거·시러·라.
	[현]다 영롱한 꽃 새겨 넣은 것입니다.
	◇◇◇
	설픠다[형]: 영롱하다, 찬란하다.
	사기다[동]: 새기다.

冬裏繫金廂
寶石鬧裝，

[언]겨·스·리어·든 금·으·로 각 ·식 :보·석·에 :젼
메·워 워즈런즈런니 ·꾸·민 ·씌:를 씌·며，
[현]겨울이면 금으로 각 색 보석을 상감하여 수선
스럽게 꾸민 띠를 띠며

◇◇◇

보석[명]: 보석.
젼메우다[동]: 상감하다.
워즈런즈런니[부]: 요란스럽게, 어수선하게, 수선
스럽게.
쑤미다[동]: 꾸미다, 장식하다.

又繫有髮眼
的烏犀繫
腰。

[언]·쏘 총쑤무 잇는 烏犀角·으·로 밍·근 ·씌·를
씌·엿·고.
[현]또 무소뿔 눈 모양의 무늬가 있는 오서각으로
만든 띠를 띠었습니다.

◇◇◇

총쑤무[명]: 무소뿔에 나타나 있는 눈 모양의 무늬
(뿔 가운데 가장 고급품으로 여겼다).

113. 戴帽時

[52a]頭上戴
的好貂鼠皮
披肩，

[언]머·리·예 ·슨 거·슨 :됴·흔 돈피 ᄉ:염·이·오，
[현]머리에 쓴 것은 좋은 담비 가죽으로 만든 어깨
까지 가려지는 이엄(耳掩)이고

◇◇◇

돈피[명]: 담비의 모피, 노랑 가슴담비의 가죽.
ᄉ염[명]: 이엄(耳掩), 피견(관복을 입을 때에 사모
밑에 쓰던 모피로 된 방한구).

好纏樱金頂	[언]:됴·흔 총나못 :실·로 밋·고 금딩·ᄌ 브·틴
大帽子。	·갇·이·니,
	[현]좋은 종려나무 실로 맺고 금증자를 부친 갓인데

◇◇◇

총나므[명]: 종려나무.

밋다[동]: 맺다, 겯다.

딩ᄌ[명]: 증자.

브티다[동]: 붙이다, 부치다, 부착하다.

갇[명]: 갓(모자).

這一箇帽	[언]·이 흔 ·가·디,
子,	[현]이 갓 한 개가
結裹四兩銀	[언]:넉 량 ·은 ·드·로·아 밍·ᄀ·라 내·엿·고.
子。	[현]은자 넉 냥을 들여야 만들어 낼 수 있었습니다.
又有紵絲剛	[언]·쏘 :비·단·으·로 드르 :두 ·녁 가르·ᄧᅡ 돌마·기
叉帽兒,	·ᄃ·론 갇·애,
	[현]또 비단으로 도래를 둘로 갈라내어 단추를 단 갓에

◇◇◇

드르[명]: 도래, 갓양태.

가르ᄧᅡ다[동]: 갈라 따다, 두 갈래로 나누다.

돌마기[명]: 단추.

돌다2[동]: 달다, 붙이다, 부착하다.

羊脂玉頂	[언]양지·옥 딩·ᄌ 브·텨시·니,
子。	[현]양지옥 증자를 부쳤으니
這一箇帽	[언]이 흔 ·갇·은,
子,	[현]이 갓 한 개가

結裹三兩銀子。	[언]	:석 량 은·으·로 ·드려·ᄉᆞ 밍·ᄀᆞ·라 내·엿·고.
	[현]	은자 석 냥으로 들여야 만들어 낼 수 있었습니다.
又有天青紵絲帽兒,	[언]	·쏘 텬쳥비·쳇 :비·단·갇·과,
	[현]	또 하늘색 비단 갓과
[52b]雲南氈帽兒。	[언]	운남·의·셔 혼 시·옥·갇·과,
	[현]	운남에서 난 모전으로 만든 갓과

◇◇◇

시옥갇[명]: 전모(모전으로 만든 갓).

又有貂鼠皮狐帽,	[언]	·쏘 돈피털·갇과·이,
	[현]	또 담비 가죽으로 만든 갓의
上頭都有金頂子。	[언]	우·희 :다 금뎡ᄌᆞ 잇·더·라.
	[현]	위에 모두 금증자를 부쳤습니다.

114. 穿靴時

穿靴時,	[언]	훠·를 시·늘·딘·댄,
	[현]	가죽신을 신을진대는

◇◇◇

훠[명]: 목이 있는 가죽신.
-올딘대[어미]: -을진대, 을진대는, 을진댄.

春間穿皂鹿皮靴,	[언]	·봄 ᄉᆞ·ᅀᅵ·는 거·믄 가·ᄌᆞ피 훠 시·노·되,
	[현]	봄 사이는 검은 사슴 가죽신을 신으되

◇◇◇

가ᄌᆞ피[명]: 궤피, 개발사슴의 가죽.

| 上頭縫着倒
提雲; | [언]우·희 ·구룸 갓·고·로 드·리·옛게 ·호·와 잇·고,
[현]위에 구름 거꾸로 늘어뜨리게 꿰매있고 |

◇◇◇

갓고로[부]: 거꾸로.
드리다[동]: 늘어뜨리다, 매달다.
호다[동]: 바느질하다, 꿰매다, 달다, 부착하다.

| 夏間穿獺皮
靴; | [언]녀·름 스·이·논 :뎐피 훠 :신·고,
[현]여름 사이는 양 가죽신을 신고 |
| 到冬間穿嵌
金線藍條子
白鹿皮靴。 | [언]겨·스·렌 ·람:비·단 갸·품·에 금·션 조·쳐 ᄢᅵ 빅
기·즈피 훠 시·노·디,
[현]겨울에는 남색 비단으로 솔기에 금실까지 끼운
백색 사슴 가죽신을 신으되 |

◇◇◇

갸품[명]: 옷이나 신의 혼 솔기에 끼우는 다른 띠오
리.
금션[명]: 금실.
ᄢᅵ: 낀, 끼운.

| [53a]氈襪
穿好絨毛襪
子, | [언]시·옥쳥·은 :됴흔 ·ᄀ·ᄂᆞᆯ·오 보드·라·온 터·리·로
미·론 쳥 시·너 이·쇼·디,
[현]모전으로 만든 버선은 가늘고 부드러운 털로
짠 버선을 신고 있는데 |

◇◇◇

시옥쳥[명]: 모전으로 만든 버선.
보드랍다[형]: 보드랍다.

| 都使大紅紵
絲緣口子。 | [언]:다 ·다홍 :비·단·오·로 ·깃 ·드:라 이시·니,
[현]모두 붉은 비단으로 깃을 달았으니 |
| 一對靴上, | [언]혼 쌍 훠·예,
[현]한 쌍 가죽신에 |

都有紅絨鴈　　［언］:다 블·근 :실·로 ·고 ·드·라 잇·더·라.
爪。　　　　　［현］다 붉은 실로 기러기의 발가락 모양을 장식했
　　　　　　　　습니다.
　　　　　　　◇◇◇
　　　　　　　고2[명]: 가죽신에 붉은 실로 기러기의 발가락 모
　　　　　　　　양으로 장식하다.
那靴底,　　　　［언］·뎌 훠 챵·이,
　　　　　　　［현］저 가죽신 밑창은
　　　　　　　◇◇◇
　　　　　　　챵[명]: 밑창.
都是兩層淨　　［언］:다 :두 충 ·조·흔 챵·애,
底。　　　　　［현］다 두 층 좋은 밑창에
上的線,　　　　［언］·호·와 잇는 :시·른,
　　　　　　　［현］꿰매있는 실은
蠟打了,　　　　［언］:밀 ·텨 잇·고,
　　　　　　　［현］밀납을 칠했고
錐兒細線　　　　［언］:솔·오 즌 ·ᄀ·ᄅᆞᆯ·오 노·흔 :굴·그·니,
麄,　　　　　　［현］송곳은 가늘고 노끈은 굵으니
　　　　　　　◇◇◇
　　　　　　　솔옷[명]: 송곳.
上的分外的　　［언］·호·와 잇는 ·양·이 ·분·외·로 구·드·니,
牢壯,　　　　　［현］꿰매있는 모양은 특별히 굳으니
　　　　　　　◇◇◇
　　　　　　　분외로[부]: 제 분수 이상으로, 특별히.
好看。　　　　　［언］보기 ·됴터·라.
　　　　　　　［현］보기 좋습니다.

115. 喫飯時

[53b]喫飯時,	[언]·밥 머·글 제·눈,
	[현]밥을 먹을 때는
揀口兒喫。	[언]이·베 머·검·즉 ᄒᆞ·니·로 :골·와 먹·더·라.
	[현]입에 먹음직하는 것을 골라 먹습니다.
清早晨起來,	[언]·일 아·ᄎᆞ·믹 니·러·나,
	[현]이른 아침에 일어나
梳頭洗面了,	[언]머·리 빗·고 ᄂᆞᆾ 싯고,
	[현]머리를 빗고 얼굴을 씻고
先喫些箇醒酒湯,	[언]몬져 술 ᄭᆡ·오·는 ·약 먹·고,
	[현]먼저 술 깨우는 약을 먹고
	◇◇◇
	ᄭᆡ오다[동]: 깨우다.
或是些點心。	[언]혹 효·근 상화 먹·고,
	[현]혹은 자잘한 만두를 먹고
然後打餅熬羊肉,	[언]:후·에 ·쩍 밍·글·며 양·슉 :고으·며,
	[현]그 다음에 떡 만들며 양고기를 고으며
	◇◇◇
	양슉[명]: 양육, 양고기.
或白煮着羊腰節胷子喫了時。	[언]혹 믠·므·레 양·의 준둥·과 훙·ᅀᅡ 술·마 먹·고,
	[현]혹은 맹물에 양의 잔등과 안심을 삶아 먹고
	◇◇◇
	준둥[명]: 잔등, 등심.
	훙ᅀᅡ[명]: 훙아, 안심.

騎着鞍馬，	[언]몰 ·트·고,
	[현]말을 타고
引着伴儅，	[언]·번·당 ·드·리·고,
	[현]하인들을 데리고
[54a]着幾箇	[언]여·러 노·룻바치·로 ·후·놀·이거·든,
幇閑的盤弄	[현]여러 왈짜패들한테 부추김을 당하면
着，	◇◇◇
	후놀이다[동]: 희롱 당하다, 부추김을 당하다, 농락을 당하다.
	노룻[명]: 놀이나 장난.
	노룻바치: 재인, 광대.
先投大酒肆	[언]몬져 ·큰 수울 져·제 ·가 안·자·셔,
裏坐下。	[현]먼저 큰 술 시장에 가 앉아서
一二兩酒	[언]훈:두 량·앳 술 고·기·를,
肉，	[현]한두 냥의 술과 고기를
喫了時，	[언]먹·고,
	[현]먹고
酒帶半酣，	[언]수울 :반·만 :취·후·야 가·지·고,
	[현]술은 반쯤 취해 가지고
引動淫心，	[언]음심 내·여,
	[현]음심을 내어
唱的人家裏	[언]놀·애 브르는 :사·르·믜 지·븨 ·가.
去。	[현]노래 부르는 사람의 집에 갑니다.
	◇◇◇
	놀애[명]: 노래.
	브르다[동]: 부르다.
到那裏，	[언]뎌·긔 ·가,
	[현]저기에 가서

第五章　爲人之道

敎那彈絃子 的謊厮們,	[언]뎌 三絃子 ·뜨·고 :거·즈·말 ·ᄒ·ᄂ ·놈·들·흘 ·ᄒ·야,
	[현]삼현금을 타고 거짓말 하는 놈들한테

◇◇◇

뜨다[동]: 타다.
거즈말[명]: 거짓말.

捉弄着,	[언]·희·농·이·며·셔,
	[현]희농을 당해서

假意兒叫幾 聲,	[언]:거·즛 여·러 ·적 브르지·죠·딕,
	[현]거짓으로 여러 번 부르기를

◇◇◇

적[의]: 번, 마디.

[54b]舍人公 子,	[언]:샤신 공·ᄌ·하!
	[현]나리 공자님이시여!

◇◇◇

샤신[명]: 사인, 측근자, 문객, 나리.
공ᄌ[명]: 공자(송원 시대 귀족이나 부자의 자제, 본래는 벼슬 이름이었다).

早開手使錢 也。	[언]일즈시 ·손 여·러 :쳔량 내:여 ·쁘·쇼·셔 ᄒ·야·든.
	[현]일찍이 손을 열어 돈을 내어 쓰십시오.

◇◇◇

쳔량[명]: 천량, 돈, 재물.
-쇼셔[어미]: -소서(하십시오할 자리에 쓰여, 정중한 부탁이나 기원을 나타내는 종결 어미).

那錢物只由 那幇閑的人 支使,	[언]그 :쳔·이 ·뎌 노·릇 ᄒ·ᄂ ·노·미 ᄆᆞᄋᆞᆷ·대·로 ·쁘거·든,
	[현]그 돈이 저 희롱하는 놈들이 마음대로 쓰는데

他只粧孤，	[언]져는 :얼운다·이,	
	[현]본인은 어른인 체하며	
	◇◇◇	
	얼운답다[형]: 어른인 체하다. 거짓으로 부자나 벼슬아치와 같이 꾸미다.	
正面兒坐着，	[언]:졍·면 :좌·애 안·자,	
	[현]정면의 자리에 앉아	
做好漢。	[언]·어·딘 남신·인 :양·으·로 ㅎ·고 잇거·든.	
	[현]어진 남자인 척하고 있습니다.	
那廝們，	[언]·뎌 ·놈들·흔,	
	[현]저 놈들은	
將着銀子花使了。	[언]은 가·져·셔 간:대·로 쓰·고,	
	[현]은 가져가서 함부로 쓰고	
中間尅落了一半兒，	[언]듕간·애 :반·이·나 ᄀ·려내·여,	
	[현]중간에 반이나 떼어먹어	
	◇◇◇	
	듕간[명]: 중간.	
	ᄀ려내다[동]: 가려내다, 덜어내다, 가로채다, 떼어먹다.	
[55a]養活他媳婦孩兒。	[언]제 :겨·집·과 아·히 이받ᄂ·니.	
	[현]제놈의 계집과 아이들의 바라지를 합니다.	
一箇日頭，	[언]ᄒᆞᆫ 나·래,	
	[현]하루에는	
比及到晚出來時，	[언]나죄 도의·도·록 ·나·올 저·긔 다ᄃᆞ·란,	
	[현]저녁이 되도록 나올 적에	

至少使三四兩銀子。	[언]ᄀᆞ·장 져·거·사 ·서·너 량 은·을 ·쓰·ᄂ·니.
	[현]가장 적어서야 서너 냥 은자를 씁니다.

◇◇◇

적다[형]: 적다.

後來使的家私,	[언]:후·에 지·븨 쓸 ·거·시,
	[현]나중에 집에 쓸 것이
漸漸的消乏了,	[언]:졈·졈 :업·서,
	[현]점점 없어져서
人口頭疋家財金銀器皿,	[언]:사·름 ᄆᆞ·쇼 가지 금은 ·긔·명·을,
	[현]사람, 가축, 가재, 금은 그릇붙이들을

◇◇◇

가지[명]: 가재.

긔명[명]: 기명, 그릇붙이.

都盡賣了,	[언]:다 ·ᄑᆞ·ᄂᆞ외·며,
	[현]모두다 팔아버리고

◇◇◇

ᄑᆞᄂᆞ외다[동]: 팔아버리다, 팔아치우다.

田産房舍也典儅了。	[언]뎐·디 며 집·들 볼모 ·드·리·니.
	[현]논밭과 집들도 저당 잡혔습니다.

◇◇◇

볼모드리다[동]: 저당 잡히다.

[55b]身上穿的也沒,	[언]·모·매 니·블 것·도 :업·스·며,
	[현]몸에 입을 것도 없고
口裏喫的也沒。	[언]이·베 머·글 것·도 :업·스·니,
	[현]입에 먹을 것도 없으니
幇閑的那廝們,	[언]노릇·ᄒᆞ·던 그 ·놈·들·히,
	[현]왈짜패 놈들이

更沒一箇肯 偢保的。	[언]노의·여 ᄒ나·토 ·긔·수ᄒ리 ·업·서. [현]다시는 상대하는 사람이 하나도 없습니다. ◇◇◇ 긔수ᄒ다[동]: 아랑곳하다, 거들떠보다, 상대하다.
如今跟着官 人拿馬, 且得暖衣飽 飯。	[언]·이·제 관원 조·차 ᄃ·녀 ᄆ·를 자·바, [현]이제 관원을 따라 다니며 말을 잡아주고 [언]아·직 :아·ᄆ려·나 ·옷 :덥·고·져 ·밥 ·빈브 르·고·져 ·ᄒ·ᄂ니라. [현]겨우 아무렇게나 옷을 덥게 입고자 하고 밥을 배부르게 먹고자 하는 것입니다.

第六章　辭別起程

116. 我買這貨物要去涿州賣去

我買這貨物,	[언]·내 ·이 ·황·호·앳 것·들 ·사,
	[현]내가 이 화물들을 사서
	◇◇◇
	황호[명]: 잡화, 화물.
要涿州賣去。	[언]涿州·로 ·폴·라 :가·려 ·ᄒᆞ다·니.
	[현]탁주(涿州)로 팔러 가려고 합니다.
這幾日爲請親眷筵席,	[언]요조·숨 아·ᄋᆞᆷ ·쳥ᄒᆞ·야 이바·디·ᄒᆞ·노·라 ᄒᆞ·며,
	[현]요즘 친척들을 초청해서 연회잔치를 했으며
	◇◇◇
	요조숨[명]: 요즈음, 요사이.
[56a]又爲病疾耽閣,	[언]·쏘 :병·오·로 머·므·러,
	[현]또 병으로 머물러
不曾去的,	[언]가·디 :몯ᄒᆞ·얏다·니,
	[현]가지 못하였더니
我如今去也。	[언]:내 ·이·제 ·가·노·라.
	[현]나는 이제 가겠습니다.
火伴伱落後好坐的着,	[언]동·뫼·야 너·는 ·뻐·디·여셔 됴·히 안잣거라.
	[현]동무들이여, 당신은 여기서 잘 쉬고 있어요.
我到那裏,	[언]·내 뎌·긔 ·가,
	[현]내가 저기에 가서

賣了貨物便來。	[언]·횽·호 ·폴·오 ·즉·재 :오·마.
	[현]화물을 팔고 바로 돌아오겠습니다.
你好去着。	[언]:네 :됴·히 ·니·거·라.
	[현]당신은 잘 가십시오.
我賣了這人蔘毛施布時,	[언]·내 ·이 신슴 모시·뵈 ·폴·면,
	[현]내가 이 인삼과 모시베를 팔면
	◇◇◇
	신슴[명]: 인삼.
不揀幾日,	[언]:아·모 ·나·리라 :업·시,
	[현]아무 날이나 상관없이
好歹等你來,	[언]모·로·매 너·를 기·들·워·사,
	[현]반드시 당신을 기다렸다가
[56b]咱商量買迴去的貨物,	[언]·우·리 도·라 갈 횽·호 사·기·를 :의·론:호·리·니,
	[현]우리가 돌아갈 때 화물 사기를 의논하고 싶으니
你是必早來。	[언]:네 모·로·매 일즈시 ·오·나·라.
	[현]당신은 반드시 일찍 오십시오.

117. 這蔘是好麽

店主人家,	[언]:뎜·쥬신·하!
	[현]여관 주인집!
引着幾箇鋪家來,	[언]:뎐 ·사·룸 여·러·흘 드·려 ·오·라,
	[현]가게 사람 여러 명을 데리고 와서
商量人蔘價錢。	[언]신슴·깝 :의·론ᄒ:져.
	[현]인삼 값을 의논합시다.

這蔘是好麼?	[언]·이 심·이 :됴·ᄒ·냐?
	[현]이 인삼이 좋습니까?
	◇◇◇
	심[명]: 삼, 인삼.
將些樣蔘來我看。	[언]본 볼 심 가·져 ·오·라 ·내 ·보·와지·라.
	[현]본 볼 삼을 가져와서 내가 보고 싶습니다.
這蔘是新羅蔘也,	[언]·이 심·은 新羅ㅅ 심·이·라,
	[현]이 인삼은 신라삼이라
着中。	[언]듕:품·이·로·다.
	[현]중품입니다.
	◇◇◇
	듕품[명]: 중품.
你說甚麼話!	[언]:네 므·슴 :마·를 니ᄅ·ᄂᆞᆫ·다?
	[현]당신은 무슨 말을 합니까?
[57a]這蔘絶高,	[언]·이 심·이 ᄀ·장 :됴·ᄒ·니,
	[현]이 인삼은 제일 좋은 것이니
怎麼做着中的看?	[언]:엇·디 듕·품·오·로 ·보·ᄂᆞᆫ·다?
	[현]어찌 중품으로 봅니까?
牙家說,	[언]야·지 닐·오·디,
	[현]중개인이 말하기를
	◇◇◇
	야ᄌ[명]: 아자(牙子), 주릅, 중개인.
	야지: 아자가, 중개인이.
你兩家不須折辨高低。	[언]너희 :둘·히 ·긋 구·틔·여 :됴·홈 구·좀 분·간·ᄒ·거·라 :말·라.
	[현]당신들 둘이서 반드시 좋고 나쁨을 분간하려고 하지 마십시오.

如今時價五錢一斤,	[언]·이·제 시·개 닷 ·도·내 흔 근·시·기·니, [현]이제 시가에 닷 돈에 한 근씩이니
有甚麼商量!	[언]므·슴 :혜·아·료·미 이사·리·오? [현]무엇을 상의할 게 있습니까?
你這蔘多少斤重?	[언]네 ·이 심·이 ·몃 ·근 므·긔·오? [현]당신의 이 인삼은 무게가 몇 근입니까?

◇◇◇

므긔[명]: 무게.

我這蔘一百一十斤,	[언]내 ·이 심·이 일·빅 ·열 근·이·라. [현]내 인삼은 일백 열 근입니다.
你稱如何?	[언]네 저·우·리 :엇·더호·뇨? [현]당신의 저울이 어떻습니까?
我的是官稱,	[언]내 ·해 구윗저·우리·라. [현]내 것은 관청의 저울입니다.
[57b]放着印子裏,	[언]·인 ·텻누니, [현]관인이 찍혔으니
誰敢使私稱!	[언]·뉘 아·룸 저·울 ·브·리·료? [현]누가 사적인 저울을 씁니까?
這價錢一定也,	[언]·이·갑·시(·사) ·일·뎡커·다. [현]이 값이 정했습니다.
我只要上等官銀,	[언]내 :샹·등·엣 :됴·흔 은··을 바·도·디, [현]나는 상등급 된 좋은 은자를 받으되
見要銀子,	[언]앎·픠·셔 ·즉·재 은··을 ·받고, [현]앞에서 즉시 은을 받고

不賒。	[언]드·리오·디 아·니 ·호·리·라.	
	[현]외상으로 하지 않습니다.	
	◇◇◇	
	드리오다[동]: 외상하다, 외상으로 하다.	
怎那般說,	[언]·엇·디 그·리 니른·느·뇨?	
	[현]어찌 그렇게 말합니까?	
銀子與伱好的。	[언]은·은 너·를 :됴·ᄒ·니 :주·마 커·니·와,	
	[현]은은 당신에게 좋은 것을 주겠지만	
買貨物的,	[언]·황·호 살 :사·ᄅ·미,	
	[현]상품을 살 사람이	
那裏便與見銀!	[언]어듸·가 앏·픠·셔 ·즉·재 은·을 :다 주·리·오?	
	[현]어디가 앞에서 즉시 은을 다 줍니까?	
須要限幾日。	[언]모·로·매 여·러·날 그·슴ᄒ·져.	
	[현]반드시 며칠 한정합시다.	
	◇◇◇	
	그슴ᄒ다[동]: 한정하다, 한도로 하다.	
[58a]伱兩家休爭,	[언]너희 :둘·히 싯·구·디 :말·오.	
	[현]당신 둘이서 시끄럽게 굴지 마십시오.	
限十箇日頭,	[언]열·흘·만 그·슴ᄒ·야·셔,	
	[현]열흘만 한정해서	
還足價錢。	[언]·갑·슬 ·ᄎ·게 가 폴 거·시·라.	
	[현]값을 다 갚을 것입니다.	
這般時,	[언]·이·러커·든,	
	[현]이렇다면	
依着牙家話。	[언]·야·ᄌ·의 :마·를 조·차 ᄒ·져.	
	[현]중개인의 말을 따라 합시다.

這蔘稱了,	[언]·이 심·을 드라 ㅎ·니,
	[현]이 인삼을 달아보니
只有一百斤。	[언]:다·믄 ·일·빅 ·근이로·다.
	[현]다만 일백 근입니다.
你說一百一十斤,	[언]:네 닐·오·딕 ·일·빅 ·열 근·이·라 ·ㅎ더·니,
	[현]당신이 말하기를 일백 열근이라고 했는데
那一十斤,	[언]그 ·열 근·은,
	[현]그 열 근은
却在那裏?	[언]:긔 어·딕 잇ᄂ·뇨?
	[현]그것이 어디에 있습니까?
	◇◇◇
	긔: 그게, 그것이.
我家裏稱了一百一十斤。	[언]내 지·븨·셔 ᄃ·니 ·일·빅 ·열 근·이러·니.
	[현]나는 집에서 달아보니 일백 열 근입니다.
[58b]你這稱大,	[언]네 ·이 저·우·리 크·니,
	[현]당신의 저울이 크니까
因此上,	[언]·이·런 젼·ᄎ·로,
	[현]이런 까닭으로
折了十斤。	[언]·열 근·이 ·싯도·다.
	[현]열 근이 줄었습니다.
	◇◇◇
	싯다[동]: 까다, 줄다, 축나다.
那裏稱大!	[언]어·듸 저·우·리 ·클·고?
	[현]어디 저울이 크다고요?
這蔘你來時節有些濕,	[언]·이 심·이 네 ·올 저·긔 저·저 잇다·가,
	[현]이 인삼이 당신이 올 적에 젖어있다가

如今乾了,	[언]·이·제 므ᄅ·니,	
	[현]이제 말랐으니	
因此上,	[언]·이:런 젼·ᄎ·로,	
	[현]이런 까닭으로	
折了這十斤。	[언]·이 ·열 근·이 ·싇도·다.	
	[현]열근이 줄었습니다.	
這蔘做了五分兒分了,	[언]·이 심·을 다·ᄉᆞᆺ 모·긔 논·호·와,	
	[현]이 인삼을 다섯 몫으로 나누어서	
	◇◇◇	
	목[의]: 몫.	
	논호다[동]: 나누다, 분리하다.	
一箇人二十斤家。	[언]ᄒᆞ나·히 ·스므 근·식 ·ᄒᆞ·야,	
	[현]하나에 스무 근씩 합니다.	
每一斤五錢,	[언]:미 ᄒᆞᆫ 근·에 닷 :돈·식 ᄒᆞ·고,	
	[현]매 한 근에 닷 돈씩 하고	
[59a]二十斤該十兩,	[언]·스·믈 근·에 ·열 량·식 ᄒᆞ·면,	
	[현]스무 근에 열 냥씩 하면	
通計五十兩。	[언]:대·되 :혜·니 :쉰 량·이로다.	
	[현]모두 계산하니 쉰 냥입니다.	

118. 你這毛施布細的價錢麤的價錢要多少

又店主人家,	[언]·또 :뎜 ·쥬신·하!	
	[현]또 여관 주인집!	
引將幾箇買毛施布的客人來。	[언]여·러 모시·뵈 살 나·ᄀᆞ·내 ·혀오·라.	
	[현]모시베 살 나그네를 여러 명 데려오십시오.	
	◇◇◇	
	혀다3[동]: 이끌다, 데려오다.	

你這毛施布，	[언]네 ·이 모시·뵈，
	[현]당신의 이 모시베
細的價錢，	[언]·ᄀᆞᄂᆞ·니·옛 ·갑·과，
	[현]촘촘한 모시베의 값과

◇◇◇

ᄀᆞᄂᆞ니[명]: 가는 모시베, 촘촘한 모시베.

麤的價錢，	[언]·굴·그·니·옛 ·갑:슬，
	[현]성긴 모시베의 값을

◇◇◇

굴그니[명]: 굵은 모시베, 성긴 모시베.

要多少？	[언]:언·머·옴 받·고·져 ·ᄒᆞᄂᆞ·다？
	[현]얼마씩 받고자 합니까？
細的上等好布，	[언]·ᄀᆞᄂᆞ :샹·등·엣 :됴·ᄒᆞᆫ :뵈·는，
	[현]촘촘한 상등급 된 좋은 베는
要一兩二錢；	[언]ᄒᆞᆫ 량 :두 ·돈 받·고，
	[현]한 냥 두 돈을 받고
[59b]麤的要八錢。	[언]:굴·그·니·는 여·듧 :돈 받·고·져 ·ᄒᆞ노·라.
	[현]성긴 것은 여덟 돈을 받으려고 합니다.

◇◇◇

여듧[수][관]: 여덟.

這黃布，	[언]·이 가·믄 ·뵈·예，
	[현]이 누른 베는

◇◇◇

감다[형]: 누르다.

好的多少價錢？	[언]:됴·ᄒᆞ·니·는 ·갑·시 :언·메·며，
	[현]좋은 것은 값이 얼마이고
低的多少價錢賣？	[언]사·오나·오·니·는 ·갑:슬 :언·머·예 ·풀·다？
	[현]나쁜 것은 값이 얼마에 팝니까？

這一等好的一兩,	[언]·이 훈 :둥·엣 :됴·ᄒ·니·는 훈 량·이·오,
	[현]이 등급의 좋은 베는 한 냥이고
這一等較低些的七錢家。	[언]·이 훈 :둥·엣 :져·기 ᄂᆞ즛ᄒ·니·는 :닐·곱 ·돈·식·이·라.
	[현]이 등급의 조금 나쁜 베는 일곱 돈씩입니다.

◇◇◇

ᄂᆞ즛ᄒ다[형]: 나직하다.

你休胡討價錢,	[언]:네 간:대·로 값 쇠·오·디 :마·라.
	[현]당신은 함부로 값을 에누리하지 마십시오.
這布如今見有時價。	[언]·이·뵈 ·이·제 번·드·기 시·개 잇ᄂᆞ·니.
	[현]이 베는 지금 번듯이 시가가 있습니다.

◇◇◇

번드기[부]: 번듯이.

我買時,	[언]·내 사·도,
	[현]내가 사도
[60a]不是買自穿的,	[언]·사 ·내 니·블 거·시 아·니·라,
	[현]사서 내가 입을 것이 아니라
一發買將去,	[언]홈·ᄭᅴ ·사 가·져 ·가,
	[현]함께 사 가져가서
要覓些利錢。	[언]리:쳔 얻·고·져 ·ᄒ노·라.
	[현]이익을 얻고자 합니다.
我依着如今的價錢,還价。	[언]·내 ·이·젯 ·갑·소·로 조·차,
	[현]내가 지금 값대로
	[언]너·를 :주리·라.
	[현]당신에게 주겠습니다.
這毛施布高的一兩,	[언]·이 모시·뵈 :됴·ᄒ·니·는 훈 량·이·오,
	[현]이 모시베 좋은 것은 한 냥이고

低的六錢;	[언]ᄂᆞ즛ᄒᆞ니ᄂᆞᆫ 엿 :돈·이·오,
	[현]낮은 것은 엿 돈이고
這黄布高的	[언]·이 황·뵈 ·됴·ᄒᆞ니ᄂᆞᆫ 아홉 :돈·이·오,
九錢,	[현]이 황포도 좋은 것은 아홉 돈이고
低的五錢。	[언]·ᄂᆞ즛ᄒᆞ니ᄂᆞᆫ 닷 :돈·식 ·ᄒᆞ·야.
	[현]낮은 것은 닷 돈씩 하겠습니다.
我不賒你	[언]·내 네 것 드·리우·디 아니·코,
的,	[현]나는 당신에게 외상으로 하지 않고
一頓兒還你	[언]홈·ᄢᅴ 너·를 :됴·ᄒᆞᆫ 은 :주·리·라.
好銀子。	[현]함께 당신에게 좋은 은자를 주겠습니다.
[60b]牙家	[언]·야지 닐·오·ᄃᆡ,
說,	[현]중개인이 말하기를
他們還的價	[언]·뎌·의(·외) :주·려 ·ᄒᆞ·ᄂᆞᆫ ·갑·시 ·올·ᄒᆞ·니.
錢是着實	[현]저 사람이 주려고 하는 값이 옳습니다.
的。	
你客人們,	[언]너 나·그내·들·흔,
	[현]당신 나그네들은
遼東新來,	[언]료동·으·로·셔 ·처·섬 오·니,
	[현]요동으로서 처음 왔으니
不理會得這	[언]·이 바ᄅᆞᆫ ·갑·슬 ·아·디 :몯·ᄒᆞ·ᄂᆞ·니.
着實的價	[현]이 바른 값을 알지 못합니다.
錢。	
你休疑惑,	[언]:네 의심 :말·오,
	[현]당신들은 의심하지 말고
成交了罷。	[언]흥졍 ᄆᆞ·초·미 므던ᄒᆞ·다.
	[현]흥정을 마쳐도 괜찮습니다.

這們時，	[언]·이·러ᄒ·면，	
	[현]이렇다면	
價錢依着你，	[언]·갑·슨·란 너 조·초·려니·와，	
	[현]값은 당신을 따르겠지만	
銀子依的我時，	[언]은·으·란 내 :말 드·러 ᄒ·면，	
	[현]은자는 내 말을 들어준다면	
成交。	[언]흥졍 ᄆᆞᆾ·고，	
	[현]흥정을 마치고	
[61a]依不得我時，	[언]내 :말 좃·디 :몯·ᄒᆞᆯ ·쟈·기·면，	
	[현]내 말을 따르지 못할 적이면	
我不賣。	[언]·내 아·니 ·ᄑᆞ·로리·라.	
	[현]나는 팔지 않겠습니다.	
我這低銀子都不要，	[언]·내 ·이 사·오나·온 은·으·란 :다 :마·다.	
	[현]나는 이 나쁜 은자는 다 싫습니다.	
你只饋我一樣的好銀子。	[언]·네 :나를 ᄒᆞᆫ가·지 :됴·ᄒᆞᆫ 은·을 :다·고·려.	
	[현]당신은 나에게 한가지 좋은 은자를 주십시오.	
似你這般都要官銀時，	[언]:네 ·이·러ᄐᆞ·시 :다 구의나·깃 은·으로 바·ᄃᆞ·면，	
	[현]당신은 이렇듯이 다 관청에서 난 은자를 받으면	
虧着我。	[언]내게 :셜·웨·라.	
	[현]내게 손해입니다.	
待虧你多少？	[언]네게 :언·매·나 :셜·우리·오？	
	[현]당신에게 얼마나 손해되겠습니까？	
肯時成交，	[언]·즐·기거·든 흥·졍 ᄆᆞᆾ·고，	
	[현]좋다면 흥정을 마치고	

不肯時你別處買去。	[언]·슬·커:든 :네 다른 ·듸 사·라 가·라.
	[현]싫으면 당신은 다른 데 사러 가십시오.
[61b]這們時,	[언]·이·러·ᄒ·면,
	[현]이렇다면
與你這好銀子買。	[언]너·롤 ·이 :됴·ᄒ 은·을 주·고 사·려니·와.
	[현]당신에게 이 좋은 은자를 주고 사겠습니다.

119. 你這布裏頭長短不等

你這布裏頭,	[언]네 ·이 ·븻 듕·에,
	[현]당신의 이 베 중에
長短不等。	[언]댱·단·이 ᄀᆞᆮ·디 아·니ᄒ·니.
	[현]긺과 짧음이 같지 않습니다.

◇◇◇

댱단[명]: 장단, 긺과 짧음.

有勾五十尺的,	[언]:유·여ᄒᆞᆫ :쉰 ·자·도 이시·며,
	[현]쉰 자가 유여한 것이 있으며
也有四十尺的,	[언]·쏘 마·ᄉᆞᆫ ·쟈·도 이시·며,
	[현]또 마흔 자도 있고
也有四十八尺的。	[언]·쏘 마·ᄉᆞᆫ 여듧 ·자·도 이시·니.
	[현]또 마흔 여덟 자도 있습니다.
長短不等。	[언]기·리 ᄀᆞᆮ·디 아·니·타.
	[현]길이 같지 않습니다.
這布都是地頭織來的,	[언]·이 ·뵈 :다 미·틔·서 ·ᄧᅡ·오·고,
	[현]이 베는 다 본토에서 짜 온 것이고

◇◇◇

-이셔[조]: -에서.

第六章 辭別起程

我又不曾剪了稍子,	[언]·내 ·쏘 ·긑 버·히·디 아·니 ·ᄒᆞ·엿·고, [현]내가 또 끝을 자르지 않았고 ◇◇◇ 긑[명]: 끝. 버히다[동]: 베다, 자르다.
[62a]兩頭放着印記裏。	[언]·두 그데 ·보·람 ·두·워 잇·ᄂᆞ·니·라. [현]두 끝에 도장 찍혀 있습니다.
似這一箇布,	[언]·이 ·ᄀᆞ·튼 흔 ·뵈:ᄂᆞᆫ, [현]이 같은 베는
經緯都一般,	[언]·시·늘·히 :다 ·ᄀᆞ·ᄐᆞ·여, [현]씨실과 날실이 모두 같아서 ◇◇◇ 시늘ㅎ[명]: 씨와 날, 씨실과 날실.
便是魚子兒也似勻淨的。	[언]·곧 고:기·알·ᄀᆞ티 고ᄅᆞ·고 굿·굿·다커·니와, [현]곧 고기알과 같이 고르고 끼끗하지만 ◇◇◇ 굿굿다[형]: 끼끗하다, 깨끗하다.
似這一等經緯不等,	[언]이 ·ᄒᆞᆫ가·지는 ·시·늘히 ·ᄀᆞᆮ:디 아·니ᄒᆞ·고, [현]이 한가지는 씨실과 날실이 같지 않고
織的又鬆,	[언]·ᄧᆞᆷ·도 ·ᄯᅩ 얼믜·오, [현]짜임새도 또한 성기고
却不好。	[언]·ᄯᅩ :됴·티 아니·타. [현]좋지 않습니다.
買的人,	[언]살 :사·ᄅᆞᆷ·이·ᅀᅡ, [현]살 사람이야,
多少包彈,	[언]그믄·뎌·믄 :흐·나므라려, [현]이것저것 나무라느라

急且難着主兒。	[언]과 글이 :님자 :어·도미 어려오니라.	
	[현]급자기 임자 얻기가 어렵습니다.	
	◇◇◇	
	과글이[부]: 급자기, 급히.	
[62b]似這等布,	[언]이 :등·엣 ·뵈·는	
	[현]이 등급 된 베는	
寬時好,	[언]너브·니 ·됴·타커·니와,	
	[현]넓으니 좋지만	
	◇◇◇	
	넙다[형]: 넓다, 너르다.	
這幾箇布忒窄。	[언]·이 여러 ·뵈·는 너므 좁다.	
	[현]이 여러 베는 너무 좁습니다.	
窄時偏爭甚麼?	[언]조:븐·들 :별·히 므·스거·시 ·뻐디료?	
	[현]좁다고 한들 특별히 무엇이 다르겠습니까?	
也一般賣了。	[언]·쏘 호가·지·로 ·폴 거·시라.	
	[현]또 한가지로 팔 것입니다.	
你怎麼說那等的話!	[언]:네 ·엇·디 그:런 :말 니·르는다?	
	[현]당신은 어찌 그런 말을 합니까?	
寬時做衣裳有餘剩,	[언]너·브면 ·옷 지:소매 유여ᄒ며,	
	[현]넓으면 옷 지을 때 여유가 있고	
又容易賣;	[언]·쏘 :수이 ·폴 거·시어니와,	
	[현]또 쉽게 팔 것이지만	
窄時做衣裳不勾,	[언]조·브면 옷 지소·매 ·모ᄌ라·디 몯ᄒ·며,	
	[현]좁으면 옷 지을 때 모자라며	
	◇◇◇	
	모ᄌ라다[동]: 모자라다.	

若少些時,　　[언]ㅎ다·가 난ㅂ면,
　　　　　　　[현]만일 부족하면
　　　　　　　◇◇◇
　　　　　　　난ㅂ다[형]: 나쁘다, 모자라다, 부톡하다.

[63a]又要這　[언]·쏘 ·이 ㅎ가·짓 ·뵈 ·쁜·니 :얻·노·라 ㅎ·면,
一等的布零　[현]또 이 한가지 베 자투리를 얻고자 하면
截,　　　　　◇◇◇
　　　　　　　쁜4[명]: 자투리, 도막.

又使一錢　　[언]·쏘 ㅎ :돈 은·을 ·쓰·ᄂ·니,
銀。　　　　[현]또 한 돈의 은자를 써야 하니

爲這上,　　[언]·이·런 젼·ᄎ·로,
　　　　　　[현]이런 까닭으로

買的人少。　[언]살 :사·ᄅ·미 :져·그니·라.
　　　　　　[현]살 사람이 적을 것입니다.

要甚麽閑　　[언]므·슴 쇽졀:업·시 겻·고·료?
講!　　　　　[현]무엇을 쓸데없이 겨루고 있습니까?
　　　　　　　◇◇◇
　　　　　　　겻고다[동]: 겨루다, 흥정하다, 의논하다.

筭了價錢,　　[언]·갑·슬 :혜·오,
　　　　　　　[현]값을 계산하고

看了銀子。　[언]은 보·져.
　　　　　　[현]은자를 봅시다.

你是牙家,　　[언]:니 :아·직어·니,
　　　　　　　[현]당신은 중개인이니
　　　　　　　◇◇◇
　　　　　　　아즉[명]: 아자, 중개인.
　　　　　　　아직: 아자가, 중개인이.

你等了着，	[언]:네 :혜·라.	
	[현]당신은 계산하십시오.	
該多少？	[언]:언·메·나 훌 것·고?	
	[현]얼마나 할 것입니까?	
上等毛施布	[언]:샹·둥·엣 모시·뵈 일·빅 피·른,	
一百疋，	[현]상등급 된 모시베 일백 필은	
每疋一兩，	[언]:미 훈 피·례 훈 :량·시·기·면,	
	[현]매 한 필에 한 냥씩이면	
[63b]共該	[언]:대·되 ·일·빅 량·이·오,	
一百兩；	[현]모두 일백 냥이고	
低的三十	[언]ㄴ즛ㅎ·니 셜·흔 피·른,	
疋，	[현]나직한 것 서른 필은	
每疋六錢，	[언]:미 ·훈 피·례 엿 :돈·시·기·면,	
	[현]매 한 필에 엿 돈씩이면	
共通一十八	[언]:대·되 ·열 여·둛 량·이로소·니.	
兩。	[현]모두 열 여덟 냥입니다.	

120. 都與好銀子是

都與好銀子是。	[언]:다 :됴·흔 은·을 ·주·워·사 ·올ㅎ니·라.
	[현]다 좋은 은자를 줘야 옳습니다.
委實沒許多好銀子，	[언]진·실·로 ·뎌·리도·록 :만·히 :됴·흔 은·이 :업·세·라.
	[현]진실로 그렇게 많은 좋은 은자가 없습니다.
	◇◇◇
	뎌리도록[부]: 저렇도록.

敢只到的 九十兩。	[언]아·흔 량·이 ·왓·는 ·둣ᄒ·다. [현]아흔 냥을 가져온 듯합니다.
那零的 二十八兩,	[언]그 ·ᄯ·니 스므 여·듧 량·으·란, [현]그 나머지 스무 여덟 냥은
與伱青絲如 何？	[언]너·를 :구·품 은·을 :주·디 :엇·더ᄒ·뇨? [현]당신에게 구품짜리 은자를 주는 게 어떻습니까?
客人看,	[언]나·그·내여 보라. [현]나그네, 보십시오.
[64a]這偌多 交易,	[언]·이·리도·록 :만·흔 흥졍·애, [현]이렇게 많은 거래에
要甚麼爭 競？	[언]므·스므·려 싯·구·ᄂ·뇨? [현]무엇하러 시끄럽게 굽니까?
這些箇銀子 是好青絲,	[언]·이 은·이 :됴·흔 :구·품·이·니, [현]이 은자는 좋은 구품이니
比官銀一般 使。	[언]구의나·깃 은 ᄀᆞ·라 ᄒᆞ가·지로 ·쁠 거·시·라. [현]관청 은에 비교해서 한가지로 쓸 것입니다.
這們時依着 伱,	[언]·이·러ᄒ·면 너·를 조:차 :호·리·라. [현]이렇다면 당신을 따라 하겠습니다.
將好青絲 來。	[언]:됴·흔 :구·품 은 가·져 ·오라. [현]좋은 구품 은자를 가져오십시오.
這銀子都看 了,	[언]·이 은 :다 보·과·라. [현]이 은자는 다 봤습니다.
我數將布 去。	[언]·나·는 ·뵈 혜·여 가·져 ·가노·라. [현]나는 베를 헤아려 가져가겠습니다.
伱且住着。	[언]:네 아·직 날회·라. [현]당신은 아직 천천히 가십시오.

這銀子裏頭,	[언]·이 웂 듕·에·셔,	
	[현]이 은자 중에서	
	◇◇◇	
	웂 듕: 은자 중.	
[64b]眞的假的,	[언]진·짓 거·신 ·동 ·거·즛 거·신 ·동,	
	[현]진짜 것인지 가짜 것인지	
我高麗人不識。	[언]·우·리 高麗人 :사·룸·이 :아·디 :몯·ㅎ노·니,	
	[현]우리 고려 사람이 알지 못하니	
你都使了記號着,	[언]:네 :다 ·보·람 두·고,	
	[현]당신은 기호를 두고	
牙家眼同看了着,	[언]야·즈와 ·보·는 ·듸 홈·끠 보·라.	
	[현]중개인이 보는 데 함께 보십시오.	
後頭使不得時,	[언]:후·에 ·쓰·디 ·몯·ㅎ거·든,	
	[현]후에 쓰지 못하면	
我只問牙家換。	[언]·내 :야·즈ᄃ·려 무러 밧고리·라.	
	[현]나는 중개인한테 물어서 바꾸겠습니다.	
却不,	[언]·쏘 아·니,	
	[현]또 아니	
當面看了見數,	[언]:면·당·ㅎ·야·셔 잇는 :수·를 볼 거·시디·위,	
	[현]당면해서 있는 수를 볼 것이지마는	
	◇◇◇	
	면당ㅎ다[동]: 면당하다, 당면하다.	
出門不管退換。	[언]문·의 나·면 므르·기·를 ·알·아 ·몯 ·홀 거·시·라.	
	[현]문을 나서면 무르기를 못할 줄 알아야 합니다.	
怎麼說!	[언]므·스·기·라 니른·는·다?	
	[현]무슨 말을 합니까?	

[65a]你這們 [언] :네 ·이·러트·시 흥졍ᄒ·기 니근 사·ᄅ·미,
慣做買賣的 [현] 당신은 이렇게 흥정하기에 익숙한 사람이
人,

我一等不慣 [언] ·우·리 ᄒ가·짓 닉·디 :몯·ᄒ :사·ᄅᆷ·의게,
的人根前, [현] 우리처럼 익숙하지 못한 사람을

多有欺瞞。 [언] 만·히 소·기ᄂ·니.
[현] 많이 속인답니다.

你使着記號 [언] :네 ·보·람 ·두·어·사,
着, [현] 당신은 기호를 두어야

大家把穩。 [언] :대·되 편안ᄒ·리·라.
[현] 모두 편안하겠습니다.

這一百兩做 [언] ·이 ·일·빅 량·으·란 ᄒ ·ᄡ·매 딩·굴·라.
一包。 [현] 이 일백 냥은 한 쌈으로 만드십시오.

這的是一百 [언] ·이·논 ·일·빅 열 여·듧 량·이로·다.
一十八兩。 [현] 이것은 일백 열여덟 냥입니다.

那幾箇客 [언] ·뎌 여·러 나·그·내,
人, [현] 저 몇 명의 나그네는

將布子去 [언] ·뵈 가·져 ·니거·다.
了。 [현] 베를 가져갔습니다.

[65b]咱們人 [언] ·우·리 싄·슘 ·갑·도,
蔘價錢, [현] 우리 인삼 값도

也都收拾 [언] :다 간슈ᄒ·져.
了, [현] 다 정리합시다.

貨物都發落 [언] ·황·회·사 :다 :디·쳐·ᄒ·야·다커·니·와.
了。 [현] 물품을 다 처리했습니다.

121. 咱們買些甚麼迴貨去時好

咱們買些甚麼迴貨去時好?	[언]·우·리 :져·그·나 므·슴 도·라·가 ·쁠 ·황·호·를 ·사 가·사 :됴홀·고?
	[현]우리는 적으나마 돌아가서 쓸 물품으로 무엇을 사 가야 좋습니까?
商量其間,	[언]의·론홀 저·긔,
	[현]의논할 적에
涿州買賣去來的火伴到來,相見。	[언]涿州예 흥정 녀·러 온 동·뫼 ·오·나·놀.
	[현]탁주에 장사하러 갔던 동무가 왔습니다.
	[언]서르 보·고,
	[현]서로 보고

◇◇◇

서르[부]: 서로.

好麼好麼?	[언]이·대 이·대?
	[현]잘 있었습니까? 잘 있었습니까?
買賣稱意麼?	[언]흥졍·이 쁘·데 마·즈·녀?
	[현]장사는 뜻에 맞았습니까?
托着哥哥們福陰裏,	[언]형·들·히 ·덕:분 니·버,
	[현]형들의 덕분을 입어
[66a]也有些利錢。	[언]·쏘 리:쳔·어·도·라.
	[현]또 이익을 얻었습니다.
你的貨物都賣了不曾?	[언]네 ·황·호 :다 ·프·냐 :몯 ·ㅎ·얏·ᄂ·녀?
	[현]당신의 물품은 다 팔았습니까? 못 팔았습니까?
我貨物都賣了,	[언]·우·리 ·황·호 :다 ·폴·오,
	[현]우리는 물품을 다 팔았고

正要買迴去	[언]	:졍·히 도·라갈 ·황·호 :사·려 ·ᄒ·야,
的貨物,	[현]	마침 돌아갈 물품을 사려고 하는데
尋思不定,	[언]	:혜·아·림 ·일·뎡·티 :몯·ᄒ·얏더·니,
	[현]	생각하는 것은 정하지 못하였더니
恰好你來	[언]	·마·치 :됴·히 ·네 올·셔.
到。	[현]	당신이 마침 잘 오셨습니다.
你要買甚麼	[언]	:네 므·슴 ·황·호 :사·려 ·ᄒᄂ·다?
貨物?	[현]	당신은 무슨 물품을 사려고 합니까?
我知他甚麼	[언]	·내 :몰·래·라 므·스거·시 가·져 ·가·디 :됴·홀
好拿去。		·고?
	[현]	나는 모르겠습니다. 무엇을 가져가기 좋습니까?
	◇◇◇	
	므스것[대]: 무엇.	
大哥你與我	[언]	형아 :날ᄃ·려 :긔·걸·ᄒ·야·라.
擺布着。	[현]	형님, 나에게 명령하십시오.
	◇◇◇	
	긔걸ᄒ다[동]: 명령하다, 좌지우지하다.	
[66b]我曾打	[언]	·내 :아·릭 드·로·디,
聽得,	[현]	내가 전에 듣기로는
高麗地面裏	[언]	高麗ㅅ ᄯᅡ·해 ·ᄑᄂ ·황·회,
賣的貨物,	[현]	고려 땅에서 파는 물품으로는
十分好的,	[언]	ᄀ·장 :됴·ᄒ 거·슨,
	[현]	가장 좋은 것은
倒賣不得。	[언]	도ᄅ·혀 ·ᄑ·디 :몯ᄒ·고,
	[현]	오히려 팔지 못하고
	◇◇◇	
	도ᄅ혀[부]: 도리어.	

只宜將就的貨物,	[언]:다:믄 :둘·워 ·쁠 ·황·회·사 ·맛·당·ᄒ·야,	
	[현]다만 두루 쓸 물품이야 마땅하여	
倒着主兒快。	[언]도로·혀 :님·자 :어·도·미 ᄲᆞ르·다 ·ᄒᄂ·다.	
	[현]도리어 임자를 얻는 것이 빠르다고 합니다.	
可知!	[언]그·리어·니!	
	[현]그래요!	
大哥你說的正是。	[언]형아 네 닐·오·미 :졍·히 ·올·타.	
	[현]형님, 당신 말씀이 정말 옳습니다.	
我那裏好的歹的不識,	[언]·우·리 뎌·긔·는 :됴·ᄒᆞᆫ 것 구·즌 것 모·ᄅ·고,	
	[현]우리 저쪽은 좋은 것 나쁜 것 모르고	
只揀賤的買,	[언]:다·믄 :쳔·ᄒᆞᆫ 거·슬 :골·와 ·사·ᄂ·니,	
	[현]다만 싼 것을 골라 사니까	

◇◇◇

천ᄒᆞ다[형]: 천하다, 싸다.

[67a]正是宜假不宜眞。	[언]·졍·히 ·거·즛 거·슨 ·맛·당ᄒᆞ고 진·짓 거·슨 ·맛·당·티 아·니ᄒᆞ·니·라.	
	[현]정말 가짜는 마땅하고 진짜는 마땅치 않다는 셈입니다.	

122. 買些零碎的貨物

我引着你,	[언]·내 너 ᄃᆞ·리·고,	
	[현]나는 당신을 데리고	
買些零碎的貨物。	[언]혹뎌·근 ·황·호 ·사·리·라.	
	[현]자질구례한 물품을 사겠습니다.	

紅纓一百   [언]·상모 ·일·빅 근,
斤,   [현]상모가 일백 근,
           ◇◇◇
           사모[명]: 삭모(기(旗)나 창(槍) 따위의 머리에 술
           이나 이삭 모양으로 만들어 다는 붉은 빛깔의 가는 털).

燒珠兒五百 [언]구·운 ·구·슬 ·갇·긴 ·오·빅 목,
串,   [현]구운 구슬로 만든 갓끈이 오백 목,
           ◇◇◇
           구슬[명]: 구슬.
           갇긴[명]: 갓끈(갓에 다는 끈. 헝겊을 접거나 나무,
           대, 대모(玳瑁), 금패(錦貝), 구슬 따위를 꿰어서
           만든다).

瑪瑙珠兒   [언]마노 ·갇·긴 ·일·빅 목,
一百串,   [현]마노구슬의 갓끈이 일백 목,

琥珀珠兒   [언]:호·박 ·갇·긴 ·일·빅 목,
一百串,   [현]호박구슬의 갓끈이 일백 목,

玉珠兒一百 [언]·옥 ·갇·긴 ·일·빅 목,
串,   [현]옥으로 만든 갓끈이 일백 목,

香串珠兒   [언]·향쥬 ·갇·긴 ·일·빅 목,
一百串,   [현]향나무로 만든 구슬의 갓끈이 일백 목,
           ◇◇◇
           향쥬[명]: 향나무로 만든 구슬.

[67b]水精珠 [언]:슈정 ·갇·긴 ·일·빅 목,
兒一百串, [현]수정 구슬의 갓끈이 일백 목,
           ◇◇◇
           슈정[명]: 수정 구슬.

珊瑚珠兒   [언]산호 ·갇·긴 ·일빅 목,
一百串,   [현]산호구슬의 갓끈이 일백 목,

大針一百帖,	[언]·큰 바·늘 ·일·빅 ·뭉,
	[현]큰 바늘이 일백 쌈,
	◇◇◇
	뭉[의]: 쌈.
小針一百帖,	[언]:세:침 ·일·빅 ·뭉,
	[현]가는 바늘이 일백 쌈,
	◇◇◇
	세침[명]: 작은 바늘.
鑷兒一百把,	[언]죡졉·게 ·일·빅 :낫,
	[현]족집게가 일백 개,
	◇◇◇
	족졉게[명]: 족집게.
蘇木一百斤,	[언]:다·목 ·일·빅 근,
	[현]소목이 일백 근,
	◇◇◇
	다목[명]: 소목(피를 맑게 하거나 진통제로 쓰임).
氈帽兒一百箇,	[언]시·욱 ·간 ·일·빅 :낫,
	[현]모전으로 만든 모자가 일백 개,
桃尖椶帽兒一百箇,	[언]·쏀·론ᄒ 총·간 ·일·빅 ·낫,
	[현]뾰족한 종려털로 만든 모자가 일백 개,
	◇◇◇
	쏀론ᄒ다[형]: 뾰족하다.
	총간[명]: 종려털로 만든 모자.
琥珀頂子一百副,	[언]:호박 딩·즈 ·일·빅 ·불,
	[현]호박 증자가 일백 벌,
結椶帽兒一百箇,	[언]총·간 ·일·빅 :낫,
	[현]종려털로 만든 모자가 일백 개,

[68a]面粉	[언]·분 ·일·빅 :하ᄉᆞ,
一百匣,	[현]가루가 일백 갑,
	◇◇◇
	분2[명]: 가루.
	하ᄉᆞ[의]: 합, 갑.
緜臙脂一百	[언]소옴 미·론 ·디 ·드·린 연지 ·일·빅 :낫,
箇,	[현]솜에 들인 연지가 일백 개,
蠟臙脂一百	[언]:미·레 든 연지 ·일·빅 근,
斤,	[현]밀랍에 들인 연지가 일백 근,
	◇◇◇
	밀[명]: 밀랍.
牛角盒兒	[언]:쇠쓸·로 흔 :면·합·ᄌᆞ ·일·빅 :낫,
一百箇,	[현]소뿔로 만든 합이 일백 개,
	◇◇◇
	쇠쓸[명]: 소뿔.
	면합ᄌᆞ[명]: 합.
鹿角盒兒	[언]·로·각·으·로 흔 :면·합·ᄌᆞ ·일·빅 :낫,
一百箇,	[현]사슴뿔로 만든 합이 일백 개,
繡針一百	[언]:슈 ·쓰·는 바늘 ·일·빅 ·쏨,
帖,	[현]수놓는 바늘이 일백 쌈,
	◇◇◇
	쓰다3[동]: (수를) 뜨다, 놓다.
	슈쓰다[동]: 수 뜨다, 수 놓다.
棗木梳子	[언]·대·쵸나모 얼·에·빗 ·일·빅 :낫,
一百箇,	[현]대추나무로 만든 얼레빗이 일백 개,
	◇◇◇
	얼레빗[명]: 빗살이 굵고 성긴 큰 빗.

黃楊木梳子一百箇,	[언]황양·목 얼·에·빗 ·일·빅 :낫, [현]황양목으로 만든 얼레빗이 일백 개,	
大笓子一百箇,	[언]:굴·근 춤·빗 ·일·빅 :낫, [현]굵은 참빗이 일백 개, ◇◇◇ 춤빗[명]: 참빗.	
密笓子一百箇,	[언]칙칙흔 ·춤·빗 ·일·빅 :낫, [현]빽빽한 참빗이 일백 개, ◇◇◇ 칙칙ᄒ다[형]: 빽빽하다, 조밀하다.	
[68b]斜皮針筒兒一百箇,	[언]셔피로 흔 바·늘·통 ·일·빅 :낫, [현]사피로 만든 바늘통이 일백 개, ◇◇◇ 셔피[명]: 돈피, 사피.	
大小刀子共一百副,	[언]:굴·근 햐근 ·갈 뫼·화 ·일·빅 ·볼, [현]크고 작은 칼이 통틀어 일백 벌, ◇◇◇ 햐다[형]: 작다. 갈[명]: 칼.	
雙鞘刀子一十把,	[언]솽가·폴 흔 ·갈 ·열 ᄌᆞᄅᆞ, [현]이중 칼집의 칼이 열 자루, ◇◇◇ 솽가폴[명]: 쌍으로 된 칼집, 이중 칼집. ᄌᆞᄅᆞ[의]: 자루.	
雜使刀子一十把,	[언]이러·뎌·러흔 ·보:로 ·쁠 ·갈 ·열 ᄌᆞᄅᆞ, [현]자질구레한 용도로 쓰는 칼이 열 자루, ◇◇◇ 이러뎌러[부]: 이러저러, 잡다하게, 자질구레하게.	

割紙細刀子 一十把,	[언]죠·히 버·힐 ·ᄀᆞ·ᄂᆞᆫ ·갈 ·열 ᄌᆞᄅᆞ, [현]종이 자르는 가느다란 칼이 열 자루,
裙刀子一十 把,	[언]치맛 허리·예 ·출 ·갈 ·열 ᄌᆞᄅᆞ, [현]치마 허리에 차는 칼이 열 자루,
五事兒十 副,	[언]연장 다·ᄉᆞᆺ 드·려 밍·ᄀᆞᆫ ·갈 ·열 ·불, [현]도구 다섯 가지가 들어간 칼이 열 벌,
象棊十副,	[언]:쟝·긔 ·열 ·부, [현]장기가 열 부, ◇◇◇ 쟝긔[명]: 장기.
大碁十副,	[언]바·독 ·열 ·부, [현]바둑이 열 부, ◇◇◇ 바독[명]: 바둑.
[69a]雙六十 副,	[언]쌍륙 ·열 ·부, [현]쌍륙(雙六)이 열 부, ◇◇◇ 쌍륙[명]: 쌍륙(雙六), 놀이의 하나. 여러 사람이 편을 갈라 차례로 두 개의 주사위를 던져서 나오는 사위대로 말을 써서 먼저 궁에 들여보내는 놀이이다.
茶褐欒帶 一百條,	[언]:감·차할 런·뒤 일·빅 됴, [현]다갈색 비단으로 만든 띠가 일백 줄, ◇◇◇ 런뒤[명]: 란대, 비단으로 만든 띠. 됴[의]: 줄.

紫絛兒一百 [언]ᄌᆞ·디 :셰·툐 ·일·빅 됴,
條, [현]자주색 비단으로 짠 띠가 일백 줄,
◇◇◇
ᄌᆞ디[명]: 자주, 자주색.
셰툐[명]: 끈목, 실띠.

壓口荷包 [언]닫·개혼 ᄂᆞ뭇 ·일·빅 :낫,
一百箇, [현]덮개 달린 두루주머니가 일백 개,
◇◇◇
닫개[명]: 덮개.
ᄂᆞ뭇[명]: 염낭, 두루주머니, 쌈지.

剃頭刀子 [언]머리 갓ᄂᆞᆫ ·갈 ·일·빅 ᄌᆞᄅᆞ,
一百把, [현]머리 깎는 칼이 일백 자루,
◇◇◇
갓다[동]: 깎다.

剪子一百 [언]ᄀᆞ·쇄 일·빅 ·ᄌᆞᄅᆞ,
把, [현]가위가 일백 자루,
◇◇◇
ᄀᆞ쇄[명]: 가위.

錐兒一百 [언]:솔·옷 ·일·빅 :낫,
箇, [현]송곳이 일백 개,
◇◇◇
솔옷[명]: 송곳.

秤三十連, [언]·큰 저·울 셜·흔 ᄆᆞᄅᆞ,
[현]큰 저울이 서른 개,
◇◇◇
ᄆᆞᄅᆞ[의]: 개, 자루.

等子十連, [언]햐근 저·울 ·열 ᄆᆞᄅᆞ,
[현]작은 저울이 열 개,

| 那秤等子都 | [언]·뎌 큰 저·울 져근 저·울·들·히 ·다 구의·예·셔 |
| 是官做的。 | 밍·ᄀ니·오. |

[현]저 큰 저울과 작은 저울들이 다 관청에서 만든 것입니다.

秤竿, [언]저·욼·대,
[현]저울대,
◇◇◇
저욼대[명]: 저울대.

[69b]秤錘, [언]저·욼ᄃ·림,
[현]저울추,
◇◇◇
저욼ᄃ림[명]: 저울다림, 저울추.

毫星, [언]저·욼·눈,
[현]저울눈,
◇◇◇
저욼눈[명]: 저울눈.

秤鉤子, [언]저·우·렛 갈궁·쇠,
[현]저울의 갈고리가
◇◇◇
갈궁쇠[명]: (저울) 갈고랑쇠, 갈고리.

都有。 [언]:다 잇·다.
[현]모두 있습니다.

123. 再買些麤木緜一百疋

再買些麤木 緜一百疋，	[언]·쏘 :굴·근 :무·면 ·일·븩 필·와,
	[현]또 굵은 무명 일백 필과

◇◇◇

무면[명]: 무명.

織金和素緞 (段) 子 一百疋，	[언]금으·로 ᄧᆞ니·와 ·밋 믠:비·단 ·일·븩 필·와,
	[현]금실로 짠 비단과 바닥 무늬가 없는 비단 일백 필과

◇◇◇

밋[명]: 밑, 바닥.
믠비단[명]: 무늬가 없는 비단.

花樣緞 (段) 子一百疋。	[언]화 둔 :비·단 일·븩 필·와.
	[현]꽃무늬가 있는 비단 일백 필과

更有小孩兒 們，	[언]·쏘 아·히·들:히,
	[현]또 아이들의

小鈴兒一百 箇，	[언]효·근 방·올 ·일·븩 :낫·과,
	[현]작은 방울 일백 개와

馬纓一百 顆，	[언]물 솟동 ·일·븩 :낫과,
	[현]말의 가슴걸이 일백 개와

◇◇◇

솟동[명]: (말의) 가슴걸이.

減鐵條環 一百箇。	[언]·쇠예 ·입·ᄉᆞ혼 ·토환 일·븩 ·나출 사·고,
	[현]쇠에 입사한 띠고리 일백 개를 사고

◇◇◇

토환[명]: 끈목으로 된 띠의 띠고리.

[70a]更買些 文書一部，	[언]·또 칙 흔 ·볼 :사딕, [현]또 책 한 부 사되 ◇◇◇ 칙[명]: 책.
四書都是晦 庵集註。	[언]四書·른 :다 晦庵 :주·내·시·니·를 ᄒ·져. [현]<사서(四書)>는 다 회암(晦庵)이 주를 내신 것을 삽시다.
又買一部毛 詩尚書周易 禮記五子書 韓文柳文東 坡詩詩學大 成押韻君臣 故事資治通 鑑翰院新書 標題小學貞 觀政要三國 誌評話。	[언]또 흔·볼 모시 ·상·셔 쥬·역 ·례·긔 :오·ᄌ셔 한문 :류문 동파시 시흑 :대·셩·압·운 군신:고·ᄉ ᄌ·티통·감 :한원신셔 표데·쇼·흑 뎡관·졍요 삼·국·지평·화 사·져. [현]또 한 부 <모시(毛詩)>, <상서(尚書)>, <주역(周易)>, <예기(禮記)>, <오자서(五子書)>, <한문유문(韓文柳文)>, <동파시(東坡詩)>, <시학대성압운(詩學大成押韻)>, <군신고사(君臣故事)>, <자치통감(資治通鑑)>, <한원신서(翰院新書)>, <표제소학(標題小學)>, <정관정요(貞觀政要)>, <삼국지평화(三國誌評話)>를 삽시다.
[70b]這些貨 物， 都買了也。	[언]·이 ·황·호·들, [현]이 물품들 [언]다 ·사·다. [현]다 샀습니다.

124. 我揀箇好日頭迴去

我揀箇好日 頭迴去。	[언]·우·리 :됴·흔 ·날 굴·희·여 도·라가·져. [현]우리 좋은 날을 골라서 돌아갑시다.

我一發待等 一卦去。	[언]:내 이·믜·셔 음양·ᄒ·야 가·고·져 ·ᄒ노·라.
	[현]내가 바로 점치러 가고자 하겠습니다.
	◇◇◇
	음양ᄒ다[동]: 점치다.
這裏有五虎 先生，	[언]여·긔 잇는 :오·호 션싱이,
	[현]여기 있는 오호(五虎) 선생이
	◇◇◇
	션싱[명]: 선생.
最等的好，	[언]ᄀ장 츄·명 잘 ·ᄒᄂ·니,
	[현]점치기를 아주 잘하니
	◇◇◇
	츄명ᄒ다[동]: 추명하다, 점치다.
咱們那裏等 去來。	[언]·우·리 뎌·긔 츄:명ᄒ·라 가·져.
	[현]우리는 저기 점치러 갑시다.
到那卦鋪裏 坐定，	[언]뎌 츄:명·ᄒᄂ눈 져·재 가 안·자·셔,
	[현]저 점치는 가게에 가서 앉아서
問先生，	[언]션싱ᄃ려 무·로·디,
	[현]선생에게 묻기를
你與我看 命。	[언]:네 :날 :위·ᄒ·야 ·ᄑᆞᆯ·ᄌᆞ 보·고·려.
	[현]당신 나를 위하여 팔자를 보아 주십시오.
	◇◇◇
	ᄑᆞᆯᄌᆞ[명]: 팔자.
[71a]你說將 年月日生時 來。	[언]네 난 ·히 :둘 ·날 ·ᄢᅦ 니ᄅᆞ·라.
	[현]당신이 태어난 해, 달, 날과 때를 말해주십시오.
我是屬牛兒 的，	[언]·내 ·쇼 ᄒᆡ로·니,
	[현]나는 소띠이니
今年四十 也，	[언]올·히 마·ᄉᆞ니오,
	[현]올해는 마흔이고

七月十七日	[언]·칠·월(·월) ·열 닐·웻 ·날 인시·예 ·나·라.
寅時生。	[현]칠월 십칠일, 인시(寅時)에 태어났습니다.
你這八字十	[언]네 이 ·팔·지 ᄀ·장 :됴·타.
分好,	[현]당신의 팔자가 아주 좋습니다.

◇◇◇

팔즈[명]: 팔자.
팔지: 팔자가.

一生不少衣	[언]·일싱·애 ·옷 ·밥·이 낟브·디 아·니ᄒ·고,
祿,	[현]일생 동안 입을 옷과 먹을 밥이 나쁘지 않고
不受貧。	[언]간난·티 아·니 ᄒ·려니와,
	[현]간난하지 않겠지만
官星沒有,	[언]벼·슬홀 셩·슈·는 :업·다.
	[현]벼슬할 운수는 없습니다.

◇◇◇

셩슈[명]: 성수, 운수.
벼슬[명]: 벼슬.

只宜做買	[언]오·직 흥졍:호·미 ·맛·당ᄒ·고,
賣,	[현]오직 장사하는 것이 마땅하고
出入通達。	[언]나·드·리 :홈·도 ·훤츌·타.
	[현]나들이하는 것도 괜찮습니다.

◇◇◇

훤츌ᄒ다[형]: 좋다, 괜찮다. 무관하다.

[71b]今年	[언]올·히 :대·운·이 :병·슐·에 다ᄃ라 이시·니,
交大運丙戌	[현]올해는 대운이 병술(丙戌)에 도달하였으니
(戌),	◇◇◇
	병슐[명]: 병술(丙戌).
已後財帛大	[언]·이:후·애·는 :쳔량·이 :만히 모·다.
聚,	[현]이후에는 재산이 많이 모읍니다.

強如已（巳）前數倍。	[언]·이·젼 :수 두고·셔 더으·리로·다.
	[현]이전보다 몇 배가 더할 것입니다.
這們時，	[언]·이·러ᄒ·면,
	[현]이렇다면
我待近日迴程，	[언]·내 요ᄉ·시 도로 가·고·쟈 ᄒ·니,
	[현]내가 요사이 돌아가고자 하는데
幾日好？	[언]며·츳·나·리 :됴ᄒᆞ·고?
	[현]며칟날이 좋습니까?
	◇◇◇
	며츳날[명]: 며칟날.
且住，	[언]아·직 날회·라.
	[현]잠깐 기다리십시오.
我與你選箇好日頭。	[언]·내 너 :위·ᄒ·야 :됴ᄒᆞ ·날 ᄀᆞᆯ·히요마.
	[현]내가 당신을 위하여 좋은 날을 골라 주겠습니다.
甲乙丙丁戊己（巳）庚辛壬癸是天干，	[언]·갑·을:병·뎡·무·긔경신:심:계·ᄂᆞᆫ 텬간이오,
	[현]갑을병정무기경신임계(甲乙丙丁戊己庚辛壬癸)는 천간(天干)이고
	◇◇◇
	갑을병뎡무긔경신심계[명]: 갑을병정무기경신임계.
	텬간[명]: 천간.
[72a]子丑寅卯辰巳午未申酉戌（戍）亥是地支，	[언]·ᄌᆞ·튝인:묘진·ᄉᆞ:오·미신·유·슐·ᄒᆡ·ᄂᆞᆫ ·디지·라.
	[현]자축인묘진사오미신유술해(子丑寅卯辰巳午未申酉戌亥)는 지지(地支)입니다.
	◇◇◇
	ᄌᆞ튝인묘진ᄉᆞ오미신유슐ᄒᆡ[명]: 자축인묘진사오미신유술해.
	디지[명]: 지지.

建除滿平定 執破危成收 開閉。	[언]:건데:만평 :뎡집·파위 셩슈기폐·예, [현]건제만평정집파위성수개폐(建除滿平定執破危成收開閉)에 ◇◇◇ 건뎨만평뎡집파위셩슈기폐[명]: 건제만평정집파위성수개폐.
你只這 二十五日起 去,	[언]:네 :이 ·스·므 닷·쉣·날 ·나:가·디, [현]당신은 이 스무 닷새에 떠나되
寅時往東迎 喜神去,	[언]인시·예 동:향·ᄒ·야 喜神 마·자 가·면, [현]인시(寅時)에 동쪽으로 향하여 희신(喜神)을 맞아서 가면
大吉利。	[언]:대·길ᄒ·리·라. [현]대길할 것입니다.
五分卦錢留 下着,	[언]음양 ·갑·슬 은 ·닷 ·분·만 두·라. [현]점치는 값은 닷 푼만 두십시오.
各自散了。	[언]·각·산·ᄒ·야·다. [현]각각 헤어졌습니다.

125. 辭別那漢兒火伴

到二十五日 起程,	[언]·스·므 닷·쉣 ·나·리어든 ·츌힝ᄒ·져. [현]스무 닷새 날이 되어 출발합시다. ◇◇◇ 츌힝ᄒ다[동]: 출행하다, 떠나다, 출발하다.

[72b]辭別那漢兒火伴。	[언]·뎌 강남 동·모·의게 :하딕ㅎ·져.
	[현]저 한인 동무에게 하직합시다.
	◇◇◇
	강남 동모[명]: 중국 사람, 한인 친구.
已(巳)前盤纏了的火帳,	[언]:이젼에 ·쓰·고 ·뎌·근 것들,
	[현]이전에 쓰고 기록한 것들
	◇◇◇
	뎍다[동]: 적다, 기록하다.
都筭計明白。	[언]:다 명:빅·이 :혜·져.
	[현]다 명백히 계산합시다.
大哥我們迴去也,	[언]큰형아 ·우·리 도·라 ·가 ·노소·라.
	[현]큰형님, 우리는 돌아가겠습니다.
你好坐的着。	[언]:네 :됴·히 잇·거·라.
	[현]당신은 잘 계십시오.
我多多的定害你,	[언]·우·리 네거·긔 :만·히 :해·자:히·와·라.
	[현]우리 당신에게 많이 폐를 끼쳤습니다.
你休恠。	[언]:네 허·믈 :말·라.
	[현]당신은 허물 마십시오.
咱們爲人,	[언]·우·리 :사·ᄅ·미 ᄃ외·여·셔,
	[현]우리가 사람이 되어서
四海皆兄弟。	[언]:ᄉ·히 :다 형뎨·어·니ᄯ·나?
	[현]사해(四海)가 모두 형제가 아니겠습니까?
	◇◇◇
	ᄉ히[명]: 사해.
[73a]咱們這般做了數月火伴,	[언]·우:리 이·러·ᄐ·시 ·두·서 ·돌 동모 지·어·셔,
	[현]우리가 이렇게 두어 달 동무가 되어서

不曾面赤。	[언]	ᄂᆞᆺ 블기·디 아·니ᄒᆞ·고,
	[현]	얼굴 붉히지도 않고
如今辭別了,	[언]	·이·제 여·희·여·가 노·니,
	[현]	이제 헤어져 가니

◇◇◇

여희다[동]: 여의다, 헤어지다, 이별하다.

休說後頭再不廝見,	[언]	:후·에 ·다·시 서르 :몯 보·리라 ·ᄒᆞ:야 니ᄅᆞ·디 :말라.
	[현]	후에 다시 서로 못 볼 것이라고 하지 마십시오.
山也有相逢的日頭！	[언]	:뫼·토 서ᄅᆞ 맛볼 ·나·리 잇ᄂᆞ·니,
	[현]	산도 서로 만날 날이 있으니

◇◇◇

뫼ㅎ[명]: 산.

今後再廝見時,	[언]	:일:록 후에 다·시 서르 보·면,
	[현]	이로부터 다음에 다시 서로 보면

◇◇◇

일록[부]: 이로부터.

不是好弟兄那甚麽！	[언]	:됴·ᄒᆞᆫ 형·뎨 아·녀 므스 거·시리·오?
	[현]	좋은 형제가 아니고 무엇이겠습니까?

詞彙及語法索引

ㄱ

가룟길ㅎ	下 43a	거즛	下 14b	과션	下 4b	글	下 15b
가슴거리	下 30a	거티다 1	上 24a	과ᄒ다	下 25a	긔	下 58a
가ᄉ멸다	上 32b	거티다 2	下 9b	과그르다	上 41a	긔명	下 55a
가지	下 55a	건뎨만평뎡집 파위셩슈기폐	下 72a	−과라	下 16a	괴걸ᄒ다	下 66a
가개	上 40b	건디다	下 45b	−과이다	上 43b	괴수ᄒ다	下 55b
가라믈	下 9a	걷	下 26b	관원	下 42a	기ᄅ다	下 48b
가라간쟈ᄉ죡빅	下 9a	젓ㄱ다	下 43a	광조리	上 32b	기ᄅ마	上 38a
가르ᄲ다	下 52a	겨슬	下 50b	괴다	下 36a	기ᄅ맛가지	下 30a
가리운	下 9a	겨를	上 67b	괴이ᄒ다	下 4a	기ᄅ매	下 30a
가산	下 48a	겨시다	下 48a	구렁물	下 9a	기즈피	下 52a
가온듸	下 43a	겨집	上 36b	구슬	下 67a	기들우다	上 1b
가치	下 4a	견뎌내다	上 24a	구즈 1	上 51a	기우로	下 37a
가티다	上 30b	견조다	上 39a	구즈 2	下 51b	기울다	下 9b
가히	上 55a	겻고다	下 63a	구드레	上 25b	기조치	下 36a
각벼리	上 65b	경미	上 9b	구디	上 37b	기픠	上 36a
각산ᄒ다	下 37b	계즈	下 38a	구례	下 17b	긴ᄒ다	上 41b
간곡ᄒ다	下 43b	계다	上 66a	구무	下 36a	집	上 13a
간난ᄒ다	上 54b	계우	下 29a	구셜	下 46b	깃게이다	上 55b
간대로	上 40b	고 1	下 19a	구위종	下 46b	깃다	下 45a
간슈ᄒ다	下 45b	고 2	下 53a	구으러디다	上 29a	ᄀ	下 13b
간쟈물	下 9a	고둘개	下 30a	구으리혀다	上 35b	ᄀᄂ니	下 59a
갇	下 52a	고뼌물	下 9a	구의	上 28b	ᄀ놀다	上 36b
갇긴	下 67a	고개 ᄆ른 믈	下 9b	구지람	上 37b	ᄀᄃ기	上 64a
갈	下 68b	−고나	上 19b	구틔여	下 27b	ᄀ독ᄒ다	下 28b

詞彙及語法索引

갈궁쇠	下 69b	고도리		下 32b	굳다	上 39a	ᄀᆞ르치다	上 6b
갈갈이	下 51a	고디시기		下 26b	굴그니	下 59b	ᄀᆞ몰다	上 27a
갊다	下 44b	고디식다		下 11b	굴에	下 30a	ᄀᆞ새	下 69a
감즈	下 38b	고라몰		下 9a	굵다	下 48b	ᄀᆞ숨말다	上 51a
감다	下 59b	고로		上 13a	궁딕동개	下 32b	ᄀᆞ술ᄒ	上 53a
감차할	下 50b	고의		下 50b	굿다	下 17a	ᄀᆞ숨	上 12b
감찰	下 25a	고재		下 31b	권즈	上 43a	ᄀᆞ장	上 6b
갑다	上 63a	고티다		上 26a	그릇	上 43a	ᄀᆞ트다	下 8a
갑을병뎡무긔	下 71b	고ᄒ		下 19a	그슴ᄒ다	下 57b	ᄀᆞ려내다	下 54a
경신심계								
갓고로	下 52b	곡도숑		下 50b	그싀다	下 44b	ᄀᆞ리다	下 9b
갓다	下 69a	곧		上 43b	그려도	上 42a	ᄀᆞ티다	上 63b
갓어치	下 30a	곧다		下 13b	그리어니	上 12b	ᄀᆞ다 1	上 6b
강ᄒ다	上 3a	골 1		上 34b	그제어니ᄯᆞ나	下 18b	ᄀᆞ다 2	上 11a
강남 동모	下 72b	골 2		下 8b	그즈니	下 45a	굴	上 9b
갸품	下 52b	골치		上 28a	그치다	下 2b	굴히다	上 17a
거스	上 26a	골프다		上 43b	근드기다	下 37a	굴다	上 57a
거싀	上 29b	골회눈이		下 9a	글	下 61b	굴오다	下 21a
거즈말	上 54a	곫흐다		上 39b	글란	上 68a	굴외는 물	下 9a
거긔	上 29b	-곰		上 12a	글월 1	上 48a	굴외다	上 7a
-거늘	上 29a	-곳		下 28b	글월 2	下 14a	ᄀᆞᆺ	上 1b
-거니	上 1a	공즈		下 54a	글월 벗갑	上 17b	ᄀᆞᆺᄀᆞ다	上 51b
-거니와	上 25b	공골물		下 8b	금션	下 52b	ᄀᆞᆺ가ᄒ다	上 24b
-거든	上 21b	공부		上 67a	금토환	下 51a	ᄀᆞᆺ다	下 39a
거리살	下 32b	공부ᄒ다		上 3b	굿	上 32b		
거리치다	下 6a	과굴이		下 62a	굿굿다	下 62a		

ㄴ

-ㄴ돌	上 50a	널이다	上 44a	노호로	上 31b	ᄂᆞ륵	上 51a
-ㄴ디	上 54a	넙다	下 62b	논힐후다	上 53b	ᄂᆞᆽ	下 36a
-ㄴ고	上 8b	-녀	上 22a	놀라는 물	下 9b	ᄂᆞ미새	上 40b
-ㄴ다	上 1a	녀기	下 48b	놀애	下 54a	ᄂᆞᆺ	下 69a
-ㄴ들	上 31b	녀기다	下 47b	놉즈시	下 37a	ᄂᆞ미	上 37b
나드리	上 41b	녀느	上 41a	놉다	上 26b	ᄂᆞ미게	下 42b

나죵애	下 23a	녀다	上 10b	놓다 1	上 3a	ᄂ죳ᄒ다	下 59b	
나드리	上 55a	녀름	上 53a	놓다 2	上 42a	- ᄂ녀	上 6a	
나조ㅎ	下 47a	년	上 11b	- 뇨	上 1b	- ᄂ뇨	上 2a	
나죄	上 3b	년구ᄒ다	上 3a	누의	上 15b	- ᄂ니	上 4b	
나챗	上 61b	년근	上 12b	뉘	上 2b	- ᄂ니라	上 3b	
나ㅎ	下 8a	녔근	下 38a	느추다	上 39b	- ᄂ다	下 39a	
낟브다	下 62b	념발치	上 21a	늘그니	上 34a	ᄂ리우다	下 40b	
낟브다	上 57a	노른빛	下 24b	니르다	上 2a	- ᄂ 1	上 2a	
날회다	上 1b	노룻	下 54a	니건 힛	上 9a	- ᄂ 2	上 5b	
남주	下 47b	노룻ᄒ다	下 48b	니기	上 7b	- ᄂ다	上 1a	
남지	下 47b	노룻바치	下 54a	니다 1	上 30a	ᄂ호다	下 58b	
남기	下 32b	- 노이다	上 17b	니다 2	下 43b	늘	下 25b	
남즈기	上 60a	노ᄒ다 1	上 56a	니르다	下 16b	늠	上 37b	
남즉ᄒ다	上 6a	노ᄒ다 2	下 19b	니쳔	上 13b	눗	上 61a	
남즛ᄒ다	上 59b	노고	下 33a	닉다	上 34a	눗가이	下 37a	
남폐권ᄒ니	下 37b	노곳자리	上 68a	닐굽	下 29a	눗갑다	下 14a	
낫	上 18a	노다	上 9a	닐넘즉ᄒ다	上 52b	눗갓	下 46a	
너히	上 59a	- 노라	上 1a	닐다	上 25a	눗설다	上 47b	
너기다	上 2a	노룻바치	下 49b	넘다	上 2b	눛	上 41b	
너르씨다	下 33a	노연	下 45a	넘자	上 69b	닉실	上 10b	
너츨	下 24b	노의	上 45b	닙	上 25b			
널	上 39a	노의여	下 49a	닙다	上 5a			
널문	下 1b	노ㅎ	上 36b	닛다	上 31a			

ㄷ

다ᄃ라다	下 23a	당단	下 61b	동	下 41b	디다 1	上 9a	
다ᄃ르다	上 15b	더그레	下 50a	동ᄒ다	下 40b	디다 2	上 49b	
다톤다	上 10a	더두다	下 37a	동히	上 36b	디다 3	下 39a	
다룬	上 5b	더듸다	上 1b	되	上 2b	디우다	上 23a	
다믄	上 24b	더디다	上 24b	되야기	下 4b	디위	上 20a	
다스마	下 38a	더브살다	下 44a	됴	下 69a	디지	下 72b	
다숫	上 6b	더으다	下 43b	됴명	上 5b	디쳐ᄒ다	上 70a	
다고	下 53b	- 던가	上 9a	됴타	下 5a	딕녕	下 28b	
다고라	上 42a	던지다	下 36b	됴히	上 31b	딕실	上 3b	

다대	上 50a	데우다	下 35b	둏다	上 55b	듣다	上 19b
다듣다	上 3b	뎌르다	下 31b	두서	上 25b	덩즈	下 52a
다목	下 67b	뎌리도록	下 63b	-두곤	上 26b	듿다	下 24a
다티	下 21a	뎍다	下 72b	두으리	下 30a	드스다	上 61a
다하	上 54a	뎐염ᄒ다	下 19a	두의저티다	上 21b	드라나다	上 58a
다함	上 7a	뎐디	下 48a	두의티다	上 32a	-드려	上 26a
다혼셕	下 30a	뎐호	上 27a	둔박ᄒ다	下 32a	드리	上 26a
닫개	下 69a	덤고ᄒ다	下 38a	둘우다	上 63a	드리다	上 7b
닫티	上 43a	뎝시	上 43a	둘ㅎ	上 37b	드릿보	上 39a
달호다	上 68a	뎡	下 14b	둡다	上 22b	드외다	下 47b
달히다	下 40b	뎨	上 36a	뒤돈니다	上 37b	든니다	上 7b
닮다	下 36a	도ᄅ혀	下 66b	뒤보다	上 37b	든류다	下 46b
담박ᄒ다	上 35a	도리혀	下 27a	뒷간	上 37b	들다 1	上 22b
-닷	上 7a	도죽	上 27b	듕	上 4a	들다 2	下 52a
당ᄒ다	下 35a	도로혀	下 8a	듕신	上 16b	들마기	下 52a
당시론	上 10b	도의다	上 42b	듕ᄒ다	上 41b	들애	下 30a
당시예	下 21a	도즉	上 27b	듕간	下 54b	-들ㅎ	上 50a
당츄즈	下 38b	도즉ᄒ기	下 43a	듕품	下 56b	듦	上 25a
대똑	上 4a	도틔고기	上 20b	드레	上 31b	듦탕	下 37b
대가ᄒ다	上 57a	도화잠불물	下 9a	드르	下 52a	듧	上 1a
대개ᄒ다	下 42a	독벼리	上 41b	드리다	下 52a	듧다	上 35b
대되	上 11b	돈피	下 52a	드리오다	下 57b	듯ᄒ다	上 19b
대육	下 39a	돌셩	下 31a	-든	上 3b	듸	上 6b
대초	下 38b	돌구싀	上 31b	듣즙다	上 3a	-듸	上 55a
댓무수	上 41a	돌이	下 36a	들다	上 19a	듸골	下 39b
댜ᄅ다	下 26a	동싱	上 15b	둥잔쎌	上 56b	듸답ᄒ다	上 5b
댱	上 36a	동녁	上 67b	둥피	下 30a	듸졉ᄒ다	下 46b
댱샹	上 34a	동모	下 46a	듸	下 24b	듸후ᄒ다	下 46a
댱가	上 44a	동화	下 38a	디죵ᄒ다	上 30a		

ㄹ

-ㄹ식	上 1b	란간	下 36a	로	下 25b	-리로소녀	上 6a
-ㄹ딘대	下 47b	람	下 50b	-로디	上 1b	립신	下 42b
-ㄹ딘댄	下 47b	런뒤	下 69a	-로셔브터	上 1a	-롤	上 53b

-라1	上1a	-려1	上7a	룡안	下38b	리실	上57a
-라2	上41a	-려2	上40a	류쳥빛	下24a	리력	上51b
-라3	上44a	렷곳	下24b	류엽	下32b	링믈	下40a
-라4	上68b	례수	上64b	-리니	上10a		
-락	上54a	례지	下38b	-리로다	上2a		

ㅁ								
-마	上25b	메우다	下36a	믈다	下14b	므릇	下69a
마놀	下38b	며츳날	下71b	믓	上12b	므르다	下37b
마룰	上2a	면당ᄒ다	下64b	믓고기	下38b	므른 감	下38b
마믈오다	上14b	면듀	下50b	믈	下43b	므른 보도	下38b
마손	上23a	면합즈	下68a	므슷것	下66a	므스모로	下1b
마숀	下50a	몃	上10b	므긔	下57a	므슬	上47b
마슬	上28b	명셩	下48a	므더니	下19a	므슴	上6a
마나	上49b	모든	上46b	므던ᄒ다	上27a	므슴신쟝	上38a
마다ᄒ다	上19a	모르다	上16b	므르다	下9b	므리	上11b
마조믈	上4b	모즈라다	下62b	므스	上65a	므쇼	上10b
마지	下6b	모도다	上62a	므스기	上31b	므차도	下13b
마초다	下33b	모딜다	上55b	므스므려	上30b	므치다	上56a
마함	上39b	모로다	上2a	므즉	上48b	몬그스다	上60a
막다	下23b	모로매	上7b	믄득	上40b	몰-	上25b
-만	上43a	모시뵈	上8b	믈	下25a	몰누의	下4a
만이레	上51b	모ᄒ	下1b	믈쎨	下50b	몰누의남진	下4a
-맛	下47b	목	下58b	믈어디다	上26a	몰아즈바님	下3b
말솜	上17a	몯젓번	上26a	믈읏	上11b	몰아자빗겨집	下3b
말솜	上5b	몯져	下56b	믜혀브리다	下20a	몰죵	下35b
말이다	下49a	몯드라오다	上15b	민-	下50b	몰외다	上49b
맛당ᄒ다	上33b	몸얼굴	下28b	믠비단	下69b	몰이	下19b
-맛감	上41b	뫼ᄒ	下73b	미처	上1b	뭇다	上3a
맛나다	下46b	뫼호다	下14b	미침	下32b	뭇다	上22b
맛ᄃ다	上17a	무들기	下8a	믿다	上65a	미1	上4a
맛다	下32a	무릅도리	下24a	믿마기	下30b	미2	上12b
맛받다	上35b	무면	下69b	밀	下68b	미실	上2b
매둥빛	下25a	무쇠	上32a	밀다	下26a	미다	上36b

머검즉ᄒ다	下 40b	무스다	上 36a	밋	下 69b	미화	下 24a
머믈다	下 40b	무적	上 28a	밋ᄶᅡᆼ	上 13b	믹	下 39b
머믈오다	上 58a	무회다	下 35b	밋다	上 21a	민	上 25b
머믈우다	下 27a	문긔	下 17b	밋뷔	上 69a	밋다	下 52a
멀즈시	上 38a	물	下 21b	밀	下 29a	딍글다	上 20b
				ㅂ			
바	下 36a	베티다	上 35b	브리다 1	上 11a	ᄯᅩ로	下 16b
바ᄂ질	下 28b	-벼	下 32b	브리다 2	下 34b	ᄯᅮᆷ	上 48b
바놀	下 43b	벼슬	下 71a	브리우다	下 31b	ᄯᅳᆮ	上 41b
바ᄌ문	下 1b	벽드르ㅎ	下 24a	브즈러니	上 32a	ᄯᅴ우다	上 35b
바굴에	下 30a	별히	下 2a	브티다	下 52a	ᄯᅳᆫ 1	上 32b
바독	下 68b	병슐	下 71a	블	上 56b	ᄯᅳᆫ 2	下 8a
바품	上 64b	볘다	下 9b	븟그리게	下 46a	ᄯᅳᆫ 3	下 13a
바회	下 36a	보ᄃ랍다	下 53a	븥다	下 49a	ᄯᅳᆫ 4	下 63b
박	上 36b	보샹화문	下 24a	븨피	下 38b	ᄲᅡ다	下 33b
박다	下 36a	보습피다	上 26a	비게	下 51a	ᄲᅥᆷ즉ᄒ다	下 67b
반	下 33b	보긔ᄒ다	下 41b	비로	上 10b	ᄲᅩ다	下 29a
받줍다	下 35a	보람	下 14b	빈	下 28b	ᄲᅬ이다 1	上 29b
받다	下 47b	보셕	下 51b	빈솜	下 4a	ᄲᅬ이다 2	下 12b
발마보다	下 29a	보피ᄒ다	下 48b	빗나다	下 25b	ᄲᅮ다	下 49b
발아디다	下 33a	본ᄃᆡ	上 14b	ᄇᆞ룸 1	上 20b	ᄲᅮᆨ빛	下 24b
밤ᄶᅩᆷ	上 57a	볼모드리다	下 55a	ᄇᆞ룸 2	下 12b	ᄡᅳ다	上 5a
밧브다	上 30b	봇	下 30b	ᄇᆞ룸놀	上 19b	ᄡᅳᆯ다	上 69a
밧고다	上 39a	봇ㄱ다	上 61a	ᄇᆞ라다	上 60a	ᄡᅮ다	下 33b
밧다	下 50a	뵈	下 20b	ᄇᆞ리다	上 44b	ᄡᅳᆯ	上 39b
밧돌이	下 36a	뵈당	下 45a	볼	下 50b	ᄡᅩᆷ	下 67b
버브리다 1	上 24a	뵈다	上 65a	볼셔	上 26b	ᄲᅢ혀다	下 15b
버브리다 2	上 50b	뵈쟐	下 14b	볽다	上 31b	ᄲᅦ나돌다	下 48b
버믈다	上 38a	부치	下 38b	빅	上 15a	ᄡᅳ리다	下 44b
버히다	下 61b	부ᄒ다	下 40a	비다	下 9a	ᄲᅴ	上 52b
번당	下 39b	부리	下 36a	빅브르다	上 24b	ᄲᅴ다	下 24a
번드기	下 59b	부회여ᄒ다	下 51b	빅호다	上 2a	ᄲᅩ	下 52b
번드시	上 48b	분 1	下 64b	ᄲᅥ나다	上 1a	ᄲᅢ	上 55a

번둘히	上 50a	분 2	下 68a	떠디다 1	上 1b	따다	下 50b
번븨	下 46a	분외로	下 53a	떠디다 2	下 16b	뜨다	上 22a
법다이	上 26a	붇곳	下 24a	떠디다 3	下 37a	떠다	下 9a
벗기다	下 17b	뷔다	上 41b	떼	下 24b	빠다	上 22a
병을다	上 66a	브ᄅ다	下 54a	떼구룸	下 24b	뜬다	下 54a

ㅅ

사	下 25a	션비	上 6a	셧무수	下 38a	싱션탕	下 37b
사룸	上 4a	션싱	下 70b	슈쓰다	下 68a	썰이다	上 65a
사슬	下 3b	션ᄒ다	下 8b	슈졍	下 67a	쇠오다	下 22a
사홀다	上 19a	션븨	下 3b	슈구ᄒ다	上 69b	수미다	下 51b
사기다	下 51a	셜아믈	下 9a	슈례ᄒ다	上 63b	수짗다	下 47a
사김ᄒ다	上 3b	쉽다	下 13a	슈박	下 38b	쑬	下 38b
사돈짓 아즈마	下 34a	셤기다	下 46a	슈질놓다	下 50a	-싀 1	上 2a
사돈짓 아비	下 34a	셧녁	上 26a	슌비	下 35a	-싀 2	上 3a
사돈짓 아자비	下 34a	셩 1	上 8a	스다	下 40a	씨이다	上 54a
사돈짓 어믜 오라비	下 34a	셩 2	下 23a	스면	下 37b	신	上 37b
사돈짓 어미	下 34a	셩녕	下 33a	스믜다	下 25a	-신장	上 38a
사롤일	下 48b	셩슈	下 71a	스민문	下 25a	신다	下 58b
사리	下 13a	셰툐	下 69a	습겹다	上 22a	실다 1	上 25b
사모	下 67a	소닉	下 1a	숫다	上 61a	실다 2	上 39a
사오납다	下 33a	소릭	下 44a	시놀ᄒ	下 62a	실다 3	下 31a
삭삭ᄒ다	下 38a	소옴	上 13a	시근치	下 38a	실애	下 45a
삯	上 22a	소ᄒ	下 39a	시딕	下 16b	실에	上 25b
삸골	上 30a	손	上 42b	시란	下 50b	씨돋다	下 49a
삿기 빈 믈	上 9a	-손듸 1	上 2b	시르	下 33a	씨다	上 29a
삿대	下 32b	-손듸 2	下 23a	시옥쳥	下 53a	씨오다	下 53b
샹네	下 2b	-손듸	上 6a	시옥간	下 52b	ᄶᅡ 1	上 48b
샹녯	上 32a	손조	下 39a	시울	下 30b	ᄶᅡ 2	上 69b
샹자리젼	上 48b	솔	下 36a	시져릐	下 6a	ᄶᅡᇂ 1	上 5a
샹화	下 37b	솔옷	下 69a	시톄	下 49b	ᄶᅡᇂ 2	上 10a

詞彙及語法索引

새별	上 58a	솔옷	下 53a	시푼	下 16b	쩍	上 20b
샤댱	上 44b	솟동	下 69b	심	下 56b	쏘	上 2a
샤신	下 54b	솟술	下 33a	싯고다	上 49b	쓰다 1	上 43a
샤향빛	下 24b	솽가폴	下 68b	싯구다	上 65b	쓰다 2	下 9b
샹ᄒ다 1	上 30b	솽륙	下 69a	싯다	上 61a	쓰다 3	下 68a
샹ᄒ다 2	下 40a	쇠	下 36a	ᄉ랑ᄒ다 1	下 13a	쁜 믈	下 9b
상해	下 51b	쇠ᄂ래브튼믈	下 9a	ᄉ랑ᄒ다 2	下 43a	씌	下 51a
서르	下 65b	쇼디	上 47b	ᄉ희	下 72b	씌다	下 51a
서우니	上 68b	쇼홍	上 13b	ᄉ견	下 49b	쫄	下 4b
설	上 64a	– 쇼셔	下 54b	ᄉ계화	下 24a	쏨어치	下 30a
설다	上 25a	쇼화	下 24b	ᄉ운	下 24b	쩨히다	上 3b
설엇다	上 58b	속절업시	上 28b	ᄉ졀	下 50a	쎄	下 38b
설엇다	上 38a	쇠쌀	下 68a	ᄉ테	上 16b	쎗글	下 38a
설피다	下 51b	쇠거름	下 9a	술이여	上 52b	쏘론ᄒ다	下 67b
섭섭ᄒ다	下 43a	수양	下 21b	술고	下 38b	쏜	下 39b
섯돌	下 35b	수울	上 64b	술지다	上 21a	쌀	下 31b
세침	下 67b	수옮갑	上 64b	술피다	上 29b	쌘ᄅ다	下 23a
셔보조	下 32b	수이	上 58a	숨다	下 38b	썔리	上 20b
셔울	上 8a	술	上 57a	숨다	上 7a	씨	下 25b
셔품	上 3a	술윗방	上 47b	숨피다	下 49b	쓰다	上 9a
셔피	下 68b	술윗통	下 36a	슴셩	上 57b		
셕	下 30a	쉬	下 16b	싱앙	下 40b		
셕류	下 38b	쉬오다	上 31b	싱김	下 26a		

△

– 사	上 1b	슉홍빛	下 24b	시십	上 10b	ᄉ염	下 52a
– 새	上 31b	슴겹다	上 22a	신슴	下 56a	– ᄉ오디	上 44a
– 새셔	上 37b						

ㅇ

아룸	下 19b	– 야놀	上 64a	염쇼	下 22a	읍ᄒ다	上 17b
아리	上 26b	야즈	下 57a	엿	上 19b	의뎡ᄒ다	下 16b
아모라나	上 49b	야지	下 57a	예	下 26a	– 의손디	上 2a
아모란	上 56b	야쳥	上 13b	예슌	下 11b	의원	下 39b
아모려나	上 40a	야투루빛	下 24a	오늘	上 20b	이셩스콘형	下 5b

아몰	下 9a	약	上 22a	오닉	下 31b	이긔다	下 37a
아싀	上 16a	-얏-	上 22a	-오딕	下 23a	이다이	下 43a
아ᄉ누의	下 4a	양	上 42b	오랑	上 39b	이대	上 17b
아ᄉ아ᄌ바님	下 3b	양육	下 53a	오량	下 30a	-이라니	下 1a
아ᄉ아자비겨집	下 4a	양ᄌ	上 50a	오릇다	下 10a	이러틋사	下 47a
아ᄉᆷ	上 15b	양지	上 50a	오라다	上 68b	이러툿	上 9b
아ᄌ	下 63a	어느	上 63b	오라븨	上 15b	-이러니	上 2b
아즈마	上 25b	-어늘	上 28a	-오려 1	下 8a	이러더러	下 68b
아직	下 63a	어딕	上 68b	-오려 2	下 12b	이력ᄒ다	上 2b
아춘ᄯᆯ	下 34a	-어니ᄯ나	上 40b	-오련마른	上 60b	이믜셔	上 8b
아ᄎᆷ	上 40a	-어니와	上 25a	오류마	下 8b	이바디	下 37a
아히	上 7a	어듸쯘	上 18b	-오마	上 69b	이받다	下 7a
아귀세다	下 9b	어딜다	下 46a	-오져	上 8b	이삭딕녕	下 50a
아니완츨ᄒ다	上 45b	어리다	下 41b	옥	上 28b	이피	上 3a
아니완ᄒ다	上 26b	어리우다	下 49a	옥식빗	下 24b	인	上 48a
아니완츨ᄒ다	下 43b	어머리	下 29a	온화ᄒ다	上 6b	인방	上 41b
아리쇠	下 33a	어믜	上 15b	울히	上 28b	일 1	上 10b
아모딕	上 70b	어믜겨집동ᇰ	下 5b	-올디면	下 29b	일 2	上 49a
아모제	下 15a	어버시	上 6a	옭봄	下 8b	일뎡ᄒ다	上 66b
아못	下 2a	어엿비	上 2a	-옴 1	上 4b	일다	下 37a
아뫼	下 16a	어위다	上 26b	-옴 2	上 36a	일록	下 73a
아븨	上 15b	어즐ᄒ다	上 29b	옴기다	上 44a	일우다	下 11b
아질게물	下 8b	어질다	下 43b	-옷	上 18b	일즉	上 8b
아질계양	上 21b	어피다	上 3b	옷칠ᄒ다	下 33a	일편	上 41b
아쳐ᄒ다	上 52a	언멋	上 59b	외	下 38a	일홈	上 44a
악대물	下 8b	언메나	上 48b	외방	上 41b	입ᄉᄒ다	下 49b
악대양	上 21b	얼레빗	下 68b	외엿	下 38b	잇ᄀ젓	上 56a
안롱	下 45b	얼믜다	下 26a	외오	上 41b	잇그다	上 45b
안쥬	下 37b	얼운답다	下 54b	외웃	上 41a	잇글다	上 33b
안직	上 17a	엄졍ᄒ다	上 51a	-요딕	上 4a	잇다	上 4b
앉집	上 13b	엇게	下 24b	요ᄉ시	上 8b	-ᄋ니	上 18a
앏	下 9b	엇다	上 1b	-요라	上 1b	-ᄋ리로다	上 22b

앏픠	上 62b	에돌다	下 47a	요제	上 50a	-으쇼셔	上 43a	
앏엇게	下 38b	여듧	下 59b	요조솜	下 55b	으티	上 19b	
앏프 1	上 3a	여스	下 48b	-은	下 49b	-은 1	上 9a	
앏프 2	上 35b	여희다	下 73a	용심하다	下 43b	-은 2	下 17b	
앏포로	上 29b	여슷	上 64b	운문하다	下 24a	-을	上 2a	
앏푸로	上 9b	여투다	下 33b	울고도리	下 32b	-올다	下 29b	
앏프다	下 39b	여희다	下 20b	웃듬	上 5a	-올딘대	下 52b	
앏픠	上 3a	연장	上 30a	워즈런즈런니	下 51b	-의 1	上 20b	
암글다	下 4b	연류황빛	下 24b	유무	下 3b	-의 2	上 22b	
앗싸	下 5a	엱다	下 30a	-으쇼셔	上 25b	-이셔	下 61b	
앗가	上 1b	열	上 11a	읏듬	下 64a	익	下 46b	
앗갑다	下 36a	열가온	上 31b	-올식	上 40a			
애엽	下 32b	엷다	下 25b	음양하다	下 70b			

ㅈ

자새	上 31b	제믈	下 26a	죠고맷	下 1b	지페다	下 9b	
자소	上 63b	제실	下 50a	족접게	下 67b	직금	下 26b	
자븐것 1	上 58b	저	下 33a	즁	下 34b	진짓	上 28b	
자븐것 2	下 36a	져구리	下 51a	주셔오다	下 35b	짓	上 19a	
작되	上 19a	져그나	上 2b	주룸	下 50a	짓글히다	下 13b	
잠깐 1	下 6b	져기	上 6b	줄	上 22b	짓다	上 38a	
잠깐 2	下 29b	져므니	上 34b	줏다	下 35b	짓다 1	上 7b	
잠깐덜	上 62b	져제	上 11a	쥘동	下 31b	짓다 2	上 39b	
잡효근것	上 48b	져흐다	下 31a	쥬신	上 17b	짓다 3	下 28b	
잡히다	下 39b	젹다	下 55b	쥬리울	下 30a	짓다 4	下 48b	
잣	上 8a	젹삼	下 50a	쥬변하다	下 42a	짖다	下 32a	
장부	下 40b	젼	上 48b	즈릅갑	上 14b	즈륵	下 68b	
장실하다	下 8b	젼츠	上 1b	즈솜 1	上 17b	조션히	上 20a	
재다 1	上 12b	젼하다	下 38a	즈솜 2	下 3b	조칙임하다	下 4b	
재다 2	上 47b	젼년	上 27b	즈솜하다	上 48b	조가미	下 30a	
쟈랑	下 43b	젼대	上 27b	즈늑즈늑하다	上 12b	조디	下 69a	
쟉다	上 35a	젼메우다	下 51b	즈름	下 7b	조래	下 28b	
쟝망하다	下 20b	젼혀	下 6b	즈름깝	下 17b	조셔하다	下 3b	
쟝츳	上 22b	절다몰	下 8b	즈믄	下 8a	쟝긔	下 68b	

쟝믈	上22a	정졔ᄒᆞ다	上33a	즐다	上60b	ᄌᆞ셰히	上51b
져읇드림	下69b	졍히	上54b	즘싱	下48b	ᄌᆞ식	上16a
져읇눈	下69b	조ᄡᆞᆯ	上9b	즘게	上10b	ᄌᆞ튜인묘진ᄉᆞ	下72a
						오미신유슐히	
져읇대	下69a	조샹	下48a	즁편	下37b	즏등	下53b
져치다	上52b	-조차	上50b	지그기	上58b	즙	上57a
져티	上7a	-조쳐	下7a	지달ᄡᅳ다	上45b	즙다	上32a
져프다	上31a	조초	上53b	지라	上25a	-즙	上3a
젹	下54a	좃딥	上18a	지즑	上25b		
졉페라	上58a	죠히	上27b	지즑	上69a		
졈글다	上47b	즉재	上21a	ᄌᆞ셔히	下29b		
ᄎ							
차반	上41b	쳔화봉	下24b	츄마물	下9a	츠다 3	下16b
차할	下24b	쳥ᄒᆞ다	下3a	츄심ᄒᆞ다	上50b	츠리다	上64b
챵	下53a	초댱	上56a	츌힝ᄒᆞ다	下72a	춤기름	上21b
챵ᄌᆞ	下38a	초싱	下3b	취ᄒᆞ다	下35a	춤빗	下68a
처섬	上24a	총ᄭᆞ무	下51b	치	下14b	춤외	下38b
쳐두다	上4b	총간	下67b	칩다	下35b	촛다	上45a
쳔 1	上27b	총나므	下52a	츠게	下16b	치소	下38b
쳔 2	下2a	총이믈	下8a	츠긔사뎝시	下33a	치옥	上51b
쳔량	下54b	춤	下47b	츠다 1	上24a	측	下70a
쳔ᄒᆞ다	下66b	츄명ᄒᆞ다	下70b	츠다 2	上29a	측측ᄒᆞ다	下68a
ᄏ							
-커나	上58a	-커니와	上5a	쾌ᄒᆞ다	上19b		
ᄐ							
탕	下47a	텬간	下71b	토환	下69b	팀ᄒᆞ다	下40a
탕쇠	下39a	텬릭	下50a	통히	上12a	팀받다	上65a
터ᄒ	上37b	텬화	下24a	투투멋	下37b	트다	上29a
텬쳥빛	下24a	텰쳥총이	下9a	티다	上48a	특록	下16a
ᄑ							
팔ᄌᆞ	下71a	편ᄒᆞ다	下13a	푼즛긔	下27b	풀ᄌᆞ	下70b
팔지	下71a	포도관	上29b	프ᄂᆞ외다	下55a	폴리	下13a

패ᄒᆞ다	下 43a	푼즈	下 25b	픈류쳥	下 50a			

ᄒ

하	上 48b	혀다 2	上 30a	훙졍바치	下 27a	ᄒᆞ딕	下 7a
하늘	下 13a	혀다 3	下 59a	훙졍ᄒᆞ다	上 51b	ᄒᆞ미	上 12a
하늘ㅎ	上 2a	혜다	上 41b	희무로	下 51a	ᄒᆞ가지	上 9a
하ᄉᆞ	下 68a	호다	下 52b	힐후다	上 52a	ᄒᆞᆯ	下 35a
하나한	上 19a	혼은자	下 17a	힘	下 31b	ᄒᆞᆰ	上 25b
하다	上 63b	화동ᄒᆞ다	下 46b	힘히미	下 23b	ᄒᆞᆷᄢᅴ	下 16b
핟어치	下 30a	황호	下 55b	ᄒᆞ르	下 41b	ᄒᆞᆷᄭᅴ	上 8a
핟옷	下 50b	홰	上 38a	ᄒᆞᄆᆞ시	下 32a	-ᄒᆡ	上 28b
해 1	下 3a	훅다	上 13b	ᄒᆞ나ᄒᆞᆯ	上 39b	ᄒᆡ 1	上 6a
해 2	下 14a	훗즈식	下 48b	ᄒᆞ나ᄒᆞ	上 39b	ᄒᆡ 2	上 39a
해자ᄒᆞ다	上 43b	휘	下 52b	ᄒᆞ놀이다	下 54a	ᄒᆡ다	下 26a
햐츄	下 3a	훤츌ᄒᆞ다	下 71a	ᄒᆞ니다	上 61a	ᄒᆡ마	下 25a
학다	下 68b	훙슈	下 53b	ᄒᆞ닐사룸	上 61a	ᄒᆡ야	上 39b
향쥬	下 67a	훙즈	下 39a	ᄒᆞ다ᄒᆞ다	上 60a	ᄒᆡ야브리다	上 4b
허긔우다	上 14b	훙븨	下 24a	ᄒᆞ다가	上 3b	ᄒᆡ야디다	上 39a
허티다	上 24b	ᄒᆞ나므라다	下 31a	ᄒᆞ마	上 7b	ᄒᆡ여곰	上 56b
혜다	上 12a	흔ᄒᆞ다	上 9a	ᄒᆞ야	上 3b	ᄒᆡ여디다	下 36a
혜아리다	下 8a	훙뚱이다	下 48b	ᄒᆞ야브리다	上 19b	힝혀	上 45a
혜완다	上 62b	훙졍ᄀᆞᆺ	下 21a	ᄒᆞ여브리다	下 48a		
혀다 1	上 25a	훙졍ᄀᆞᅀᆞᆷ	上 12b	ᄒᆞ요다	上 23a		

參考文獻

[1] 翻譯老乞大：上 [M]. 首爾：大提閣，1985.

[2] 翻譯老乞大：下 [M]. 首爾：大提閣，1988.

[3] 高永根，南基心. 補訂版中世語資料講解 [M]. 首爾：集文堂，2014.

[4] 韓國國立國語院. 訓民正音 [M]. 韓梅，譯. 北京：世界圖書出版公司，2008.

[5] 胡明揚.《老乞大諺解》和《朴通事諺解》中所見的漢語、朝鮮語對音 [J]. 中國語文，1963(3)：185-192.

[6] 梁伍鎮. 漢學書研究 [M]. 首爾：博文社，2010.

[7] 劉沛霖. 朝漢大詞典 [M]. 北京：商務印書館，2007.

[8] 閔泳珪. 老乞大辯疑 [J]. 人文科學，1964(12)：201-209.

[9] 朴成勳. 老乞大諺解辭典 [M]. 首爾：太學社，2009.

[10] 楊裕國. 漢字的諺文注音 [J]. 文字改革，1963(9)：10-12.

[11] 照那斯圖，楊耐思. 八思巴字 [J]. 中國民族古文字，1982：115-119.

[12] 鄭光，梁伍鎮. 老朴集覽譯注 [M]. 坡州：太學社，2011.

[13] 朱煒. 諺譯《老朴》與近代漢語語音系統研究——《翻譯老朴》聲母系統 [D]. 華中科技大學博士學位論文，2012.

[14] 朱煒. 一種諺文數據庫的構建方法及諺文數據庫檢索系統：ZL2013105975 35.7[P]. 2015-07-29.

[15] 朱煒. "烟" "烤" 音義考 [J]. 語言研究，2016，(3)：92-98.

[16] 朱煒. "爝" 字音義考——《老乞大》《朴通事》詞彙研究之二 [J]. 語言研究，2017(4)：110-112.

[17] 朱煒.《翻譯老乞大》《翻譯朴通事》反映的近代漢語聲母系統研

究[M].武漢：武漢大學出版社，2018.

[18]朱煒."独"字源流考——《老乞大》《朴通事》詞彙研究之三[J].語言研究，2023(4)：109-114.